权威·前沿·原创

皮书系列为
"十二五""十三五"国家重点图书出版规划项目

广州蓝皮书

BLUE BOOK OF
GUANGZHOU

广州志愿服务组织发展报告（2018）

ANNUAL REPORT ON THE DEVELOPMENT OF VOLUNTARY
SERVICE ORGANIZATIONS IN GUANGZHOU (2018)

主 编／涂敏霞 陈建霖 沈 杰

社会科学文献出版社
SOCIAL SCIENCES ACADEMIC PRESS（CHINA）

图书在版编目（CIP）数据

广州志愿服务组织发展报告. 2018 / 涂敏霞，陈建霖，沈杰主编 . -- 北京：社会科学文献出版社，2018. 11
（广州蓝皮书）
ISBN 978 - 7 - 5201 - 3556 - 6

Ⅰ. ①广… Ⅱ. ①涂… ②陈… ③沈… Ⅲ. ①志愿 - 社会服务 - 组织机构 - 研究报告 - 广州 - 2018 Ⅳ. ①D669. 3

中国版本图书馆 CIP 数据核字（2018）第 220793 号

广州蓝皮书
广州志愿服务组织发展报告（2018）

主　　编／涂敏霞　陈建霖　沈 杰

出 版 人／谢寿光
项目统筹／任文武
责任编辑／王玉霞

出　　版／社会科学文献出版社·区域发展出版中心（010）59367143
　　　　　地址：北京市北三环中路甲29号院华龙大厦　邮编：100029
　　　　　网址：www. ssap. com. cn
发　　行／市场营销中心（010）59367081　59367083
印　　装／三河市龙林印务有限公司

规　　格／开 本：787mm × 1092mm　1/16
　　　　　印 张：21. 25　字 数：320 千字
版　　次／2018 年 11 月第 1 版　2018 年 11 月第 1 次印刷
书　　号／ISBN 978 - 7 - 5201 - 3556 - 6
定　　价／89. 00 元

皮书序列号／PSN B - 2013 - 352 - 13/16

广州蓝皮书系列编辑委员会

《广州志愿服务组织发展报告（2018）》
编　委　会

摘　要

　　《广州志愿服务组织发展报告（2018）》由一个总报告、十一个专题报告组成。本书从志愿服务组织的发展历程、队伍结构、运营模式、功能变迁、服务领域、制度化建设、专业化建设、支持体系、特色分析、发展趋势、典型案例分析等方面对广州志愿服务组织进行了系统分析，客观反映了广州志愿服务组织整体状况，全面盘点了广州志愿服务组织历史与现状，解读志愿服务组织发展趋势。

　　研究发现，广州志愿服务组织的发展经历了初创萌芽阶段、多元推动阶段、快速发展阶段、提升发展阶段和规范发展阶段。在发展进程中，政府始终是影响志愿服务组织发展的关键因素，民间力量是志愿服务组织发展的主要推动者，社会参与是促进志愿服务组织发展的最大能量源。在人才队伍结构方面，全民参与特征明显，"专职＋兼职""社工＋志愿者"成为志愿者组织人才队伍发展的新趋势。广州志愿服务组织经过多年发展，在资金和动力两个不同维度下形成了政府支持、外部捐助、携内联外、团队内驱等运营模式；在功能变迁上则呈现出表现方式普遍性与拓展领域多样性等功能特征。分析发现，广州志愿服务组织的活动区域主要集中在城市社区，服务领域则集中在助老服务、青少年服务、助残服务、社区便民服务等方面。随着广州志愿服务事业的发展，志愿服务组织的制度化与专业化建设之路也不断前行，志愿服务组织呈现出组织类型多样化、运行管理制度化、服务内容精细化、资源渠道多元化、队伍培训专业化五大特色。党的十九大报告提出构建"共建共治共享"社会格局，在未来，广州志愿服务组织将呈现出社会化、规范化、专业化、信息化、品牌化、国际化六大发展趋势。

当前广州志愿服务在社会建设和社会管理中的地位日趋重要，广州志愿服务组织的运行机制也日趋规范，资源整合等深层次要求日益迫切。未来广州志愿服务组织的发展，要积极探索多元化发展道路，不断探索富有"花城魅力"的组织发展模式。

前　言

一　研究背景与意义

2016年中央八部门联合印发《关于支持和发展志愿服务组织的意见》，标志着我国志愿服务进入组织化、规范化、现代化发展的新阶段，志愿服务发展开始上升到国家战略。可以预见，未来三年我国志愿服务组织发展将呈现一个百花齐放的状态。广州作为全国志愿服务发展最早的城市之一，近年来志愿服务事业蓬勃发展，志愿服务组织数量与规模均获得空前的发展。大量志愿服务组织的涌现，对志愿服务组织的运行与管理提出更高挑战。同时，我国志愿服务组织在总体上还存在不成熟、不规范、能力不强、发展环境有待优化等问题。在此背景下，开展广州志愿服务组织发展状况研究具有以下意义与目的。

（1）全面客观地呈现广州志愿服务组织的发展历程、组织架构、运营模式、功能变迁等，为社会各界更好地了解广州志愿服务组织及其发展状况提供帮助。广州志愿服务组织的发展与志愿服务事业发展同步，一直位于全国前列，既具有全国志愿服务组织的特征，又彰显南方志愿特色。开展广州志愿服务组织发展状况调查，以定量研究和定性分析相结合的方式总结和归纳广州志愿服务组织的发展特征，真实反映广州志愿服务组织发展概况，让社会大众、职能机关等对广州志愿服务组织有更立体、直观的认识。

（2）为提升广州志愿服务组织的治理体系能力和政府部门服务志愿服务组织工作水平提供决策支撑。开展广州志愿服务组织发展状况调查，可以收集和获得当前广州志愿服务组织的基本发展历程、队伍结构、制度化建设、专业化建设等全方位的问卷调查数据和访谈资料，为推动志愿服务组织自身建设、改进职能部门服务和促进志愿服务组织发展提供翔实的理论支撑。从而在全方位分析和研判调查数据和定性资料的基础上为促进广州志愿服务组织更好地发展提供更加科学、更有针对性的建议，进而不断提升志愿服务组织管理与运行的能力以及政府部门服务志愿服务组织的工作效率。

二　志愿服务组织的概念界定及类型划分

志愿服务组织是志愿服务活动领域的基本单元，也是志愿服务领域一个基础性的概念，在进行志愿服务组织发展状况研究时，我们有必要对其进行清晰、明确的界定。

2017年国务院颁布实施的《志愿服务条例》中第六条将志愿服务组织界定为"依法成立，以开展志愿服务为宗旨的非营利性组织"。条例指出，"志愿服务组织可以采取社会团体、社会服务机构、基金会等组织形式"。《广州市志愿服务条例》将志愿服务组织定义为"依法登记，从事志愿服务的非营利性社会组织"。中共中央宣传部、中央文明办、民政部、教育部、财政部、全国总工会、共青团中央、全国妇联联合印发的《关于支持和发展志愿服务组织的意见》也对志愿服务组织做出了明确界定，指出，"志愿服务组织是以开展志愿服务为宗旨的非营利性社会组织，是汇聚社会资源、传递社会关爱、弘扬社会正气的重要载体，是形成向上向善、诚信互助社会风尚的重要力量"。

综观以上文件对志愿服务组织的界定，我们可以发现，官方定义的志愿服务组织一般具有三个特征：合法性、非营利性与自愿性。广州志愿服务组织自萌芽起就具有官民二重性，尤其是近几年政府大力支持"草根"志愿服务组织的发展，民间志愿服务组织迎来新一轮发展高潮，无论是数量上还是质量上均得到了较大提升。广州志愿服务组织发展状况研究旨在全面了解广州各类志愿服务组织的发展现状，因此我们将正式的志愿者机构与非正式的志愿者团队均纳入本课题的研究范畴。结合官方界定的志愿服务组织所具有的基本特征与本研究的学术目的，我们将志愿服务组织界定为具有共同志愿的公民不计物质报酬，以志愿精神为驱动力，自愿贡献个人的时间、精力、物力、财力、专业技能等为他人与社会提供服务而自发结成的非营利性组织。

广州志愿服务组织有着不同类型，本课题选取的志愿服务组织包括各区志愿者协会、社区志愿组织（包括社区家综志愿团队）、企事业单位志愿服务队、高校青年志愿者协会、广州青年志愿者协会下属代表性总队、专业服务志愿组织、党员志愿服务队、民间公益组织等八大类型。

三　资料来源

（一）客观统计数据

为统筹、推动"广州志愿服务组织发展状况"研究，广州志愿者学院组织来自中国社会科学院大学、广东省社会科学院以及学院自身的研究力量组成课题组，分别围绕志愿服务组织的发展历程、队伍结构、运营模式、功能变迁、服务领域、制度化建设、专业化建设、支持体系、特色分析、发展趋势、典型案例分析等开展专题研究。各专题负责人根据章节需要确定所需要的数据，并与相应部门联系、沟通，然后通过座谈会、网上征询等形式向各部门收集相应数据。本书中的数据主要来自广东志愿者信息管理服务平台，即"i志愿"。

（二）问卷调查法

根据广州志愿服务组织活跃程度、人员规模等因素，为确保课题研究工作的代表性，课题组选取了各区志愿者协会、社区志愿组织（包括社区家综志愿团队）、企事业单位志愿服务队、高校青年志愿者协会、广州青年志愿者协会下属代表性总队、专业服务志愿组织、党员志愿服务队、民间公益组织等八类志愿服务组织进行问卷发放。问卷由志愿服务组织负责人填答，每个组织填写一份，共计发放253份问卷。通过统计，课题组共回收有效问卷236份，有效回收率为93.28%。回收问卷数据用SPSS17.0软件进行录入和分析。

（三）个案访谈

在分层次配额抽样的基础上，课题组选取了28个志愿服务组织进行深度访谈。其中各区志愿者协会2个、社区志愿组织（包括社区家综志愿团队）5个、企事业单位志愿服务队5个、高校青年志愿者协会2个、广州青年志愿者协会下属代表性总队2个、专业服务志愿组织6个、党员志愿服务队1个、民间公益组织5个。

（四）文本分析

课题组通过多种渠道收集与广州志愿服务组织相关的文本资料，了解广州志愿服务组织的发展历史，归纳总结其发展特征与发展趋势，并结合问卷调查与个案访谈中收集的数据与资料，分析广州志愿服务组织发展状况。

在以上收集来的数据、资料基础上，课题组对部分客观数据进行二次加工处理，增强数据的科学性和准确性，同时对回收的有效问卷进行编码录入与统计分析，对访谈资料进行整理归纳，并撰写各专题研究报告，最终完成《广州志愿服务组织发展报告（2018）》。

《广州志愿服务组织发展报告（2018）》的编写出版，不仅契合了中央支持和发展志愿服务组织的基本精神，而且回应了广州志愿服务组织不断发展完善的现实需求及对未来广州志愿者组织管理工作的挑战，从而将中央的工作精神和广州志愿服务组织实际情况相结合，实现广州志愿服务组织规范化运行与管理。此外，本书对广州志愿服务组织进行全面剖析，总结经验，为其他省份推广介绍志愿服务组织发展提供了鲜活材料及宝贵经验，具有重要的参考价值。

广州市团校

广州志愿者学院

2018 年 6 月

目 录

Ⅰ 总报告

Ⅱ 专题报告

Ⅲ 附 录

皮书数据库阅读**使用指南**

B.1
新形势下广州志愿服务组织
发展报告

沈 杰　陈晶环*

摘　要： 广州作为我国志愿服务的发源地之一，志愿服务组织的发展
取得了重大成就。尤其是 2000 年后，广州志愿服务组织成为
社会治理中的重要主体，在完善社会服务、促进社会融合、传播
社会文明、实现城市发展方面发挥着重要作用。在新时期，广州
志愿服务组织积极探索发展的新取向与新模式，形成区域性优
势。面临多元的社会需求与开放的社会环境，从顶层设计、组织
建设、组织管理、组织功能和人才培育入手，保持志愿服务组织
的长期优势与发展的持久动力，并最大限度地发挥志愿服务的有

* 沈杰，中国社会科学院大学研究员、教授，博士；陈晶环，西南财经大学人文学院社会学系
讲师，博士。

益效用，成为广州志愿服务组织今后的努力方向。

关键词： 广州　志愿服务组织　社会治理　新模式　发展机制

一　广州志愿服务组织的作用日益凸显

广州是我国志愿服务的发源地之一，是我们志愿服务事业的一个代表性重镇。1987 年，这里诞生了全国第一条志愿者服务热线电话，意味着我国出现了非联合国志愿人员组成的自有志愿服务队伍。[①] 进入 21 世纪后，全市的志愿组织发展得到全社会的关注和重视。党的十九大报告指出要"推进诚信建设和志愿服务制度化"，国务院颁发《志愿服务条例》，中宣部等八部门联合印发《关于支持和发展志愿服务组织的意见》，为广州志愿组织在新时期的转型和发展提供了新的机遇。在这一背景下，广州志愿服务组织队伍的专业化程度迅速提升，专业化组织数量不断增加。2009 年12 月，广州成立了广州市志愿者协会（后更名为"广州市志愿者联合会"）；2010 年广州志愿者学院成立，这是全国首家由政府主导筹办的志愿服务领域培训、研究机构，学院成立了首个"中国志愿服务研究中心"。[②] 根据广东省志愿者平台"i 志愿"的最新数据，截至 2017 年 7 月底，广州地区常住人口为 1350 万余人，注册志愿者组织 10467 个，注册志愿者人数为 175 万余人。发布志愿服务活动累计 42389 个，累计志愿服务时间达到 2964 万余小时。[③] 这就意味着，平均八个人中就有一名志愿者。可以说，"有时间就去做志愿者"已经成为广州人的生活常态。而作为志愿者的重要孵化基地——志愿服务组织，不仅在微观层面上促成了

[①] 丁元竹等主编《中国志愿服务研究》，北京大学出版社，2007，第 176 页。

[②] 温祝英：《后亚运促进广州市志愿服务工作的对策研究》，《齐齐哈尔师范高等专科学校学报》2013 年第 3 期。

[③] 数据源于广东省志愿者平台"i 志愿"。

"志愿成为生活方式"的形成，而且在宏观层面上发挥着体现社会治理内涵的重要作用。

1. 广州志愿服务组织成为推进和完善社会服务的重要主体

从志愿服务组织的功能来观察，志愿服务组织的行动在很大程度上弥补了政府服务和市场服务的不足或空白，在政府部门和单位企业延伸的、没有覆盖到的服务领域中发挥了重要作用。志愿服务组织在项目策划、招募培训、督导管理、行动实施、经验总结、宣传推广等工作环节中，为社会大众、企业、事业单位、机关单位和媒体机构等工作人员提供了大量的参与机会，专业地构筑服务平台，让各方爱心的涓涓细流通过志愿服务组织的合理调配、有机协调和有效实施，汇聚成为改善人民生活、弘扬公益、传播爱心、推动社会发展的强大动力。随着广州志愿服务领域多元化与专业化的发展，志愿服务组织类型将会越来越丰富，分工越来越细化，改变以往组织功能单一、服务领域单一、管理方法单一、资源来源单一的陈旧局面，在不同程度上提高了志愿服务组织的社会效能。此外，进入新时代的广州志愿服务事业，确立了不断改善和提高花城人民生活品质，共同构建"共建共治共享社会"格局的全新目标，因此，将推动不同领域的广州志愿服务组织社会功能进一步拓展。不论是2018年初广州市发展志愿服务事业指导委员会启动的"花城有爱·志愿同行"十项志愿服务专项行动，还是近年来持续实施的"邻里守望"社区志愿行动，以及敬老助残、扶贫济困、环境保护、权益保护、公共卫生、扶贫攻坚、应急救援、文明倡导、青少年成长等长期服务领域，都需要广州志愿服务组织在社会功能上，更好地对应社会发展背景与具体发展需求，进一步创新和扩充自身组织服务的功能，与整个城市的发展同频共振、紧密配合。

2. 广州志愿服务组织成为促进社会融合的重要平台

广州各类志愿组织不仅充分发挥其服务功能，而且还发挥着协调功能，促进不同层级、不同领域主体之间的相互合作。在纵向层面上，志愿服务组织协助各级政府和基层群众建立发展沟通反馈的联结关系，即在发生意见分歧时，志愿服务组织寻求多方利益最大化，有效解决问题，从而成为两者间相互联系的润滑剂和助推器，也成为促进社会治理的重要力量。志愿服务组织的融合性功能在梳理不同领域主体关系上也有所体现，通过志愿服务项目或行动，志愿服务组织主动协调社会力量，筹措社会资源并进行合理配置，引导资金、物资、技术、人力和智力，流向社会弱势群体、社会环境改善等方面，进而形成政府、企业、社会组织、个人之间的合作。志愿服务组织成为连接政府、企业、社会组织与服务对象之间的重要环节，体现了广州志愿服务组织既是志愿服务的提供者，也是社会关系的协调者这样一种重要角色的功能。

在横向层面上，志愿服务组织将"本地人"与"新本地人"联系起来。随着经济增长和社会发展，越来越多的外来人口在广州工作和生活，如何让他们及其家庭愉快地融入本地社区，与本地居民和谐共处，是政府部门的重点工作，也是社会治理的重要任务。处于社会建设进程中的志愿服务组织通过开展面向外来人口的志愿服务与社区服务，吸纳社会人士加入或创建志愿服务组织，促进不同文化主体融合关系的形成与发展，缓解了双方因生活习惯、思想观念差异而形成的矛盾，增强了社会凝聚力，促进了社会不同阶层的融合，充分发挥了其在社会融合方面的重要作用。广州志愿服务组织为实现生活融洽、环境融合、残健融合、新老广州人融合、文化共融等目标，努力发挥自身组织的功能特点，持续助力社会融合和发展。

3. 广州志愿服务组织成为传播社会文明的重要载体

志愿服务组织是落实和传播志愿精神的重要载体。志愿精神表现为以自愿性和无偿性为基础，以行动为载体，以奉献为导向地关怀他人、改善社会的价值取向和社会心理。在我国，"奉献、友爱、互助、进步"四个词语集中概括了志愿精神。志愿服务组织在开展活动的过程中，进一步推动志愿精神和服务理念深入人心。在广州，确立心脚标为志愿者主标识，"一起来，更精彩"为志愿者主口号，《一起来，更精彩》《一起走》为志愿者歌曲，以及"志愿彩"为志愿者标识物。这一切将志愿精神、志愿服务与地方文化相结合，以一种独具特色的方式呈现出来。作为志愿精神具体载体的志愿组织，无疑成为建设精神文明的最有效载体。

　　志愿服务组织是传播社会文明的重要载体。在这当中，志愿服务组织协助党政机关进行精神文明的创建活动和有关工作的宣传，因此，志愿服务成为培育和践行社会主义核心价值观的重要抓手，支持和发展志愿服务组织，有助于把志愿服务活动变成公民践行社会主义核心价值观的自觉行动，以志愿服务凝聚社会共识，弘扬向上向善、诚信互助的社会风尚；志愿服务组织还通过自身组织专长研发志愿项目，促进对社会正能量信念的传播，从而有助于志愿者将服务他人、奉献社会与提升自我相结合，使实现自我价值和创造社会价值相统一，促进公民道德素养整体提升；志愿服务组织还通过开展社区法制教育、道德教育、科普教育、社区文化、生活常识等专业服务讲座，提高志愿服务水平、扩大志愿服务覆盖面，彰显了志愿服务文化的影响力和感召力。此外，由于广州毗邻港澳的地理优势，在中西文化交流、运动体育交往、商贸展览往来等方面，具有无可比拟的独特地位，因此，广州志愿服务组织一直在这些领域发挥着宣传推广社会文明、公益文化的作用。

　　4. 广州志愿服务组织成为实现广州城市发展目标的重要力量

　　《广州市城市总体规划（2017～2035年）（草案）》中提到，广州的城市发展使命是"一带一路"重要枢纽城市，粤港澳大湾区核心增长极，独具特色、文化鲜明的国际一流城市。要实现这一城市发展使命和目标，离不开志愿服务组织的全面参与和助力支持，这包括"请进来"交流学习的原有模式，以及日渐发展的中国志愿服务"走出去"模式。通过国际志愿服务组织之间观念交流、信息共享、项目合作、技术互助等活动，树立以广州为代表的中国志愿服务组织的国际新形象，这既符合志愿精神和人道主义，又是广州志愿服务国际化和志愿组织功能建设的共同需要，更推动了广州国际化形象的建立，尤其是广州亚运会上志愿者的优秀表现，成为助力广州置身于国际城市的一个重要品牌。志愿服务组织在推动广州走向世界的同时，也形成了自身发展的强大内部动力。2010年，因广州亚运会成立的广州市发展志愿服务事业指导委员会被保留下来，并且推动建立了"纵向到底、横向到边"的社会志愿服务体系。2012年，广州市委市政府启动首个"广州志愿服务行动日"，从志愿文化、机制保障、全民参与、信息化管理等方面努力打造"人人可为、处处可为、时时可为"的"志愿者之城"。可以说，志愿服务组织的发展形成了广州的城市精神，推动城市文化的完善、社会文明的形成，并强化了社会经济发展所需要的稳定环境。

二 广州志愿服务组织发展现状分析

1. 广州志愿服务组织的发展类型呈现多样化态势

自1987年至今，广州志愿服务组织的发展经历了三个阶段的快速变化，呈现开放前沿与志愿服务组织的率先性、市民文化与志愿服务组织的包容性、政府转型与志愿服务组织的自主性三个方面的发展特色。相比三十年前志愿服务组织发展的情况，如今的志愿服务组织可谓"百花齐放"。按照发起方式和成立主体不同，志愿服务组织可以分为八种类型：第一类是由党政部门主办的官方志愿服务组织，例如广州市青年志愿者协会、海珠区青年志愿者协会；第二类是高校团委指导的大学生志愿服务组织，例如华南师范大学青年志愿者协会、广州铁路职业技术学院家电义务维修协会；第三类是带有国际志愿服务组织背景的在广州地区设立的分支志愿服务组织，例如广东狮子会、广州YMCA；第四类是由企业发起的企业员工志愿服务组织，例如保利物业和院志愿服务队、达能中国志愿者团队；第五类是由志愿服务领域的模范人物发起的个人魅力型的志愿服务组织，例如南山志愿服务队、赵广军生命热线协会志愿服务队；第六类是由社会工作组织发起的志愿服务团队，例如逢源长者义工队、普爱普工英义工队；第七类是公益性社会组织，主要包括除上述类型以外的、已登记注册的社会团体、基金会和民办非企业单位，例如广东省生命之光癌症康复协会义工队、广州市番禺区明月关助服务中心；第八类是未登记注册的民间草根志愿服务组织，例如福缘公益之爱心义剪队。志愿服务组织种类多样化，有助于覆盖更广范围、更多领域的服务群体，帮助改善更广大人民群众的生活质量，推进全面实现小康社会的进程。

2. 广州志愿服务组织的发展支持体系日益趋向系统化

志愿服务组织作为公益性、非营利性社会组织，既是广州志愿之城的品牌名片，也是广州爱心之城的力量源泉。从组织宗旨、服务使命等方面来看，志愿服务组织是政府、市场之外的第三方力量，也是社会公益慈善事业的重要组成部分，具有关注弱势群体、服务社群、公益慈善等重要功能。由于志愿服务组织不从事经营生产，自身不能产生经济效益，要维系其自愿性、长期性和公益性的服务稳健运行，就需要有外部的资源注入、持续的动力驱动和有效的支持体系，而有效的支持体系对于志愿服务组织尤为重要。

总体来看，社会组织支持体系是指社会组织在发展过程中来自外界的帮助和支援的总和。[①] 志愿服务组织作为社会组织的重要部分，其存在、运行和发展都离不开制度、政策、文化、心理等宏观因素，也不能脱离具体的人才、群体需求、资金、技术等微观因素的影响。具体来说，广州志愿服务组织的支持体系包括四个维度。

（1）制度与需求共生的支持体系。政策、法律法规和部门规章等的出台，为志愿服务组织的存在、发展和壮大提供法理性依据和合法性支撑，能够为志愿服务发展、志愿服务组织良性运行提供适当支撑。

在当前的社会环境下，政府部门对于志愿服务发展的思路以及决策，在很大程度上决定了一定时期内志愿服务发展的速度和状况。良好的政策环境，会为志愿服务组织的发展创造条件和提供平台，激发它们提升自身专业性、规范性的积极性。2008 年 9 月 25 日广州市人大常委会审议通过了《广州市志愿服务条例》，并于 2009 年 3 月 5 日正式实施，此后广州在促进志愿服务政策健全和完善的道路上从未止步。仅 2013 年，广州就先后出台了 2 项全市性制度文件，即《广州市志愿者服务时间登记管理办法》《广州市志愿者培训工作实施办法》，进一步加强了志愿服务工作的规范性。目前，广

---

① 李长文等：《中国社会组织支持体系的变迁与发展——基于教育、培训的视角》，http://www.chinanpo.gov.cn/700102/92567/newswjindex.html。

州团市委正在联合市文明办推动出台《广州市支持和发展志愿服务组织的实施意见》《广州市志愿服务激励办法》。政策的有力支撑，为广州志愿服务组织提供了充足的信心，也促使志愿服务组织大步前进。从一定程度来看，广州市政府实现了向供给型政府的转变，政府的职能表现为在社会公平的基础上满足民众的志愿服务诉求。通过供给侧的改革和创新，广州市充分激活志愿服务的社会保护功能，通过第三方、个性化的志愿服务供给来满足不同的需求。在管理机制上，强调整体的社会公平，充分尊重城乡差距、阶层差异和需求层次，推动志愿服务的差异化供给，不断提高志愿服务的效率和民众认同度。经过几十年的探索和实践，广州市政府部门对于志愿服务组织发展的重视程度不断提高，已先后成立了广州市发展志愿服务事业指导委员会、广州市志愿者行动指导中心、广州市志愿者联合会、广州青年志愿者协会、广州志愿者学院等促进志愿服务组织发展的机构，并且已经形成合力，共青团、文明办、民政局等系统也形成了良好的合作机制，共同推动了广州志愿服务事业发展。

（2）资源与市场同步的支持体系。这是指专业化市场体系与志愿组织服务所需要的发展资源能够有效对接，进而为志愿服务组织开展专业化、针对性的服务提供外部支撑。通过深化体制机制改革，特别是在引入市场机制方面，广州通过创新慈善商业运作模式、鼓励发展慈善信托，完善企业（个人）捐赠持续增值机制、构建"微慈善"规范运作机制、提升"慈善+互联网"水平等，充分激活了民间慈善的力量，有效调动了企业参与志愿服务的积极性，极大地拓展了志愿服务的市场资源。2009年志愿服务广州交流会的举办，为广州志愿服务组织支持体系走向全社会创造了良好根基，也对全国的志愿服务事业产生了某种影响。广州市志愿服务交易会就是激活和提升志愿服务组织和志愿服务的发展性功能的重要契机，通过充分尊重要素市场的分配规律，充分扩大志愿服务组织的社会效益和提升志愿服务活动的专业能力，推动社会秩序向更加公平合理的方向转变，从而为新时代的社会建设和社会发展注入了新鲜动力。2009年，在广州市政府的推动下，广州市羊城志愿服务基金会成立，旨在吸引、凝聚社会资源，为全市各领域志愿服务项目实施、团队运作提供保障。2009~2015 年，每年市财政拨款投入 500 万元，2016 年为 470 万元，2017 年为 400 万元，用于羊城志愿服务基金会运作及资助志愿服务项目。2014 年的广州市公益创投，为广州志愿服务组织创造了新机遇。2014 年、2015 年广州市成功举办两届社会组织公益创投活动，共资助项目 215 个，政府实际累计投入资助资金 3000 万元，撬动社会配套资金达 2200 万元，其中社会配套资金主要来自企业商家，政府资金撬动市场资金的比例为 1∶0.73，即政府每投入 1 元钱，企业商家会配套 0.73 元。市场资源的注入，从一定程度上来看，发挥了杠杆效应，使得志愿服务的资源动员能力提升了一倍。

（3）技术与服务互补的支持体系。通过优化志愿服务技能，甚至引入新的技能手段，改革志愿服务组织管理方式或引入新的管理模式，推动了志愿服务的供给侧改革，从而为志愿服务组织的改善和优化创造了更大空间。随着经济结构不断优化升级，社会发展由要素驱动和投资驱动向创新驱动转变，社会成员的心态和需求也发生了明显变化，其中一个表现就是，不同阶层、不同群体对于志愿服务的心态与需求差异性十分明显，因此，针对不同阶层、不同群体的心态与需求，志愿服务组织需要采取不同的策略和方式来给予满足。因此，社会心态成为影响志愿服务组织开展服务活动的重要因素。在推行公共治理、制定公共政策的过程中我们应该引进对社会心态的分析，只有充分尊重社会心态、认真分析民众心理的公共政策和公共行政才能更具有针对性和更加人性化。从志愿服务的受众来看，社会群体多样化，社会基层多元化，不同阶层、不同群体的心态差异较大，在接受志愿服务的过程中，普遍存在三种情况：一种是形式上满足，其实质是对于志愿服务的理解而产生的，其满足的标准在于有无获得志愿服务组织提供的服务；第二种是现实性满足，是基于实际利益的获得而产生的，其满足的标准在于志愿服务组织的活动有无带来有形或无形的利益；第三种是期望性满足，也就是对政策未来效果的预期，当自己有需要的时候，志愿服务组织提供的服务活动能否满足自己。而针对不同阶层、不同群体的心态与需求，志愿服务组织需要采取不同的策略和技术来加以满足。对于高收入阶层和群体，应该多采用形式上满足的方式来提供志愿服务，获得话语支持和舆论认同；对于弱势阶层和社会群体，应该采用现实性和期望性满足的方式来提供志愿服务，以获得行动支持和合法性认可。这些服务目标的高效、精准的实现，都需要依赖于志愿服务组织自身的专业性、技术性的支持体系。

（4）组织与网络互嵌的支持体系。这包括组织之间的互相支持，也包括志愿者对志愿服务组织的支持。在实际运行中，是由作为外部力量和资源的志愿者来达成志愿服务目标的实现。在这个过程中，志愿者的个体网络与组织网络通常会相互交织，构成了志愿服务活动的支持体系。当前，广州大多数志愿服务组织的领导者都是由民间人士担任，不再出现由政府系统内部人员兼任的情况。这一特点让志愿服务组织发展的自主性空间增大，发展战略更加全面、目标更加明确；领导者的发展思路和管理能力影响着组织的长远发展。作为一种非营利性、志愿者自愿参与的组织，志愿组织人才队伍的凝聚力主要来源于一种志愿精神的召唤。因此，志愿组织发起者或负责人的道德精神就具有了明显的示范作用，是志愿组织成员间的重要纽带和开展志愿服务的重要推动力。

广州志愿服务组织全行业链已经基本形成，成为广州志愿服务组织的有力支持系统，而且还涌现出了公益机构、公益研究院等支持型的志愿服务组织，志愿服务组织生态圈日趋完善。当前，广州志愿服务组织生态圈体系的专业化、职业化、社会化水平不断提高，既有主题型志愿服务社会组织，也有综合型志愿服务组织；既有扎根社区的事务性志愿服务组织，也有从事宏观理论分析的研究型志愿服务组织；既有一般性志愿服务组织，也有支持型志愿服务组织；既有扶持型志愿服务组织，也有内生型志愿服务组织。其中，自主产生的支持型机构，是广州志愿服务生态体系中自主孵化和培育出的新类型，代表了志愿服务组织生态圈不断自我发展、自我完善的新阶段，也是广州志愿服务组织实力的重要体现。最突出的是，各种类型组织之间的天然联结形成了广州志愿服务组织发展的重要支持体系。

3. 广州志愿服务组织的发展内容逐步表现出专业化特征

2016年印发的《关于支持和发展志愿服务组织的意见》中要求："志愿

服务组织要注重招募、使用专业志愿者，建立健全志愿者日常管理培训制度，对于专业性要求高的志愿服务项目，要强化专业知识和技能培训，不断提高志愿者能力素质。"2017 年颁布实施的《志愿服务条例》鼓励发展专业志愿服务，《条例》明确规定："志愿服务组织安排志愿者参与的志愿服务活动需要专门知识、技能的，应当对志愿者开展相关培训。开展专业志愿服务活动，应当执行国家或者行业组织制定的标准和规程。法律、行政法规对开展志愿服务活动有职业资格要求的，志愿者应当依法取得相应的资格。国家鼓励和支持国家机关、企业事业单位、人民团体、社会组织等成立志愿服务队伍开展专业志愿服务活动，鼓励和支持具备专业知识、技能的志愿者提供专业志愿服务。"

根据这些要求，广州志愿组织致力于队伍专业性建设：①建立专业人才队伍；②建立平台，发挥专业人才的优势；③根据服务岗位的专业技能和素质要求，有针对性地让志愿者掌握相关专业知识和技能的培训，如急救知识培训、心理咨询培训、助残培训等；④专业督导与专业评估并行。据最新统计数据，广州志愿服务队伍专业化过程中，组建了 4364 支党政机关和事业单位党员志愿服务队及网络文明志愿服务队（含总队、支队、大队、队和分队等），220 多支企业、行业志愿服务队，1900 支市属高校、专职技校（院）、中小学校学生志愿服务队，27 支行业性志愿服务队，28 支常态化志愿服务总队和 115 支助残志愿服务队，这些组织都制定了完善的志愿者培训体系，培训的实施有力地促进了志愿服务队伍的专业化发展。

4. 广州志愿服务组织的发展不断朝着制度化方向迈进

推动志愿服务组织发展的制度化，既是顺应时代发展的必然要求，又是促进自身发展壮大的基本需求。加强对志愿服务的制度环境建设，是志愿服务进入公众视野领域、实现社会功能并且显示成熟程度的重要标志。作为改革开放的前沿地区和当代志愿服务的代表重镇，广州志愿服务的制度化建设起步较早，在制定和执行志愿服务方面的法律法规、规章条例等方面一直走在其他地区的前面。具体来说，主要表现在以下几个方面。

（1）良好的运行制度环境是志愿服务组织制度化发展的前提条件。1999 年广东省人大通过了我国第一个关于志愿者的地方性法规——《广东省青年志愿服务条例》，第一次从法律层面对志愿服务、志愿者、志愿组织、志愿活动等内容做出了界定。事实上，早在 1997 年广州市人民政府印发的《广州市社区服务工作 1997～1999 年发展规划》中，就提出了"深入开展志愿互助服务活动，逐步实现志愿互助服务的制度化、规范化、专业化的任务和目标。要求到 1998 年，95% 以上的街道、居委会要建立起社区服务志愿者组织"，这为广州志愿服务的规划性发展提供了政策依据。从 2009 年开始，广州志愿服务政策法规体系不断完善，先后出台《广州市志愿服务条例》《关于进一步发展广州志愿服务事业的意见》《广州市志愿服务时间管理办法》《广州市志愿服务激励指南》等，尤其是 2009 年 3 月 5 日颁布实施的《广州市志愿服务条例》，首次从政府层面明确要求广州市、区（县级市）两级人民政府将志愿服务事业纳入国民经济和社会发展规划，全面、系统地强化广州志愿服务的机制保障。目前，全国人大颁布的《慈善法》、中央八部门联合发布的《关于支持和发展志愿服务组织的意见》以及国务院颁布的《志愿服务条例》，这些全国性的法律法规及规章制度也为广州志愿服务的推广和发展提供了切实有效的保障。

（2）建立和完善志愿者组织和志愿者的注册管理办法是推动志愿服务组织制度化发展的重要举措。从 2003 年以来，广州采取了一系列措施，全面推进志愿者注册登记工作，大力推动志愿服务组织的规范化发展。2003 年，广州市志愿者行动指导中心正式成立，标志着全市志愿者组织工作在规划、管理、指导、考核方面有了机制性的依据。2011 年全国首创的广州"志愿时"系统作为志愿服务综合管理平台系统，实现了对志愿服务招募、培训、运行、管理、维系、激励、保障、交流、研讨等流程管理的信息化。依托"志愿时"系统，广州全面优化志愿服务管理流程，进一步建立健全全市统一规范的志愿者注册登记、招募培训、服务记录等制度。为统一规范管理全省志愿者登记注册机制，广东省志愿者信息管理服务平台，即"i 志愿"，在 2018 年全面推行使用。广州"志愿时"系统为全省的"i 志愿"平台提供了先前的实践经验，并将多年积累的相关数据逐步转入"i 志愿"平台中，为"i 志愿"平台的建立与完善做出了独特的贡献。

（3）对志愿者的培训和激励成为志愿服务组织加强内部管理的一项重要制度。志愿者的培训不仅能提升志愿者综合素质和专业技能，而且是实现志愿服务组织规范化发展的必然要求。广州志愿者的培训从较早开始就受到党和政府的高度重视，2010 年 10 月成立的全国首家由政府主导兴办的志愿者学校——广州志愿者学院，就是一所专门培养各类志愿者骨干、传授志愿服务通识知识与专业知识的正规培训机构，目前学院研发推行一套系统的层级化的志愿服务岗位能力培训体系，开发编写了一系列培训教材，为全国的志愿者培训模式提供了示范。除了从政府层面提出规范志愿者培训体系之外，对于志愿组织而言，培训志愿者已经成为一项日常工作，并且成为组织管理制度不可或缺的内容。

激励制度是指促使每个志愿服务个体能努力去实现组织的目标并通过努力所带来的结果满足个人需要的规则设计。[①] 近年来，广州志愿服务事业在不断深化发展的同时，积极探索建立完善志愿服务激励制度。2009 年《广州志愿服务条例》就明确提出："国家机关招考公务员、国有企事业单位招聘人员、高等院校录取新生时，在同等条件下优先录用、聘用和录取有志愿服务经历者"。更进一步，2012 年《中共广州市委广州市人民政府关于创新社会管理加强社会建设的实施意见》提出，"建立健全以志愿时为核心标准的激励政策，把开展志愿服务活动作为文明创建的重要内容，鼓励机关、企事业单位、院校逐步把志愿服务经历作为招录、评优、评先、晋级的优先条件"。同时，2017 年出台《广州市志愿服务激励指南》，推出广州志愿者卡，并将学生参加志愿服务情况纳入评优评奖、升学就业等考察评价体系。此外，对于服务达到一定时数的志愿者给予不同级别的奖励表彰，这也是各管理层面上志愿者激励制度的必备内容。

（4）组织内部管理的规范化成为志愿组织制度化发展的重要特征。从

---

① 胡蓉：《我国志愿者的激励机制探讨》，《成都教育学院学报》2006 年第 1 期。

2013 年起，广州志愿者组织在管理架构上大胆突破、创新，以广州志愿驿站联合会成立为标志，借鉴现代公司法人的治理模式，采用理事会、监事会、执委会"三会合一"的法人治理模式。这三会之间是互相制衡、互相监察、相互透明的，通过让志愿者以理事、委员、监事等不同身份参与志愿驿站管理，有机地将资源方、督导方、执行方的力量整合起来。被评为 5A级志愿服务组织①则需要具有丰富和健全的组织制度，包括组织管理文件制度、协会章程、会员部工作制度、人事管理制度、文员管理条例、公章管理制度、监事会工作制度、信息工作平台管理制度、考勤制度、档案管理制度、秘书处工作制度、重大活动备案制度、志愿者管理办法与工作制度、车辆管理制度、活动场所管理制度等。

5. 广州志愿服务组织的"社工＋志愿者"运行模式优化了人才队伍

2016 年中央八部门印发的《关于支持和发展志愿服务组织的意见》中要求："国家机关、群团组织、企事业单位、其他社会组织和基层群众性自治组织要积极支持本单位、本社区的专业人才加入志愿服务组织，开展志愿服务活动，不断优化志愿者队伍结构。"随着志愿精神的传播和推广，广州志愿服务项目日益丰富，"时时可为，处处可为"的志愿服务环境也为"人人可为"创造了充分的条件，越来越多的人有机会参与到志愿组织中，随着志愿服务队伍发展壮大，各领域的专业化志愿服务队伍蓬勃发展。"社工＋志愿者"成为广州志愿组织人才队伍构成的新模式。以往，因资源供给不足，社会对志愿服务工作还存在认知偏差等问题，除了部分的统筹协调型志愿服务组织，如番禺区义工联、海珠区青年志愿者协会等，在政府的支持下聘用专职人员外，大部分志愿服务组织的骨干管理人员都是兼职的。近几年，随着志愿服务的社会舆论环境和资源环境逐步优化，为适应志愿服务组织的扩大发展，增强管理的效能，部分志愿服务组织开始探索聘用专职人员的可行性。2007 年，启智志愿服务队开始聘用专职人员，开创了志愿者

---

① 社会组织等级是按照民政部出台的《社会组织评估管理办法》中关于社会组织的等级评定标准来实际加以评估后确定的，社会组织评估共设五个等级，获得 4A 以上评估等级的社会组织可以简化年度检查程序。

团队聘用专职人员的先例。现在,广州越来越多的志愿组织形成了"专职+兼职"的管理队伍模式,这些志愿服务组织拥有社工背景,具有专职社工人才,由专门负责志愿服务的社工招募并组建志愿服务队伍。

三 广州志愿服务组织的发展思路与策略

1. 从顶层设计着手,努力完善对于各类志愿服务组织的孵化、培育与支持的体系

"顶层设计"理念的基本要求就是站在一个战略的制高点上,从最高层开始,弄清楚所要实现的目标后,从上到下地把一层一层设计好,使所有的层次和子系统都能围绕实现总目标而工作,产生预期的整体效应。

志愿服务组织发展长效机制的顶层设计是指,应该强调从整体设计出发,把握好战略方向定位,统筹规划好各种政策之间的衔接性与连续性,注重层次设计的精确,从而更好地推动上下层次之间的一脉相承性。

(1)广州志愿服务组织的顶层设计。进入中国特色社会主义新时代,志愿服务已经成为加强社会治理、提升城市文明、维护社会秩序的重要载体,也是彰显社会责任意识和奉献意识的践行之道。广州是中国改革开放的前沿阵地,也是内地志愿服务的发源地之一,创造了多个志愿服务"全国第一"。如何结合新时代的新趋势、新期待、新要求,持续发挥广州志愿服务事业在全国的示范引领作用,则成为志愿服务组织重点探索、部署工作的焦点。因此,坚持新发展理念,深化改革开放,也是全面建成小康社会、加快建设社会主义现代化新征程的题中之意。为此,要切实推进广州志愿服务制度化建设进程,大力拓展志愿服务制度化发展新格局,最重要的是打造一个志愿服务"人人可为、处处可为、时时可为"的"志愿者之城",以人民群众的获得感、安全感、幸福感为出发点,结合岭南志愿服务特色与优势,开展"志愿者之城"的顶层设计和整体规划,做好全市志愿服务的统筹性指导安排,促进志愿服务组织规范管理,通过优化志愿者招募注册机制、打造线上线下志愿者培训机制、突出志愿服务供需对接机制、构建志愿服务评

估机制等，不断完善志愿服务的运行机制；通过进一步加强党员志愿服务队伍、专业志愿服务队伍、志愿者＋社工队伍建设三大队伍建设，有效地解决志愿服务组织中志愿者流动快的痼疾，全方位优化志愿服务组织的能力建设，为广州志愿服务事业的制度化发展提供一站式保障，真正将广州建成志愿服务"一起来，更精彩"的"志愿者之城"。

（2）广州志愿服务组织孵化体系的顶层设计。对志愿服务组织的孵化而言，要积极探索志愿服务组织的孵化模式，形成切实有效的孵化路径，例如项目开发、能力培养、合作交流、业务支持等，为成立初期的志愿服务组织保驾护航。此外，对于已经有了一定发展经验的志愿服务组织，应该鼓励其总结组织发展经验，形成可以供其他志愿服务组织学习和推广的志愿服务组织发展模式。

（3）广州志愿服务组织培育与支持体系的顶层设计。对于志愿服务组织的培育而言，应该不断完善对志愿服务组织的资金保障，继续通过"志交会""益苗计划"等平台，为志愿服务组织提供资金支持，与此同时，推动政府部门购买志愿服务项目。不断推动志愿服务组织的社会化运营，协助志愿服务组织搭建社会资源的链接平台，逐步建立志愿服务供需有效对接机制和服务长效机制。加强对志愿服务组织的培育与支持，能够促进志愿服务组织在创新社会治理工作中充当更为重要的角色，发挥更有效的作用。

同时，积极建立政府、市场、志愿服务组织和市民之间的联动机制，为志愿服务的精准对接创造条件。政策制度应为志愿服务组织的改革和发展创造空间，不断通过制度变革和政策完善，回应志愿服务组织的变迁实际和发展需求；志愿服务组织要积极对接政策制度、市场资源和民众需求，积极利用政策空间、市场资源，不断地推动专业化的志愿服务，不断满足民众对于美好社会生活的需求；民众要在志愿服务的被服务者和服务者之间进行有效转变，通过接受志愿服务感受社会温暖，在志愿服务组织的引导和培训下成为志愿服务的提供者，从而成为志愿社会、志愿城市的支持性力量。

2. 从组织建设着手，加强广州志愿服务组织的运行管理能力建设

（1）要提升志愿服务组织从业人员的管理能力、业务能力。着力培养一批具有社会责任感、熟悉现代社会组织管理知识、有着丰富管理经验的志愿服务组织管理人才，通过定期培训和实际锻炼，将长期参与志愿服务、熟练掌握服务知识和岗位技能的志愿者骨干维系好。

（2）逐步摸索"社会工作机构＋志愿服务组织"的协作机制。充分发挥社会工作者在组织策划、项目运作、资源链接等方面的专业优势，发挥志愿者热情高、来源广、肯奉献的优势，努力形成社会工作机构和志愿服务组织"优势互补，良性互动"的格局。对此，首先要解决的就是"社会工作机构＋志愿服务组织"协作机制的问题。[1] 针对目前缺乏统筹协调机制的状况，可以考虑建立由党政部门、群团组织、社工组织和志愿者组织等组成的社工与志愿者联动指导小组，出台市级层面对于社工机构和志愿服务组织联动的相关政策，从而为社志联动提供制度化保障。

（3）推动搭建"社会工作机构＋志愿服务组织"的联动平台。一方面，要不断推动社会工作机构与志愿服务组织的信息共享和资源整合。社工机构能够及时查找相应服务领域的志愿服务组织的资源，招募志愿者参与服务，并与志愿服务组织合作，给予志愿者一定的评估与激励。与此同时，志愿服务组织也能够及时发布志愿服务计划，寻求相应的社工组织的支持和专业指导，实现双方的良性合作与交流。另一方面，要积极推动社工机构和志愿服务组织学习借鉴我国港澳台地区以及国外社志联动的有效经验，并且结合本土的实际情况进行调整与磨合，逐步形成广州本土的社志联动的特色经验。

（4）完善行政与财务管理制度，强化高质量、较有针对性的专业知识与技术培训。志愿服务组织需要能够掌握现行会计制度和组织财务状况的专业人才，因此，必须对现有的财务管理人员进行培训。一是可以根据新出台的《民间非营利组织会计制度》对现有的财务人员开展培训，同时在条件

---

[1] 谭建光：《中国社工与志愿者合作的机制创新》，《广东工业大学学报（社会科学版）》2014年第2期。

允许的范围内，招纳素质较高、知识全面的财务骨干进入志愿服务组织工作。二是根据现有的法律、法规，结合志愿服务组织的财务管理特点，制定一套规范化的财务管理制度。尽管目前相关的法律呈零散的状态，但志愿服务组织依然应该订立自身的财务管理标准，这是志愿服务组织未来财务有序运作的基础依据。三是内部监督与外部监督相结合。应加大内部财务审计工作的力度，设立一定的奖惩制度，有效激励自身的发展；同时应该秉承对社会公众负责的态度，积极做到财务公开，利用互联网等媒体工具，使更多的人参与审计工作，接受社会监督。

3. 从组织管理着手，构建科学分类分层的志愿服务组织注册管理制度

《志愿服务条例》对于志愿服务组织的概念界定，强调了组织的法人身份地位与权利义务，因此，在科学分类分层基础上构建志愿服务组织注册管理制度是志愿服务组织制度化发展的重要依据。在完善志愿服务组织注册管理机制时，可以参考借鉴英国对社会慈善组织的认定、登记和监管制度，根据当前志愿服务组织自身的发展状况，构建"备案注册—登记认可—公益认定"三层准入制度，[①] 建立多元化的管理体系。对于未符合登记条件的志愿服务组织，可以采取备案注册的方式，并接受相应的监管和监督。对于满足特定条件的志愿服务组织，其注册管理做法有两种：一是可以根据已有法规进行受理、分类、登记并予以认可，使之成为法人组织并获得相应的法律保障与相应的政策待遇，也接受监管机关较为严格的监管和社会监督；二是在登记认可制度之上，实行更加严格的公益法人认定制度，对于公益认定的志愿服务组织，一方面可以最大限度地享受财政、税收等方面的政策优惠，另一方面也可以实行更为严格和规范的行政监管和社会监督。构建科学分类分层的志愿服务组织注册管理制度，既有利于解决志愿服务组织合法性的问题，规范组织的制度化管理，又有利于发挥政府的政策导向功能，为公益性志愿服务组织的可持续发展创造更优化的制度环境。

---

① 陈华：《吸纳与合作：非政府组织与中国社会管理》，社会科学文献出版社，2011。

4. 从组织功能入手，促进志愿服务组织类型和功能的进一步扩充

广州志愿服务组织的数量、规模都呈现较良好的发展势头。然而，与社会需求之间仍然存在一定的距离，现有的志愿服务组织体系依然存在一些问题。在基于现有志愿服务格局的基础上，适当地发展一些与社会经济建设和人民生活联系紧密的志愿服务组织，逐步形成一个布局恰当、类型齐全、结构合理的志愿服务组织体系，成为广州志愿服务组织发展的一个新方向。

在具体做法上，可根据行业类别，由市级党政职能部门（即本行业管理部门）负责组建，按照"行业指导＋公众参与"的模式，以本行业专业力量为主导，开放性地吸纳社会公众加入行业志愿服务队伍，面向市民群众提供专业化的便民服务。

首先，在具有以下特点的相关行业建立完善的行业志愿服务队伍：一是专业性较强、社会公众有普遍需求的行业，如医疗、法律等；二是需要一定的专业技巧，服务于特殊群体的行业，如助老、助残、青少年服务等；三是有利于广泛发动市民参与城市治理的行业，如城市管理、环境保护、交通运输、综治维稳、舆论宣传等。在队伍构成主体上，由行业管理部门负责牵头成立本行业志愿者队伍，行业类别涉及多个管理部门的，可由相关部门分头成立行业志愿队伍，形成"一行多队"的格局。行业管理部门可以利用本行业内的各类行业协会，协助推进行业志愿者队伍建设。

其次，在队伍组建管理方式上，由行业管理部门指定专人负责队伍组建及管理工作，发动行业专业人员进行指导，开放性地吸纳社会公众作为主要力量加入志愿服务队伍。在行业总队中建立"一章三会"制度，即拟定章程，建立理事会、执委会和监委会。各行业可根据行业领域细分，在行业总队之下，建立若干行业分队。运用"志愿时"系统，按照"20人一小队、100人一中队、500人一大队"的标准，在分队内建立若干小队、中队、大队。

最后，行业管理部门应积极推动本行业志愿服务队伍按"一章三会"制度不断完善内部法人治理结构，拓展服务领域，使登记注册成为社会

团体、民办非企等社会组织实现由公众性行业志愿服务队伍向具有社会功能的专业化组织转型的有效途径。各行业志愿服务队伍，可以向广州市青年社会组织孵化基地等全市各级社会组织孵化培育机构提出申请，由其提供"一章三会"制度建设以及队伍管理、社团登记等各类专业化咨询、帮扶服务。

5. 从人才培育着手，优化和创新人才专业化培训的机制和服务信息化的机制

（1）进一步促进志愿服务信息化。一是加强对于"i志愿"系统的宣传和普及，逐步改变人们对以往人工登记志愿服务信息的习惯，让人们真切认识和感受"i志愿"系统的便利性和实用性，提升"i志愿"系统的使用率，逐步实现志愿服务的信息化管理。二是解决已有志愿系统的数据整合问题，逐步将现有的系统进行合并，协助部分志愿服务组织把原来自主研发和使用的系统接入"i志愿"系统，实现志愿者和志愿服务组织的登记注册、志愿活动发布、志愿时数统计等功能的信息化，为志愿服务组织参与社会治理创新提供强大的技术支持。

（2）完善志愿者培训和督导体系。从人力资源管理理论角度来看，在志愿服务组织的人事管理上，人力资源的开发和培训应该成为志愿服务组织管理工作的重中之重。志愿者是非营利组织重要的人力资源，是非营利组织培养发展不可缺少的因素。应该抓好以下主要工作：一是依托专业建立系统的机制如广州志愿者学院，对基础级、骨干级、领袖级和专业领域的志愿者进行相应级别的岗位能力培训，建设好广州志愿服务的专业人才类型全面的梯队。二是建立健全志愿服务组织督导管理培训制度。这是对志愿服务组织专业化发展的一项基本要求，是促进和保障志愿服务专业化运行达到最高效应的重要措施。

（3）建构有效的志愿服务激励机制。对志愿服务的激励，实际上就是对志愿者的激励，既要包括精神激励的内容，也要包括物质激励的内容；既要有宏观导向性的激励，也要有微观辅助性的激励。在对志愿者进行激励时，应该按照人性化的原则，激励的内容和方式都要量身定做，因工作任

务、服务对象的不同，志愿者的服务动因各有不同，因此，需要根据不同任务导向和个体需求采取不同的激励方式。

参考文献

［1］陈天祥、徐于琳：《游走于国家与社会之间：草根志愿组织的行动策略——以广州启智队为例》，《中山大学学报（社会科学版）》2011 年第 1 期。

［2］陈华：《吸纳与合作：非政府组织与中国社会管理》，社会科学文献出版社，2011。

［3］崔月琴、袁泉、王嘉渊：《社会组织治理结构的转型——基于草根组织卡理斯玛现象的反思》，《学习与探索》2014 年第 7 期。

［4］邓国胜：《中国草根 NGO 发展的现状与障碍》，《社会观察》2010 年第 5 期。

［5］丁元竹等主编《中国志愿服务研究》，北京大学出版社，2007。

［6］高小枚：《论志愿服务组织发展的制度环境》，《山东社会科学》2015 年第 5 期。

［7］广东省民政厅等：《关于推进社会工作者与志愿者联动工作的实施意见》，2013 年 10 月 14 日。

［8］广东省文明办等：《关于统一全省志愿服务信息系统实现数据互联互通的通知》，2017 年 6 月 28 日。

［9］广东省志愿者平台，"i 志愿"，http：//www. gdzyz. cn，2018。

［10］广东发布志愿者守信联合激励计划，人民网，2016 年 12 月 05 日，http：//gongyi. people. com. cn/n1/2016/1205/c151132 - 28924919. html。

［11］惠霞、董志峰、张举国、高克祥、鲁晓妮：《社会组织获得社会支持的发展研究》，《社会工作与管理》2017 年第 11 期。

［12］胡蓉：《我国志愿者的激励机制探讨》，《成都教育学院学报》2006 年第 1 期。

［13］李林、石伟：《西方志愿者行为研究述评》，《心理科学进展》2010 年第 10 期。

［14］李宜钊：《投资社会资本：中国非营利组织发展的另一种策略》，《海南大学学报（人文社会科学版）》2010 年第 2 期。

［15］李静：《合作治理视域下社会企业介入社会服务的路径研究：逻辑、优势及选择》，《人文杂志》2016 年第 6 期。

［16］罗敏、胡礼鹏：《组织社会学视角下我国青年志愿服务组织特点研究》，《山东青年政治学院学报》2016 年第 1 期。

［17］ 民政部等：《志愿服务信息系统基本规范》，2015 年 9 月 14 日。

［18］ 任剑涛：《道德理想·组织力量与志愿行动》，《开放时代》2001 年第 11 期。

［19］ 邵振刚：《社会建设背景下志愿组织发展的思考——以广州市为例》，《青少年研究与实践》2014 年第 1 期。

［20］ 谭建光：《中国社工与志愿者合作的机制创新》，《广东工业大学学报（社会科学版）》2014 年第 2 期。

［21］ 温祝英：《后亚运促进广州市志愿服务工作的对策研究》，《齐齐哈尔师范高等专科学校学报》2013 年第 3 期。

［22］ 魏国华、张强主编《广州志愿服务发展报告（2014）》，社会科学文献出版社，2014。

［23］ 王忠平、陈和午、李遁听：《广州企业志愿服务参与动机和运行现状调查》，《青年探索》2016 年第 5 期。

［24］ 王茂福：《社会组织的功能特征》，《学术评论》1999 年第 5 期。

［25］ 肖金明、龙晓杰：《志愿服务立法基本概念分析——侧重于志愿服务、志愿者与志愿服务组织概念界定》，《浙江学刊》2011 年第 7 期。

［26］ 徐柳：《我国志愿者组织发展的现状、问题与对策》，《学术研究》2008 年第 5 期。

［27］ 徐莉：《非政府组织与社会支持体系的构建——以艾滋病防治领域为例》，中国社会科学出版社，2012。

［28］ 曾颖如、文嘉：《志愿服务组织的文化管理研究》，《中国青年研究》2011 年第10 期。

［29］ 周大鸣、杨小柳、接英丽：《中国志愿组织的典型个案研究——对广州市启智志愿服务总队的考察》，《中国青年政治学院学报》2008 年第 3 期。

［30］ 中共广州市委、广州市人民政府：《关于进一步发展广州志愿服务事业的意见》（穗字〔2011〕23 号），2011 年 12 月 4 日。

［31］ 中共中央宣传部等：《关于支持和发展志愿服务组织的意见》，2016 年 7 月 12 日。

［32］ 〔美〕马克·A. 缪其克，约翰·威尔逊：《志愿者》，中国人民大学出版社，2012。

专题报告

Special Topics

B.2

广州志愿服务组织发展历程研究

涂敏霞　冯英子*

摘　要： 本文分析了自1987年以来广州志愿服务组织的发展历程，根据调查研究，分为五个阶段：初创萌芽阶段、多元推动阶段、快速发展阶段、提升发展阶段、规范发展阶段。并介绍了不同阶段广州志愿服务组织发展的特点，总结、归纳了广州志愿服务组织发展的经验和不足，认为政府始终是影响志愿服务组织发展的关键因素；民间力量是志愿服务组织发展的主要推动者；社会参与是促进志愿服务组织发展的最大能量源。最后，文章提出了促进广州志愿服务组织发展的对策建议，主要是加强对志愿服务组织的政策和经费支持；营造全社会

* 涂敏霞，广州市团校副校长，广州志愿者学院副院长、教授，研究方向：青少年教育、青少年工作、志愿服务；冯英子，广州市团校研究中心研究实习员，硕士，主要研究方向：青少年发展、青少年社会工作等。

志愿服务氛围，创新宣传方式，重视榜样力量；重视志愿服务组织专业能力建设，创新志愿服务组织运作模式；倡导志愿服务组织行业自律，规范行为，树立理想信念。

关键词： 志愿服务组织　广州　组织建设

　　广州是改革开放的排头兵，其志愿服务的推进和发展也一直走在全国前列：1987年建立的"中学生心声热线"是中国第一支志愿服务队伍；积极响应共青团中央倡导志愿事业，成立中国青年志愿者协会的号召，于1995年成立"广州青年志愿者协会"；同时，以"挂靠"广州市青年志愿者协会方式组建的"启智服务总队""松柏服务总队""手拉手服务总队""助残服务总队""医疗服务总队"则成为广州志愿服务组织的雏形。其中，"启智服务总队"一直走在志愿服务的前沿，它的发展进程亦较为典型地展现了广州志愿服务组织历程的风貌。

　　走入新时代，党和人民对于志愿服务的水平、志愿服务组织的能力有了新的期盼，正如党的十九大报告中提到的要"推进诚信建设和志愿服务制度化，强化社会责任意识、规则意识、奉献意识"，提出志愿服务要更为专业化、精细化，志愿服务组织要更为规范化、社会化的新要求。

　　广州志愿服务组织的发展，见证了广州城市改革开放、经济社会发展和市民精神衍变的过程。广州作为改革的活跃之地，党政倡导、部门联动、共青团推动、社会参与，不断推进、优化、建设具有广州特色的志愿服务；广州拥有开放的城市精神，志愿服务组织的发展充分借鉴、吸纳了国际及我国港、澳、台的有益经验，从初创萌芽走到了如今的硕果累累。本文旨在回顾广州志愿服务组织的发展进程，分析广州志愿服务组织发展的经验与不足并提出对策建议，通过总结经验，为新时代广州志愿服务的推进工作、志愿服务组织的建设提供参考。

一 广州志愿服务组织的发展脉络

志愿服务是指"任何人自愿贡献个人时间和精力，在不为物质报酬的前提下，为推动人类发展、社会进步和社会福利事业而提供的服务"。相应地，志愿服务组织被定义为：以开展志愿服务为宗旨的非营利性组织。本书对志愿服务组织的划定范围使用了更为广义的概念，可以是一个小型的志愿者团队，即两个以上的人聚集起来志愿从事服务他人或者社会的活动，并且形成了长期的行为，如五个人组成一个团队，定期去社区清理卫生；也可以是自发形成的未经过登记且有一定规模的志愿服务组织，例如助残义工队，宗旨是帮助残疾人，并且形成了管理机构和财产制度，但没有达到《社会团体登记管理条例》的要求而没有进行登记；还可以是依据《社会团体登记管理条例》登记成立的专门从事志愿服务的社会组织法人。

根据本次的摸底调查，截至2017年，广州市已拥有注册志愿服务组织10060个①，志愿服务组织的规模和类型不断发展壮大，专业志愿服务组织越来越多。在本次调研抽样的238个广州志愿服务组织中，于2011～2014年成立的组织占比最高，为40.6%，其次是2006～2010年成立的，占比为22.8%；2001～2005年成立的组织占比为19.3%，2015年之后成立的占比为12.7%，1995～2000年成立的占比为4.6%。由此可以看出，从1987年诞生第一支志愿服务队伍到现今的1万多个注册组织，在不同的历史发展阶段，广州志愿组织面对的政治和社会背景各有不同，它们的成长速度、规模、规范程度、组织模式也有不同的特点。我们经过调查和分析，将广州志愿服务组织发展历程分为五个阶段。

---

① 指在广州市"志愿时"系统注册的志愿服务组织。

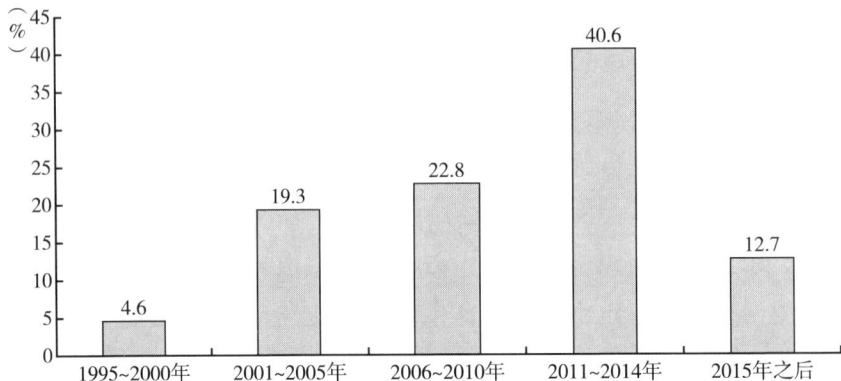

图1 广州志愿服务组织成立时间

（一）初创萌芽阶段（1987~2000年）

梳理广州志愿服务组织的发展脉络，就必须先回顾一下志愿服务组织的源起。根据学界已有的研究，1987~1994年，我们的志愿服务经历了一个民间探索的时期。1987年，广州诞生了全国首条"中学生心声热线"，所有工作人员首次以志愿者形式参与接线、咨询及服务；1990年4月，深圳市义工联合会注册成立，是中国内地第一个志愿服务法人社团，是由为青少年和社会提供志愿服务的社会各界人士（主要是青少年）组成的社会团体。这些民间的有益探索，开启了志愿服务组织的发展之路，共青团中央在调研了这些组织之后，倡导发展志愿事业，率先成立了"中国青年志愿者协会"。1993年，共青团十三届二中全会决定实施青年志愿者行动；1994年，中国青年志愿者协会成立并发布了"奉献、友爱、互助、进步"的中国青年志愿者精神；1995年，广州积极响应、率先行动，成立了"广州青年志愿者协会"。

值得一提的是，作为改革前沿的广州采取了有别于内地的发展模式，除了机关单位、街道社区响应成立志愿服务队伍之外，还吸引了一批自发成立的青年志愿团队，如以"挂靠"方式成立的"启智服务总队"

"松柏服务总队""手拉手服务总队""助残服务总队""医疗服务总队"五支志愿者队伍，服务总队以服务对象的不同而进行划分，启智服务总队是以智障儿童、孤儿为主要服务对象，松柏服务总队以老年人为服务对象，助残服务总队以残疾人为主要服务对象等。它们引领了广州志愿服务组织的初创萌芽阶段。

1. 政府引导是广州市志愿服务组织在初创期发展的重要推动力

当时，中国仍处于计划经济向市场经济的转变时期，志愿服务在中国还未引起广泛关注，民众对志愿服务还并不了解，志愿服务的推广还需政府带头引导，志愿服务组织的创立还需政府部门的支持与推动。例如上文提到的五支民间志愿者队伍之所以能顺利成立并发展壮大，离不开共青团广州市委的大力支持，这五支队伍也成为广州志愿服务组织的"开山鼻祖"，成为广州志愿服务的知名品牌。其中，启智服务总队现今已成为广州最为活跃的志愿者团体之一，每周组织志愿者前往福利院、老人院、智障活动中心、残疾人康复中心、街道社区等机构帮助孤儿、独居老人、弱能人士、残疾人、脑瘫小朋友、下岗贫困家庭等弱势群体。目前注册会员超过80000人，服务项目超过40个，每周有1000多个志愿者服务岗位供志愿者网上报名参加。

2. 志愿服务组织结构松散且服务具有临时性

在此阶段，共青团推动成立的青年志愿组织是主力军，其志愿服务对象面向各类群体，有助残、助学、环保、应急等各个领域的志愿服务内容，同时将大型赛会、活动与志愿服务紧密结合，并扩大服务范围，提升了志愿服务的影响力。例如1996年的"真情在广州"系列活动、2000年的志愿者植树活动、大学生志愿者"三下乡"活动，都获得了很高的民众认可度。除了服务内容之外，此时这些志愿服务组织的管理形式大多是松散的、单一的，团队人员结构也未形成，往往是根据临时的需求而开展的有针对性的服务，以机关单位力量为主要推动力是其此阶段发展的一大特点，但民间力量已开始初步介入志愿服务组织，为以后民间志愿服务组织发展奠定了基础。

3. 从个体形态来看，"创业"期间的志愿服务组织形态为依附型，对政府的依赖性较强

美国学者拉里·格雷钠提出了组织成长的五阶段模式①，包括创业期、引导期、授权期、协调期、合作期。在不同阶段必须有不同的组织战略和组织结构与之相适应。在组织发展的一定时期，为什么有的管理方式、组织结构、协调机制就能发挥作用，运作良好，而有的就不行，拉里·格雷钠的五阶段模式可以帮助解答这一问题。

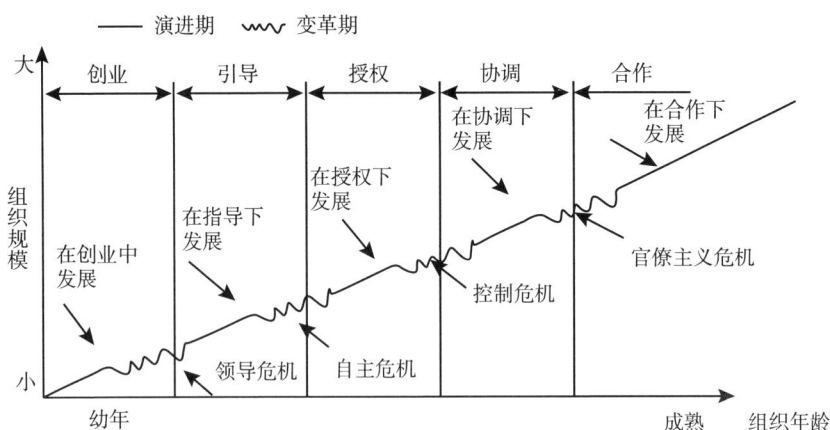

图2　组织成长的五阶段模式示意

将此理论引入我们对广州志愿服务组织个体发展的研究中来，处于初创萌芽期的广州志愿服务组织类似于创业期的企业。我们可以尝试将启智服务总队（以下简称启智）作为一个案例来分析，根据我们的调查，启智从成立到成立之初的发展均对政府部门具有强烈的依赖性：从人员构成来看，成立之初的启智服务总队会员只有十几人，且大多为政府系统内部的人员，其队长就是由在邮政系统工作的人员兼任；从服务特点来看，活动单一，开展的活动无固定地点，无稳定的经费来源，很大程度上根据政府部门工作部署

① 拉里·格雷钠（Larry E. Greiner）：《在演进与剧变中成长》，哈佛《商业评论》，2005 年 4 月。

来开展服务活动，限定服务范围与对象，启智当时的服务对象就是智障儿童；从服务主体来看，志愿者参与服务的动机单纯，大多受"学雷锋"精神影响，志愿者要想参与启智的服务，往往要依靠志愿者协会的推荐介绍，还面临严格的审查，参与服务的志愿者常常是经由政府引导、组织加入的。

但我们也可以看到，在组织诞生初期，相当于幼年期，组织规模小、人心齐、关系简单，能够有效地开展行动。初期的启智，聚集了一批热心志愿服务、公益事业的青年人，他们凭着一股冲劲在没有经验借鉴的情况下一步步拓展服务范围并在摸索发展中逐渐形成一些管理规范。

（二）多元推动阶段（2001～2005年）

2001年被联合国定为"国际志愿者年"，志愿服务在世界范围内掀起热潮。中国成立了"国际志愿者年委员会"，主要负责规划、指导在全国传播志愿精神、推广志愿服务的工作。这一时期，通过广州市各级共青团组织的积极推动和共同努力，青年志愿者活动有了一个良好的开端；政府部门、民间力量、境外组织共同推动、见证了这一阶段广州志愿服务组织的发展。这一时期最大的特点是由此前的政府单一推动转变为多元推动。

1. 多元推动让志愿服务组织获得了更大的成长空间

"多元"，首先是指由政府单一部门推动变为多个职能部门联动，例如广州市民政局在2002年推动成立广州市义务工作者联合会，主要统筹在全市范围的各街道、社区的志愿服务站，为社区居民提供志愿服务。其次，"多元"也指民间力量的广泛参与，草根组织的出现让我们看到了民间志愿精神的蓬勃发展，例如逢源街长者义工队，就是社区居民在香港社工的指导下，借用、参考香港模式自发成立的，把长者志愿者组织起来，在社区开展服务，目前队伍已发展到300多名志愿者，15支分队。

2. 民间草根志愿服务组织蓬勃兴起，服务内容各有特色

在此阶段，许多民间草根志愿服务组织纷纷成立，有的挂靠机构、社团，有的独立开展志愿服务；境外驻穗机构、宗教团体的志愿队伍开始了本土化的进程，例如广州基督教青年会（YMCA）于2001年成立了广州

YMCA 义工联会，倡导"爱"和"奉献"，汇聚了大批社会热心青年，持续地为失聪儿童、智障人士、孤寡长者、外来工子弟、乡村贫困学生、癌症儿童提供服务，得到广泛赞誉。

多元推动让广州志愿服务组织数量激增，并呈现出不同的服务特色，有开展帮助农民工解决生活困难的"青春暖流"行动，有帮助越轨青少年纠正偏差行为的志愿活动，还有专门服务社区长者，帮助他们改善生活的志愿活动。

3.志愿服务组织开始尝试降低对政府的依赖性，进行了自主运作的有益探索

根据组织成长的五阶段模式，处于多元推动期的广州志愿服务组织相当于处于企业成长的引导阶段。在此阶段，志愿组织在政府部门的指导下开始探索自主运作的道路和模式，此时领导人的能力往往是组织发展的重要影响因素。如启智服务总队，进入 21 世纪，特别是 2001 年"国际志愿者"年的系列活动，促使国家及地方政府发现志愿组织自主发展的必要性和积极作用，也促使中国志愿者看到自主发展的可行性，启智人员迅速增加，服务领域也突破了原来市团委限定的"智障儿童服务"，开始涉及其他公民参与的服务。[1] 同时，根据我们对番禺区义工联的调查，了解到此阶段由于市义工联成立，推进了区义工联发展，使服务拓展、社会资源增加。义工联的主要运营载体志愿者中心成立，有固定场地和经费，从而开始了自主运营的探索。

从以上分析中我们可以看到，经过一系列有益的探索工作，且在政府部门转变思路、引导自主发展的努力下，广州志愿服务组织开始有了自主运作的方式，虽然尚未成熟，但已进入从依附型向自主型转变的历史阶段。

（三）快速发展阶段（2006~2010年）

2000~2010 年，广州志愿服务组织迎来了快速发展期，这是一个量变

---

① 谭建光:《志愿服务:理念与行动》，人民出版社，2014，第 269 页。

爆发的时期。2006 年，第十六届亚运会会徽的发布仪式在中山纪念堂举行，发展志愿服务的迫切性加强；2007 年，被共青团广州市委员会定义为"志愿服务年"，推出志愿者歌曲、设计志愿者虚拟代言人，从政府层面倡导广州的志愿精神和志愿文化，从而进一步推动了志愿服务事业的发展壮大，一大批民间志愿组织响应号召，纷纷成立，民众参与志愿服务的热情不断高涨；2008 年，"南方雪灾""汶川大地震""北京奥运会"等都能看到广州志愿服务组织的身影，它们在一次次行动中迅速成长。

1. 广州政府开始探索转变职能，志愿组织对社会治理的补充作用受到重视

在这个阶段，广州政府越来越重视志愿组织对政府职能、社会福利的补充力量。政府对志愿服务的态度也由原来的倡导、鼓励变为实际的支持[1]，广州志愿服务组织迎来了快速发展期。首先，广州青年志愿者协会、广州市义务工作者联合会、广州市巾帼志愿者协会、广州市红十字志愿者委员会等多个全市性志愿服务组织按照自己的规章制度及发展规划，不断吸收成员单位，从全局上引导广州的志愿服务；其次，较早成立的志愿服务组织，例如启智、番禺区义工联、逢源长者义工队等已按照自身定位，形成了成熟的服务内容，成为开展具体志愿服务的中坚力量并吸纳了大量志愿者加入；最后，2010 年广州市政府购买的家庭综合服务中心社工服务项目标志着政府开始在社会治理中引入第三方专业力量，志愿服务作为其中重要的一项服务内容，让许多草根志愿服务组织看到了未来发展的希望，例如广州市普爱社会工作服务社的普工英义工队就缘于 2010 年开设的穗东街家庭综合服务中心中的志愿服务领域。

2. 全民参与志愿服务的热情让广州志愿服务组织规模迅速扩大

除了数量的增加外，单个志愿服务组织的规模在这个时期也扩大了。亚运会的顺利召开，对广州市市民的志愿精神培育和志愿文化传播产生了巨大的推动作用，赛会期间，2200 多支城市文明志愿服务队伍活跃在亚运场馆

---

① 梁雄文等：《广州志愿服务的发展进程》，见《广州志愿服务发展报告》，社会科学文献出版社，2014，第44页。

之中，累计服务时数 1.28 亿小时。重大赛会的举办，对于志愿服务的宣传作用是巨大的，让更多的民众了解到什么是志愿服务，了解到志愿服务的价值，从而激发他们参与志愿服务的热情，使志愿服务组织的成员大大增加，例如我们访谈的广州铁路职业技术学院的家电义务维修协会，从 2005 年成立时的约 10 名成员激增至 2010 年的 110 人左右。

3. 组织运作更为自主，开始探索规范建设、制定发展规划

根据组织成长的五阶段模式，处于快速发展期的广州志愿服务组织相当于处于企业成长的授权阶段。在这一阶段，广州志愿服务组织证明了自身对承接政府社会服务职能，补充社会福利不足的重要价值，从而获得了能够更加自主运营的空间。从最初的依附型到自主性运作，志愿服务组织面临着更大的挑战，为保障组织继续顺利运作，对于组织的人员架构、职责分工、经费管理、服务流程等内容，都需要加强规范建设，制定符合自身特点、契合社会需求的服务内容，制定长远的发展规划。例如番禺区义工联，在此阶段开拓了广州南站的志愿者服务，截至 2016 年，此项服务时数高达 3 万多小时；同时番禺区义工联还形成了 3 名副会长、1 名秘书长、3 个专职管理人员，10 个服务部门的组织架构，每个部门配备志愿者，开展恒常志愿服务活动，年初制订服务计划使得组织运作更加具有计划性。

（四）提升发展阶段（2011~2014年）

2011 年，广州市委、市政府出台《关于进一步发展广州志愿服务事业的意见》，提出力争在 3~5 年内使全市公众志愿服务参与率达到 20%，注册志愿者不少于 200 万人；"志愿时"综合管理系统加强了对志愿服务的信息化管理；志愿服务广州交流会的连续举办，让志愿服务的专业化、项目化、品牌化有了长足的进步，正是处于此种背景下，广州志愿服务组织迎来了提升发展期。

1. 政府购买服务力度加大，志愿服务获得提升发展的空间

除了政府发布关于推动志愿服务发展的利好政策外，自 2011 年开始政府购买服务的政策也有效促进了广州志愿服务组织的发展，政府购买服务提

供的资金支持让广州志愿服务组织在服务技巧的专业化提升、志愿者管理信息化、服务项目品牌研发等方面有了更广阔的空间。以普爱社会工作服务社（以下简称"普爱"）的普工英义工队为例，随着机构承接的家综日渐增加，（当时广州共有8个家综，分布在黄埔、越秀等区，较为分散），机构层面急需统筹志愿者的培训需求、服务匹配需求、降低因距离而产生的沟通成本等问题，故普工英义工队自主研发志愿信息管理系统，于2013年建立了"普工英"志愿者银行系统。从2013年开始到2014年，普工英义工队实行了品牌战略化，打造品牌项目，推动了机构志愿服务领域的发展，有了"复康巴士"、小天使义工合唱团等志愿服务品牌项目。志愿者银行系统和品牌打造大力促进了普爱的志愿服务发展。

2. 志愿服务组织更多地关注服务专业性、组织管理等问题

当组织规模到达了一定程度，组织的服务内容基本成熟时，广州志愿组织对于其专业性的探索做出了更多的努力。一些大型的志愿服务组织设立了服务分队，每个分队有其专门的服务领域，例如广州市越秀区暐杰志愿服务工作中心（以下简称"暐杰"）下辖6支专业志愿者队伍，即广东省医疗辅助志愿服务总队、广州青年志愿者协会医疗辅助总队、广州市越秀区红十字会应急志愿服务队、汇爱志愿服务队、健行赛事志愿服务总队、广东低碳公益志愿服务队；拥有专业应急救援救护培训讲师50多名，配备先进和专业的应急救护设备，开展专业化的应急救助服务。一些志愿服务组织设立了组织章程、服务流程、服务手册、培训制度、财务管理制度、行政管理制度来加强组织管理。

3. 志愿服务组织处于自主发展深化期和专业化发展关键期

在此阶段，广州志愿服务组织相当于组织成长阶段模式中的协调阶段，需要根据已定的规章制度、服务流程、志愿者管理来高效地开展活动，并对自身的未来发展有所规划，可以说，此阶段是广州志愿服务组织深化自主发展、专业化发展的关键时期。它们发挥着"第三部门"的作用，民间色彩增强。随着民间性的发展，其独立性也越来越强。此时的广州志愿服务组织，并非不需要政府支持，而是更加需要政府的政策、资金支持以及其他机

构的密切合作，需要政府转变身份，进行倡导和监督工作，将志愿服务组织推向社会，增强其自主性与灵活性，不断社会化、普遍化，更好地进行资源整合，在更加广泛的领域发挥作用①。

（五）规范发展阶段（2015年至今）

2015年，广州市财政局颁布了《政府向社会力量购买服务指导目录》（穗财行〔2015〕187号），确立了政府部门向社会组织购买服务的合法性，提出了规范性要求。这一项重要举措，对广州志愿服务组织的发展起到了至关重要的作用。由于政府购买服务对承接方的要求更加规范，以及志愿服务组织为通过独立地承接政府购买服务来获取发展资金，越来越多的广州志愿服务组织主动注册成为社会组织法人，开始了组织性质的转型。注册成为社会组织法人，对于比较习惯于松散化管理的志愿服务组织来说是较大的挑战，尤其是组织章程的细化和财务审计的规范，对于许多组织成员来说都是不小的冲击。

1. 志愿服务组织注册成为社会组织法人成为"潮流"，进入规范化发展阶段

注册成为社会组织法人，意味着组织的规章制度、队伍管理、服务范围有了更为清晰、完善的界定。一些志愿服务组织表示，注册为社会组织是其组织发展历程中的重要事件，注册之后各项制度都在规范中，章程、行政管理制度、对志愿者要求、服务范围的规定更为完善；根据《慈善法》完善募捐制度，募捐行为更为合法、合规，募集资金的使用也要接受更严格的审核、监管；财务管理制度的规范过程中，容易受到一些阻力，主要是部分志愿者较难理解为何志愿服务开展也要如此严格要求。课题组根据对广州志愿服务组织法人治理情况的问卷调查数据，发现当前设有理事会、监事会和党组织的比例较低，分别为39.7%、27%和24.7%，大多数组织已有自己的

① 谭建光等：《中国志愿组织的典型个案研究——对广州市启智服务总队的考察》，《中国青年政治学院学报》2008年第3期。

网络平台（84.8%）、例会制度（78.1%）、使命陈述（77.5%）和组织章程（77.2%）。

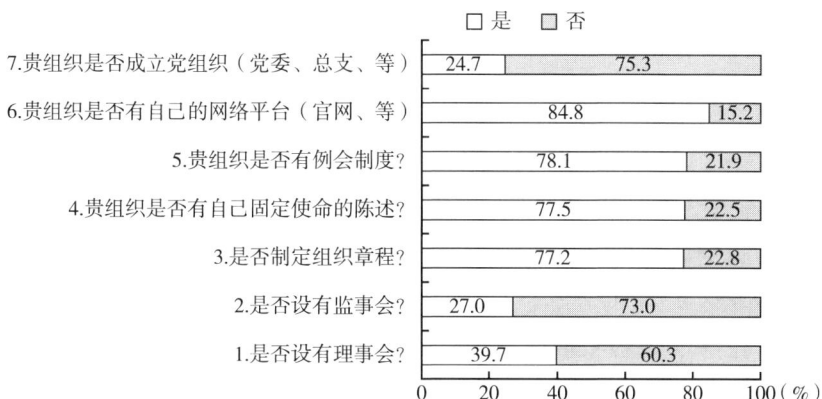

图3　广州志愿服务组织的法人治理情况

2."社工＋志愿者"服务模式盛行，社会工作专业方法推动志愿服务组织专业化进程

当前，许多志愿服务组织主动学习、吸收社会工作中专业的服务手法以及对人员的督导、培训机制，大大提升了自身的专业化水平。例如共青团广州市委员会购买的"青年地带"项目，目前已建成了23个服务站，覆盖全市11个区，承接项目的13个社工机构以"社工＋志愿者"服务模式在各站点开展服务，服务站着力为青少年群体提供专业的服务：以教育引导为主开展青少年法制教育等超前预防工作；以管理服务为主扎实开展"五类重点青少年群体"临界预防工作；以矫正帮扶为主大力促进涉案青少年再犯罪预防工作。

同时，对志愿者的培训工作也开始更加注重专业性和规范性。例如番禺区义工联已形成较为完善的志愿者培训制度，每月10日、25日为固定培训日，培训项目分为通用培训、专业内容培训、公共培训、专项培训。新志愿者要在当月20日完成注册手续，番禺区义工联人力资源部会告知志愿者的职责、工作内容，随后在当月25日晚上开展新志愿者入门培训，内容为探访服务细节、注意事项等；服务一段时间后，可以参加中级培训，由志愿者骨干传授知识；专业内容培训，邀请相关专家讲课，内容为政策解读、心理困惑解答等；每年有固定的培训经费，开展年度培训；专门服务培训是针对特定活动、服务类型开展的培训，例如广州南站志愿服务培训，大型活动通常会专门进行一次培训，告诉志愿者要做什么、怎么做、如何做好。

3. 广州志愿服务组织进入社会化发展阶段

根据组织成长的五阶段模式，我们可以认为此时的广州志愿服务组织处于合作阶段，开始注重同其他部门、组织的合作，整合内外部资源，进行服务品牌的打造以及项目化运作。例如广州市越秀区齐志社会工作服务中心（注册前为"齐志助学队"）在腾讯公益乐捐平台进行齐志爱心书包、齐志爱心校服、齐志公益书屋等多个项目的筹款，获得了较为充足的资金，可以对广东省周边的贫困学校进行资助；由于其开展志愿服务的影响力，一些学校和企业主动寻求合作，共同开展助学活动。它从一个志愿团队成功转型为一个社会服务型团队，并拥有齐志公益游、齐志公益书屋、齐志爱心书包以及齐志爱心校服等多个品牌项目。

根据问卷调查，同政府部门有不定期联系的志愿服务组织占比为56.4%，其次是平均每月一次，占比为18.2%，第三是每星期一次，占比为10.7%；同行业组织有不定期联系的志愿服务组织占比为49.6%，其次是平均每月一次，占比为21.9%，之后是每星期一次（12.7%）、每季度一次（9.2%）、每半年一次（4.4%），每年一次的仅占2.2%。

我们可以看到，志愿组织通过汇聚社会力量和资源，运用灵活自主的方式，不断发展壮大组织，提升服务成效[1]，焕发出更多的生机和活力。

①　汪彩霞、谭建光：《改革开放40年与志愿组织的发展变迁》，《青年探索》2017年第5期。

平均每星期一次
10.7%

平均每月一次
18.2%

不定期
56.4%

平均每季度一次
8.0%

平均每半年一次
4.0%

平均每年一次
2.7%

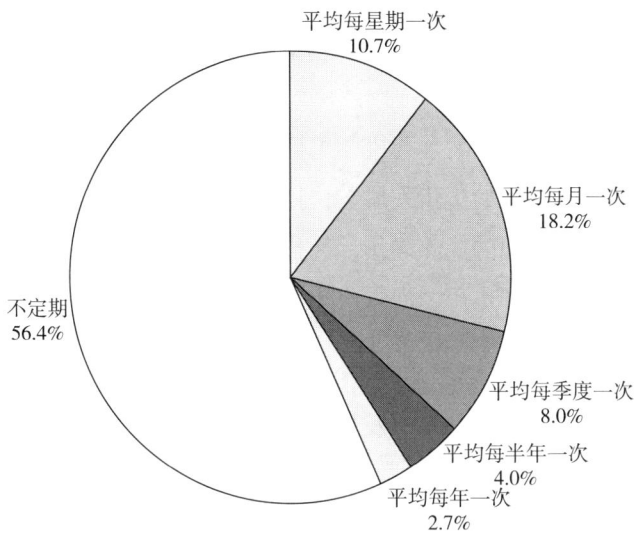

图4 广州志愿服务组织同政府部门联系频率

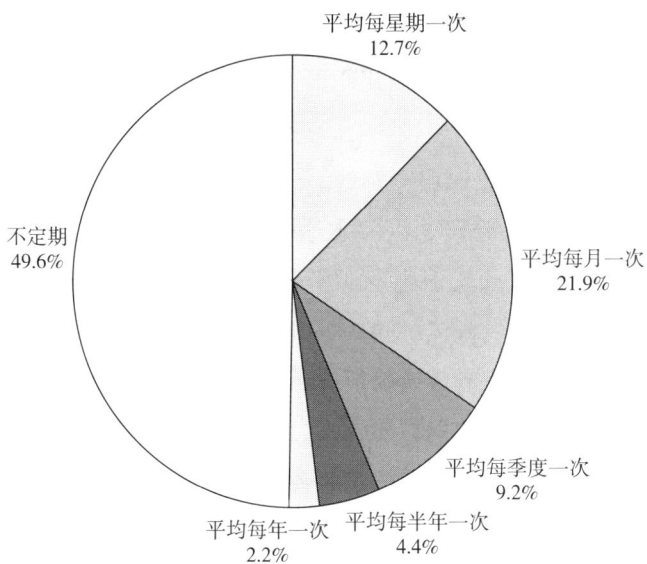

平均每星期一次
12.7%

平均每月一次
21.9%

不定期
49.6%

平均每季度一次
9.2%

平均每年一次
2.2%

平均每半年一次
4.4%

图5 广州志愿服务组织同行业组织联系频率

二 广州志愿服务组织发展的经验、问题及其原因

广州志愿服务组织的发展与广州志愿服务的发展紧密相连，经历了初创的艰苦探索、多元推动的进步发展、快速发展的规模扩大、提升发展期的专业增强以及规范发展期的成熟运作，为传播志愿精神、培育志愿者、形成志愿文化起到了组织引领作用。回顾广州志愿服务组织的发展历程，可以得出以下经验及不足。

（一）广州志愿服务组织发展的经验总结

1. 政府职能部门联合推动，政策环境给予发展空间

当前，广州市在推动志愿服务组织发展方面已形成了在"市委市政府领导下，文明委统筹、文明办牵头，民政局行政管理与支持，团市委组织协调"的管理格局。

共青团组织积极响应党的号召，是最早开始推动志愿服务发展的机构。早在1987年，共青团广州市委就组织开展了"微笑在广州"的活动，并于当年与市教育局共同支持十多位热心青少年服务工作者成立了第一支志愿服务队伍——"手拉手"志愿服务热线。近年来，广州团市委联合广州市文明办推动"志愿之城"建设，以"志愿时"管理服务系统、"志愿驿站"服务阵地、志愿服务广州交流会资源平台等，实现共青团组织带动青年组织、志愿服务组织发展的潮流。同时，广州市义工联、红十字会等在各级政府部门指导下也开展了卓有成效的工作，如市义工联已建立起自己的志愿者组织联络平台，有自己的官网，能够通过统一平台发布志愿服务需求信息，志愿服务组织可通过统一平台录入志愿者服务时数。总体来说，经过几十年的发展，广州的政府部门对于志愿服务组织发展的重视程度不断提高，并已形成合力，共青团、文明办、民政局等单位形成了良好的合作机制，共同推动了广州志愿服务事业发展。除了成立专门机构来推动广州市志愿服务组织发展，经费的增长也为处于发展初期的一些组织带来了福音。2009年，广

州政府推动成立了广州市羊城志愿服务基金会，旨在吸引、凝聚社会资源，为全市各领域志愿服务项目实施、团队运作提供保障。2009～2015年，每年市财政拨款投入500万元、2016年为470万元、2017年为400万元，用于羊城志愿服务基金会运作及资助志愿服务项目。

政府部门对于志愿服务发展的思路以及政策，很大程度上决定了在一定时期内志愿服务发展的速度，良好的政策环境，为志愿服务组织的发展提供了平台与条件，刺激它们提升自我专业性、规范性及积极性。自2008年9月25日，广州市人大常委会审议通过了《广州市志愿服务条例》，并于2009年3月5日正式实施以来，广州市在推进促进志愿服务的政策建设道路上从未止步。2011年12月，广州市委、市政府出台的《关于进一步发展广州志愿服务事业的意见》为提高志愿者积极性，提出设立"志愿服务政府奖"，同时将志愿服务作为各机关、学校和企事业单位优秀共产党员、优秀共青团员等评选的优选条件①。2013年，广州市先后出台了2项全市性制度文件，如《广州志愿者服务时间登记管理办法》《广州市志愿者培训工作实施办法》等，进一步规范志愿服务工作。目前，团市委正在联合市文明办推动出台"广州市支持和发展志愿服务组织的实施意见""广州市志愿服务激励办法"。政策的支撑，为广州市志愿服务组织发展增强了信心，让它们看到了志愿服务大有可为，志愿服务组织未来可期。

2. 民间力量是志愿服务组织发展的主力军

当前提起广州市优秀的志愿服务组织，我们会想到启智、狮子会、逢源街长者义工队、母乳爱公益服务中心……提到优秀的志愿服务代表，我们往往关注这些组织的组织者，当前广州大多数志愿服务组织的组织者都是由民间人士担任，不再有政府内部人员兼任的情况。这一特点让志愿服务组织发展的自主性空间增大，发展战略的制定更加清晰、目标明确；组织者开放的思路以及管理能力影响着组织的长远发展。例如陪伴启智一路成长的李森，他从2003年10月接任总队队长以来，就为启智设计了一系列改革措施和战

① 谭建光：《广东志愿服务的实践与创新》，广东人民出版社，2015，第153页。

略规划，在他任职期间，完善网络交流平台，降低运作成本；拓展服务范围，除了智障儿童服务之外，也建立了其他相关的儿童和老人服务、社区探访、流浪者关怀等志愿服务；吸纳新鲜血液，每开发一个新的服务领域，就凝聚一批热心志愿者，启智的成员数有了极大的突破；积极探索志愿者管理制度和激励制度（星级会员制度），打造团队文化建设；加大同外部合作，提升组织资源整合能力。许多志愿服务组织在发展的道路上，都进行了同启智一样的改革创新，至于成效如何，组织者的能力往往成为决定性因素之一。

3.港、澳、台的志愿服务经验促进广州志愿服务组织的成长

由于天然的地理位置因素，广州志愿服务组织的发展同港、澳、台先进经验与专业人才的作用分不开。在本次调查中，多个组织提到了在初创期获得过港、澳、台专业人士帮助。例如逢源街长者义工队，作为广州市第一支全部由长者组成的志愿者队伍，就源起于1998年5月，逢源街道和香港社工机构合作成立的逢源长者服务中心（服务内容包括长者服务、康乐服务、志愿者发展服务），其中志愿者发展服务吸引了一批长者加入做志愿者。当时有1名香港社工在中心开展服务，她把社工理念带到逢源，在参加服务长者活动的时候，引导有兴趣的长者做志愿者。2000年2月，在香港社工的指导下，借用、参考香港模式，逢源成立文昌邻舍康龄义工联会，把长者志愿者组织起来，专门在社区里开展志愿服务，按照服务内容的不同分别设置了园丁组、表演组、探访组、万能组、乐善组等，各组都有特定的服务内容、功能；并开始培育志愿者骨干，在每个队伍里，让成员自主选出1~2个代表，作为志愿者骨干，定期开会。可以说，逢源街长者义工队的组织架构、服务内容等是在香港社工的帮助下形成的。

4.社会参与是促进志愿服务组织发展的最大能量源

随着志愿精神的普及、志愿文化的影响力持续上升，越来越多的民众加入到各式各样的志愿服务活动或者公益活动中，他们在诸如亚运会、春运、迎春花市、马拉松、中国进出口商品交易会（广交会），以及2017年刚举行的全球财富论坛等大型活动中提供志愿服务。许多组织反映近几

年越来越多的人愿意主动报名参加志愿服务活动，高效的信息化管理系统和愈加完备的培训制度让志愿者数量增加的同时，服务水平也大大提升了。

（二）广州志愿服务组织发展中出现的问题及原因分析

1. 相关支持性政策的落地问题值得关注

上文提到，一系列促进志愿服务组织发展的利好政策固然给它们带来了源源不断的发展动力和更加广阔的发展空间，但在课题组本次调研过程中，我们亦了解到部分志愿服务组织对于当前支持性政策落地问题的疑惑与期待。例如某组织在接受访谈时提到，2016 年颁布的《慈善法》要求要有募捐许可的组织才能开展募捐，而一般只有注册成为法人才能申请募捐许可，许多草根志愿服务组织无法达到申请标准；同时，一些企业法人企图通过加入大型志愿组织协会成为成员单位以谋取募捐资格，甚至有些人穿着志愿者的衣服，骗取民众加入到他们的非法活动中。这些情况的发生，给志愿服务组织的辨别能力、应急能力提出了更高的要求，且当前并未有太多配套的具体法规来指导他们如何规避风险。笔者认为，出现此种问题的主要原因有两点：一是欠缺对政策细化、具体执行的配套机制，政策在执行的过程中会遇到各式各样具体化、个别化、差异化的问题，当面临这些问题时，"一刀切"的方法已不符合当前社会治理的格局，如何让政策落地时更加人性化，需要执行者对于政策的利益相关方的"同理心"，并根据实际情况在政策框架内调整具体执行的方式、方法，必要时采取纠错机制，不违背政策初衷，切实维护相关方的合法合理权益；二是除了支持性政策的设计之外，志愿服务组织还迫切需要保障性政策，即对志愿服务组织在招募志愿者、开展志愿活动时的风险规避、权益保障、责任落实等问题进行明确的规定，否则仅有支持，没有保障，会让志愿服务组织的抗风险能力无法获得提升，或许仅仅是冒用组织名义进行非法募捐的行为就可能会让一个志愿服务组织面临信任危机。

2. 专业能力不足是当前广州志愿服务组织普遍面临的较大问题

志愿服务的专业化、规范化、社会化发展，要求志愿服务组织不断增强其专业性，尤其是组织能力建设。随着服务外延的扩大，人民对志愿服务的理解已经不再停留于简单的爱心互助层面上，而是将其理解为更为专业化、科学化的综合行为，这对志愿服务组织的能力提出了更高的要求。当前广州志愿服务组织还存在专业性不足，尤其是组织者"掌舵"能力不足，对于组织管理、系统运作、人力资源管理等专业性内容并不了解；而中层管理者对于组织的志愿服务项目运作、经费使用与管理等知识储备不足；一线志愿者的志愿服务技巧不够娴熟，欠缺专业理念和手法的学习，从而产生一些安全隐患。因此，加强团队能力建设将是组织未来发展的重要内容，只有全面提升团队能力，才能让组织往更为专业的方向良性发展。这一问题的出现可能是源于以下因素：第一，当前志愿服务组织人才培养机制还不完善，除了实力比较雄厚、业务量大、发展成熟的较大规模志愿服务组织外，其他组织经费欠缺、人员不稳定，往往难以开展完善的系统培训；第二，全市的志愿服务人才培训资源依然供不应求，尤其是免费培训，由于志愿服务组织开展的业务活动大多数是公益性质，经费主要用于服务支出，很难有多余经费来支持收费的培训，随着志愿服务组织数量的增加和组织成长发展，免费培训资源的需求量在逐步增加；第三，当前志愿服务的培训大多数是面向志愿者的，组织管理者的培训较少，而一个组织的发展成长离不开一个有能力的"掌舵者"，其组织管理能力，包括对组织财务、人力资源、行政制度、服务专业性、项目运作等各方面的掌控、组织能力，都需要有相应的专业培训来提升。

3. 志愿者管理机制的科学性、系统性、规范性不足

大多数接受课题组访谈的志愿服务组织均提到，一是目前还缺乏在全市、全省乃至全国范围内对志愿者的统一注册、登记、管理制度。志愿者的服务时数、服务内容有效性的核定缺乏统一的对口系统。例如目前广州市已有的由共青团牵头开发、使用的"志愿时""i志愿"系统，还有民政部门推动的义工联管理系统，二者并不互通，这让志愿服务组织在进行志愿者管

理时面临多头管理的困境。而个别志愿服务组织自主研发的内部志愿者管理系统无法接入"志愿时"等政府系统，而政府层面的志愿者管理系统又由不同平台、不同部门管理，让志愿者服务的时数统计缺乏统一标准，常常出现换了一个部门，就不认可服务时数的情况，让志愿服务组织在开展对志愿者的具体管理工作时陷入困境。二是随着当前移动互联网技术的发展，管理系统需要不断更新升级，这需要更多的经费，而组织往往很难负担。

出现此种问题，究其原因，主要是目前对志愿服务管理存在多头管理的现象。文明办、民政局、共青团组织对志愿服务和志愿服务组织都有各自的话语系统、联系平台、管理机制，这让志愿服务在时数统计、资源互通、考核激励上存在人为屏障，迫切需要解决。

三 推动广州志愿服务组织发展的对策建议

（一）加强对志愿服务组织的经费支持，完善配套政策

经费是一个组织发展壮大的必要条件。处于初创萌芽期、多元推动期的志愿服务组织，由于主要是由政府推动，人员少、服务范围窄、服务内容单一，且民众对于志愿服务的接受度、期望度还不高，故组织的发展还是摸着石头过河，对服务经费的需求并不大。而如今，有限的社会资源和服务经费已无法满足志愿服务组织的扩大发展需求，虽然2011～2013年，广州已经开始连续举办"志交会"，且开始逐步推进政府购买服务工作，但众多的志愿服务组织尤其是微小型的草根组织由于能力欠缺、规范性不足等原因，仍然难以获取支持。为改善这一现状，建议如下：一是继续加大政府购买服务力度，开展公益创投大赛并设置组织发展项目类，以便组织申请发展资金；二是完善捐助税收优惠政策，给予志愿服务组织发展捐助的企业或个人，可以获得税收减免优惠，以此调动社会资源；三是重视志愿服务组织切身利益的保障机制建设，当志愿服务组织在购买商业保险来保障志愿者权益及自身权益时给予政策

优惠或资金支持；四是从减轻志愿服务组织经费支出负担的角度出发，孵化基地要扶持志愿服务组织的培育与建设，鼓励多渠道筹资为志愿者购买保险，银行、会计师事务所、律师事务所专业机构为志愿服务组织提供免费专业服务等。

（二）营造全社会志愿服务氛围，创新宣传方式，重视榜样力量

截至 2017 年 3 月，全市注册志愿者总数为 196 万人，其中社区志愿者为 69 万人，注册志愿服务组织总数为 10060 个，涌现出钟南山、赵广军、李森等一批志愿者先进典范。志愿服务组织要获得长足的发展，离不开志愿者的参与和助力，如何更好地推广志愿服务，让更多的民众了解志愿服务并乐于成为一名志愿者，离不开志愿服务文化的传播与推广。首先，当前广州市要继续秉持"建设志愿服务之城，使志愿服务成为市民的生活方式"的理念，营造全社会志愿服务氛围，推广志愿服务文化，呼唤民众参与，建议可以在地铁站、大型商场投放公益海报或广告，内容包括志愿服务的内容、加入志愿服务的渠道、志愿者的权益和义务、对志愿者的优惠政策如免费游览国家景点等。其次，鉴于新媒体时代的来临，还要积极创新志愿服务的宣传方式，志愿歌曲、短片要在各大视频 App 上投放，并呈现更为活泼、年轻化、接地气的内容，以吸引青年志愿者，例如中国青年志愿者宣传片《中国青年志愿者在行动》就在全网播出，以一群青年志愿者平凡朴实的每一天体现志愿服务的感动与力量。最后，榜样的力量永远不会过时，例如赵广军生命热线，由于赵广军先生不平凡的志愿服务事迹，吸引了大批志愿者参与进来，越广军生命热线已成长为一个优秀的志愿服务组织。"生命热线"全年 365 天保持在线畅通，每天早上 9 时到晚上 9 时 30 分，志愿者分三班轮流值守热线。协会目前有 3000 多名志愿者，其中 40% 的是离退休人员，30% 的是在职人员，30% 的是学生。"生命热线"自开通以来，共接听求助电话超过 5.1 万个，接访求助个案超过 1.12 万个，我们可以将优秀的志愿者事迹总结成书，对他们进行深度访谈，并了解他们加入到志愿服务中的动机、思路以及对志愿服务的看法，制作成系列短片。

（三）重视志愿服务组织专业能力建设，创新志愿服务组织运作模式

服务是否专业、管理是否规范、运作是否顺畅，这些问题已成为当前广州市志愿服务组织要努力解决的。具体来说，其一，要提升服务的专业性，就离不开对志愿服务组织团队成员的培训，建议加快志愿者培训教材的研发、整合现有的志愿者培训资源，加强广州志愿者学院建设，完善人员、经费、硬件等配套设施，增加免费培训课程的供给，惠及更多的志愿服务组织。其二，要研究对志愿服务组织服务成效评估的机制，引入第三方力量，由行业专家对志愿服务组织在运行过程中的经费使用、服务流程、服务满意度、志愿者权益保护情况进行分析、评估，并提出对志愿服务项目进行评优奖励，提出建设性意见，以评促发展。具体来说，一是面向社会公布评估结果，一方面有助于政府部门和群众广泛了解并接受其监督，另一方面有助于提高志愿组织及其服务的社会公信力；二是提炼志愿组织服务的成功经验，为复制推广服务模式和建立新型服务机制提供参考；三是正视志愿组织服务存在的问题，通过提供对策与建议，促进其创新与发展[1]。其三，要推进志愿服务组织进行法人化治理，鼓励发展成熟的志愿服务组织注册成为社会组织法人，以此获得税收优惠、承接政府购买服务资质，增加团队人员、开展专业培训的平台和机会，建议由行业组织提供"一对一"咨询服务，协助志愿服务组织准备材料和完成具体注册流程。

（四）倡导志愿服务组织行业自律，规范组织行为，树立理想信念

当一个行业发展迅猛时，每一个处于行业内的组织的行为都会影响着外界对于整体行业的印象。广州的志愿服务经历了 40 多年的发展，广州的志

---

[1]　谭建光：《中国志愿服务发展的十大趋势——兼论"十三五"规划与志愿服务新常态》，《青年探索》2016 年第 2 期。

愿服务组织走过了风风雨雨的 30 年，今天的成绩来之不易，每一个广州志愿服务组织应当时刻警醒、反省自身，规范行为，树立理想信念。作为志愿服务组织，自身要自觉遵守相关法律法规，在合法合规的原则下招募志愿者，开展志愿服务项目；要从提升组织自身造血功能的角度出发，提高组织的战略谋划、项目运作和宣传推广能力；要积极、主动参加各类培训，重视自身的能力建设，规范组织对志愿者的管理，为志愿者做好注册、登记工作，尽可能地保障志愿者的权益；要广泛听取项目委托方、直接的服务对象等各方面的意见，用全面客观的社会评价代替"自我评价"，促进组织持续健康地发展。

目前广州市已成立了多个地区性志愿服务组织，例如广州市义务工作者联合会、广州市志愿者行动指导中心，初步形成了志愿服务行业组织体系。作为行业组织，也要充分发挥作用：一是在志愿服务组织管理中要发挥先行规范和自我约束作用，引导行风建设，加强行业监督，为志愿服务组织监管提供有力辅助；二是志愿服务组织在服务行动中要发挥牵头和协调作用，促进行业沟通，反映行业诉求，推动行业创新，为志愿服务组织发展争取有力支持。

参考文献

[1] 谭建光：《"微笑广州"与"和谐之城"——志愿服务 20 年之广州模式研究报告》，《志愿服务二十年》，广州出版社，2007。
[2] 谭建光：《志愿服务理念与行动》，人民出版社，2014。
[3] 梁雄文等：《广州志愿服务的发展进程》，《广州志愿服务发展报告》，社会科学文献出版社，2014。
[4] 谭建光：《广东志愿服务的实践与创新》，广东人民出版社，2015。
[5] 拉里·格雷钠（Larry E. Greiner），《在演进与剧变中成长》，《商业评论》，2005。
[6] 谭建光等：《中国志愿组织的典型个案研究——对广州市启智服务总队的考察》，《中国青年政治学院学报》2008 年第 3 期。

［7］汪彩霞、谭建光:《改革开放 40 年与志愿组织的发展变迁》,《青年探索》2017 年第 5 期。

［8］谭建光:《中国志愿服务发展的十大趋势——兼论"十三五"规划与志愿服务新常态》,《青年探索》2016 年第 2 期。

［9］中共广州市委、广州市人民政府:《关于进一步发展广州志愿服务事业的意见》(穗字〔2011〕23 号),2011 年 12 月 4 日。

［10］广州市财政局:《关于印发〈政府向社会力量购买服务指导目录〉的通知》(穗财行〔2015〕187 号),2015 年 7 月 14 日。

B.3
广州志愿服务组织队伍
结构发展状况研究

谢碧霞*

摘　要： 伴随着改革开放的发展，广州志愿服务也步入而立之年，志愿组织数量明显增多，全民参与特性明显，"专职＋兼职""社工＋志愿者"成为志愿组织人才队伍发展的新趋势，人员结构的智能水平持续提升，队伍发展日益突破地域限制，组织的活跃程度普遍提高，显示出广州志愿组织人才队伍发展的良性成长生态链基本形成。进入发展的新时代，广州志愿服务发展的主要矛盾已出现了结构性转换，要推动志愿组织队伍结构的优化升级，必须处理好品牌扶持与均衡发展、"政府主导型"志愿组织与"民间草根型"志愿组织、个人魅力凝聚与志愿组织接续发展、志愿者与志愿组织之间"柔性关联"与"强化管理"、增量式发展与内涵式发展等五大关系。

关键词： 志愿服务　志愿服务组织　队伍结构　广州

广东是改革开放的前沿阵地，作为省会城市的广州，素有开风气之先的优良传统，在很多领域始终屹立潮头。伴随着经济领域的大胆突破，广州在

＊ 谢碧霞，广州市穗港澳青少年研究所讲师，主要研究方向：青年成长与发展、志愿服务与青年工作。

社会领域也不断摸索探路，在改革开放中先行一步，引领潮流。1987 年，在共青团广州市委的推动下，广州市 10 多名热心共青团和青少年服务工作者牵头建立全国第一条志愿服务热线——"中学生心声热线"，成为全国志愿服务的雏形，拉开了中国志愿服务不断发展壮大的序幕。2018 年，中国改革开放步入 40 华年，广州志愿服务也已进入了而立之年，广州志愿服务事业走上常态化、制度化、规范化的成熟发展轨道。志愿服务组织的规模不断发展壮大，服务类型日趋丰富，服务领域深入拓展，服务专业化水平持续提高，志愿服务体系渐显成熟风貌。其中，志愿人员是志愿服务体系①的核心组成部分，也是广州志愿服务发展壮大最为重要的资源。在社会体系自我运行、自我供给能力有待增强的发展过程中，广州志愿服务要前行探索，在国家与市场之间的"第三域"中开辟成长壮大的空间，离不开人的因素，这不仅需要一种勇于开拓的精神，还在于广州人行动先行的务实品性。正是这样一群人共尽微薄之力，凝聚一切可能的资源，推动了广州志愿服务的成长。

因此，离开了对人的关注就无法理解广州志愿服务发展壮大的动力机制，而人在志愿服务体系中作用的发挥又是通过组织的形态而实现的，没有人的力量的集结，那么个人的善心只能停留在私德领域，而无法成为影响社会发展的重要力量，志愿服务的发展动能就只能是零散的、有限的。因此，对广州志愿服务的关注最终必须落脚到志愿服务组织，而其中志愿服务的队伍结构即队伍的构成状态及其发展情况就是关键因素。与此同时，队伍结构情况是志愿服务组织成熟程度最直接的体现。对志愿服务组织队伍结构的分析，可以把脉志愿服务组织的发展情况，探见广州志愿服务整体状态。

---

① 志愿服务体系包括志愿精神、志愿行为、志愿人员、志愿组织、志愿资源五大要素。参见谭建光、朱莉玲《中国社会志愿服务体系分析》，《中国青年政治学院学报》2008 年 3 期，第 18～20 页。

一 广州志愿服务组织队伍结构的发展现状

以 1987 年"中学生心声热线"的诞生为标志，如今广州志愿服务已经进入了而立之年。经过 30 余年的发展，尤其是 2010 年经过广州亚运会的洗礼，广州建立以"纵向到底、横向到边"为特征的社会志愿服务体系。在 2011 年，《中共广州市委广州市人民政府关于加快进一步发展广州志愿服务事业的意见》（以下简称《意见》）提出，力争通过 3～5 年的努力，广州市志愿公益服务参与率达到 20%。自《意见》颁布以来，广州市委市政府、共青团广州市委员会大力推动志愿服务建设，为市民参与志愿服务提供各种便利条件和激励措施。在有利的行政制度环境下，社会民间力量的活力进一步激发，共同推动了广州志愿服务组织队伍结构的量质提升。

（一）规模结构：志愿者数量持续攀升，志愿组织稳步增长，队伍规模出现分化

从广州整体注册志愿者的量来看，近几年，广州志愿者数量持续攀升。根据广州市志愿者行动指导中心统计，在"志愿时"系统登记注册的志愿者人数以每年超过 10 万的规模递增，2011 年在"志愿时"登记注册的志愿者总人数为 489445 人，2018 年，根据 i 志愿[①]的实时数据，广州市注册志愿者人数为 2005049 人[②]，是 2011 年的 4 倍多，位居全省

---

① "志愿时"是由共青团广州市委员会开发的一个志愿服务综合信息管理系统，在亚运会期间被广泛运用。亚运会后，此系统继续用于志愿者招募、录用、考勤、激励等志愿者管理工作。随后，为适应志愿服务事业的快速发展，统筹全省志愿服务工作，团广东省委、广东省文明办、广东省志愿者联合会等单位联合开发建设广东志愿者信息管理服务平台，即"i 志愿"，广州"志愿时"注册志愿者的相关数据逐步转入"i 志愿"平台中。

② 此处及下文中提及的 i 志愿实时数据均采集于 2018 年 2 月 11 日，http：//gz.izyz.org/。

第一。另根据广州义工联①2018年1月发布的《广州市义工发展状况调查报告》，广州全市有义工及志愿者196万人。根据问卷调查和个案访谈也发现，广州数目众多的草根志愿服务组织中有部分志愿服务组织（团队）并没有采取登记注册的方式，对志愿者的管理还停留在传统人手登记。同时也存在个别较大的志愿组织采取自有系统登记，或者跳过省市一级，直接挂靠在中国志愿者联合会中。可见，广州志愿者的实际数量要比系统中所显示的注册志愿者（义工）要多得多，粗略估算，预计要比现有的200万人要多出一半，估计接近300万人。

从志愿服务组织的数量来看，在"i志愿"上登记的广州志愿服务组织共391个，志愿服务团体6928个。调查显示，与20世纪90年代相比，2000年后，广州新成立的志愿服务组织明显增多，尤其是在2011年、2012年，广州亚运会召开后，在社会日益浓厚的志愿服务氛围以及良好的政策制度环境下，迎来了广州志愿服务组织成立的高峰期（见图1）。

从志愿组织的队伍规模来看，广州志愿组织之间差别非常明显。调查显示，将近50%的受访志愿组织志愿者人数在100人以内，其中甚至有12个受访组织表示本组织志愿者人数不超过10人（含）。与之形成鲜明对比的是，志愿者人数在1000人以上的志愿组织也有30个，占受访组织的16%。

---

① 志愿者和义工都对应英文中的"volunteer"，其在内涵和本质上是一致的。之所以会出现两个不同的词语表达，主要是源于历史形成的使用习惯以及开展工作的便利。1993年，在团中央领导下，铁路系统青年率先打出"青年志愿者"的旗帜，1994年，中国青年志愿者协会正式成立。"志愿者"的称谓日益被人们接受，尤其是在共青团广州市委员会的大力推动下，"志愿者"一词在广州深入民心。但与此同时，广州毗邻港澳，港澳热心人士的支持为广州志愿服务事业发展提供了重要资源，而"义工"的称谓在港澳地区更为通行，因此在部分社区以及社会组织则使用"义工"一词。2002年10月，在广州市民政局的指导下，广州义务工作者联合会成立。广州形成了"志愿者"与"义工"并行的模式。"珠江三角洲地区社会服务的格局，从一开始由于特殊原因而形成志愿服务与义务工作两种模式之后，既没有顺从压力而归于统一，也没有因为模式不同而杂乱无章，而是逐渐形成共同发展、相互促进的局面……不仅引起人们社会服务观念的更新，而且引起人们社会结构、社会管理观念的更新，推动社会的渐进转型"。（谭建光：《中国广东志愿服务发展报告》，广东人民出版社，2005，第138页）下文部分数据来源于广州市义工联的调查报告，在引用时为尊重报告原文使用"义工"一词。

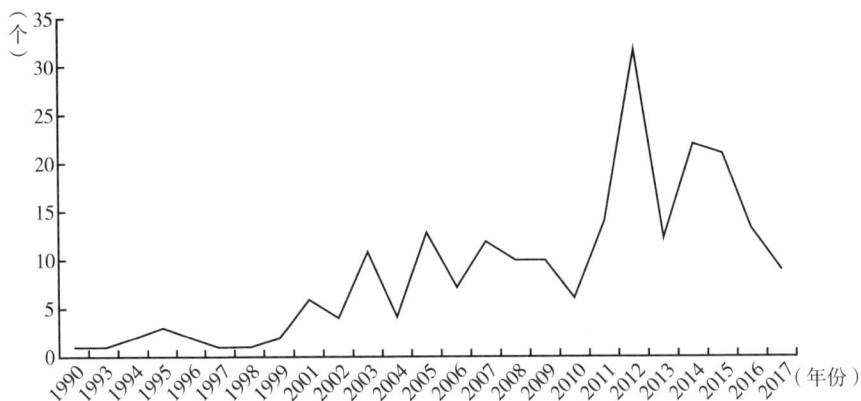

图 1 广州志愿服务组织成立时间（N=214）

其中人数最多的受访志愿组织是番禺区义务社会工作者联合会，志愿者人数多达 14 万人，其次是广州市花都区青年志愿者协会，志愿者人数为 114604人，广州青年志愿者协会启智服务总队注册志愿者人数接近 10 万人。这显示出广州志愿组织在队伍结构上出现分化，一端是小规模、迷你型的志愿组织大量存在，另一端则是逐步形成了大规模、旗舰级的志愿组织，这部分志愿组织体量庞大，具有显著的社会动员能力。而在大规模量级的志愿组织中，政府主导建立或具有官方背景的志愿组织占有绝对优势，显示出政府强大的动员能力仍然是广州志愿组织成长的重要动力。

（二）年龄结构：青年是志愿组织人才队伍的主体构成，但长者、少年儿童所占比例不断上升，志愿组织全民参与特性显著

青年志愿者一直是我国志愿服务事业的主要开创者和主要推动力量[1]。1993 年 12 月，共青团中央响应党的号召，决定实施青年志愿者行动。12 月9 日，2 万余名铁路青年打出了"青年志愿者"的旗帜，在京广铁路沿线开

---

① 时任中央文明办专职副主任徐令义在 2014 年 12 月 3 日中国青年志愿者协会第四次全国代表上的发言。中国文明网：《青年志愿者当排头兵用力也要用智》，2014 年 12 月 8 日报道 http://www.wenming.cn/wmpl_ pd/yczl/201412/t20141208_ 2332064. shtml.

展为旅客送温暖志愿服务，开创了我国青年志愿者事业的先河。广州团市委迅速行动，积极呼应，大力动员广州青少年投身志愿服务事业。1995年6月5日，广州青年志愿者协会成立，大力推进青年参与志愿服务。发展至今，广州青年志愿者协会已拥有直属总队27支，覆盖了包括环境保护、安全教育、社区关爱、助老扶弱、文明交通、山区助学、残障关怀等多个领域，成为广州志愿服务组织一个重要的品牌。广州青年志愿者协会成为广州最活跃、规模最大、影响力最强的志愿服务生力军。根据调查，2017年广州以19~29岁志愿者为主体的志愿者组织占被调查志愿组织的57.8%（见表1）。其中，大学生成为广州志愿组织的主要力量。有些高校通过学分制、开展公益体验等活动推动了更多的大学生参与志愿服务。例如中山大学自2013年起，就要求新生入学时须提供"公益囊"（公益囊是指暑假期间学生本人参加公益活动的客观记录），倡导新生们积极参与公益服务。同时，在亚运会志愿精神的大力传播和推广下，越来越多的年轻人认可志愿服务，也愿意加入到志愿服务组织中，进一步推动了广州志愿服务组织队伍结构的年轻化。

然而，与此同时，不可忽视的是，在生命周期的两端，老年人以及少年儿童参加志愿组织的积极性也在不断提高。2014年《广州志愿服务发展报告》通过分析2011~2013年广州志愿者的年龄分布及变化趋势，已发现广州志愿者虽然仍以青少年群体为主，但青少年所占比例有所下降，中老年所占比例有所提升。2017年，这种趋势得到了延续。根据广州义工联《广州市长者义工发展状况调查报告（2017年）》，目前广州市有注册义工137万人，包括社区义工66万人。其中，有超过10万的社区长者义工日常活跃在各社区参与义务工作，占社区义工的15.15%。长者义工已然成为广州社区义工第二大义工服务群体，仅次于中青年群体①。

---

① 此处为尊重报告原文，使用"义工"一词。数据来源：广州市民政局《逾10万义工活跃在羊城》，2017年10月31日报道，http：//www.gz.gov.cn/gzsmzj/mtgz/201710/db0e684dbc5f4c159ac1db6fc089d42f.shtml。

表1　广州志愿组织队伍年龄主体构成情况

年龄段	志愿者组织数量(个)	有效百分比(%)
18 岁以下	14	6.2
19~29 岁	130	57.8
30~49 岁	46	20.4
50~69 岁	35	15.6
70 岁以上	0	0
合计	225	100.0

从广州志愿服务的发展历程来看，老年人参与志愿服务是伴随着社区志愿服务的成长而不断发展起来的。1998 年 5 月，广州市荔湾区逢源街道办与香港邻舍辅导会合办广州首家非营利性的为市内长者提供休闲服务的社会福利服务机构。2002 年 11 月 21 日，为更好地凝聚长者志愿者的力量，正式成立逢源街长者义工联队，是广州市首支长者志愿者队伍，现有队员 325 人，年龄最大的男性志愿者 93 岁，女性志愿者 92 岁，主要为社区提供志愿服务。"时间充足""经验丰富""稳定性强""有耐性"等长者志愿者的独特优势使老年人成为广州志愿服务队伍中的重要力量。

此外，随着广州志愿精神的传播和推广，志愿服务项目日益丰富，"时时可为，处处可为"的志愿服务环境也为"人人可为"创造了充分的条件，越来越多的少年儿童有机会参与到志愿组织中。在调查中，就有 14 个志愿组织是以 18 岁以下志愿者为主体的。这里面既有中小学建立的志愿服务队，例如广州东风小学自 2014 年起就作为团广东省委、广东省少工委开展的"中小学志愿服务系统化规范化试点"工作试点学校之一，积极探讨中小学志愿实践能力的途径和方法，以可行性的小学志愿服务为研究突破口，创新小学志愿服务活动；也有志愿组织在原有的服务队伍基础上，积极开拓以专门吸收少年儿童作为志愿者的服务队伍。例如普爱小天使义工合唱团是广州市普爱社会工作服务社于 2014 年 7 月 30 日正式成立的广州市首个公益儿童义工合唱团。目前合唱团共有团员 60 余名，均为对音乐学习感兴趣和有潜力的小学生。合唱团积极参加各种公益演出交流活动，号召社会大众关爱弱势群体，践行公益行动。广州市越秀区晔杰志愿服务工作中心为了传达"志愿从小做起"的理念，特成立了一支广东省医疗辅助志愿服务总队青年先锋团，先锋团主要由未满18周岁的中小学生组成。此外，随着志愿组织的发展成熟，志愿者对所在志愿组织的信任度不断提高，"小手拉大手""家庭式参与"的志愿服务增多，促使更多的少年儿童参加志愿组织。

可见，随着志愿组织的深化发展，在队伍的年龄结构上，青年虽然依旧是志愿组织的主体构成，但长者、少年儿童在志愿组织中所占的比例也在不断提升，广州志愿组织正从以青年参与为主，逐步发展为涵盖老年及少年儿童的全年龄层的全民参与。这两类群体的发展壮大将激活志愿组织更多的潜在人力资源。尤其是长者、少年儿童在提供志愿服务方面的独特优势将为组织带来更大的发展空间。

（三）身份结构：党员志愿者所占比例不多，企业志愿组织发展迅速，"专职＋兼职""社工＋志愿者"成为志愿组织人才队伍的新特征

志愿组织人才队伍的身份结构主要表现在两个方面：一个是政治身份结构，另一个是职业身份结构。从政治身份结构来看，除了部分由政府主导建立或以体制内人员为主体的志愿服务队伍（如广州市机关党员志愿者红棉暖心队、广州市财政局志愿服务队等组织）明确亮出了身份外，很多受访志愿组织表示在志愿者的招募中，并未过多考虑其政治身份，志愿者所填写的申请表中也没有设置政治面貌一栏，因此对党员、共青团、民主党派等政治身份在志愿组织中所占的比例难以统计。在调查中，根据受访志愿组织的自我估算，党员志愿者所占比例少于30%的占82.5%，占比超过60%的仅占4%。这充分地显示了广州志愿组织队伍结构的开放性和社会性。

从职业身份结构来看，以在校学生为志愿者主要身份的志愿组织占受访志愿组织的比例超过一半（51.1%），在职人员占28.8%，退休人员占

15.3%，自由职业者占4.8%，这与上述以青年为志愿者主体的年龄结构是相对应的。此外，根据和众泽益的调查，志愿服务正成为广州企业履行社会责任的首要途径，在众多的企业责任实践方式中，77.78%的广州企业选择将开展员工志愿服务项目作为企业履行社会责任的一个有效途径①。与以往主要通过捐助社会志愿服务、鼓励员工参与社区志愿服务不同，现在本土民营企业更多地探索自主建立志愿服务队伍，而且数量也越来越多。

对广州志愿组织人才队伍的身份结构进行深入分析，还发现了一个显著的发展趋势：出现了志愿组织专职人员，即志愿组织拥有了以从事志愿工作为职业的人员。以往，因资源供给不足、社会对志愿工作还存在认知偏差等问题，除了部分的统筹协调型志愿组织（如广州青年志愿者协会、番禺区义工联、海珠区青年志愿者协会等）在政府的支持下聘用专职人员外，大部分志愿组织的骨干管理人员都是兼职。近几年，随着志愿工作的社会舆论环境和资源环境逐步优化，为适应志愿组织的扩大发展，增强管理的效能，部分志愿组织开始探索聘用专职人员的可行性。2007年，启智志愿服务总队开始聘用专职人员，开创了志愿者团队聘用专职人员的先例。现在，广州越来越多的志愿组织形成了"专职＋兼职"的管理队伍，如金丝带特殊儿童家长互助中心、蓝信封、越秀区暐杰志愿服务工作中心、广东省生命之光癌症康复协会造口探访者义工队、番禺区明月关注服务中心、海珠区母乳爱公益服务中心等，这些志愿组织都拥有专职管理人员。调查显示，43%的受访志愿组织负责人为专职人员。专职人员的出现为志愿组织进一步扩大发展确立了稳定的人力资源基础。

对志愿组织的发起人身份结构做进一步分析。从具体的职业身份来看，发起人为社会工作者的比例最高，占38.4%，随后依次是志愿者（占37.9%）、学生（占18.1%）、教师（占15.5%）（见图2）。针对数据对志愿组织做进一步的访谈发现，在发起人为社会工作者的志愿组织中，一部分是一直从事社会工作服务，具备专业的社会工作知识，为更好地凝聚和发动

---

① 王忠平、陈和午、李遁听：《广州企业志愿服务参与动机和运行现状调查》，《青年探索》2016年第5期。

社会中的各种向善的力量，增加工作抓手，延伸服务领域，促进社会治理的完善，从而萌生了建立志愿服务组织（团队）的想法，以社工带动志愿者，形成了"社工＋志愿者"社会服务模式；另一部分则是相反的身份形成路径。志愿组织发起人先是源于心中的志愿服务理念先行建立志愿组织，后来因应志愿组织专业化、规范化的发展诉求，为提升管理和服务的专业技能，志愿组织发起人参加了专业的社会工作培训。同时因政府购买社会服务的契机，部分志愿组织成立社会工作机构，发起人也逐步转型为社会工作者。无论是哪一种身份形成路径，都可以看到志愿组织队伍结构中志愿精神与专业社会工作日益紧密联合的发展趋势。另外，值得关注的是，在志愿组织的发起人中，学生占18.1%，教师占15.5%，显示出学校是孕育志愿组织发起人的重要摇篮，许多志愿服务的理念和实践都源于学校。

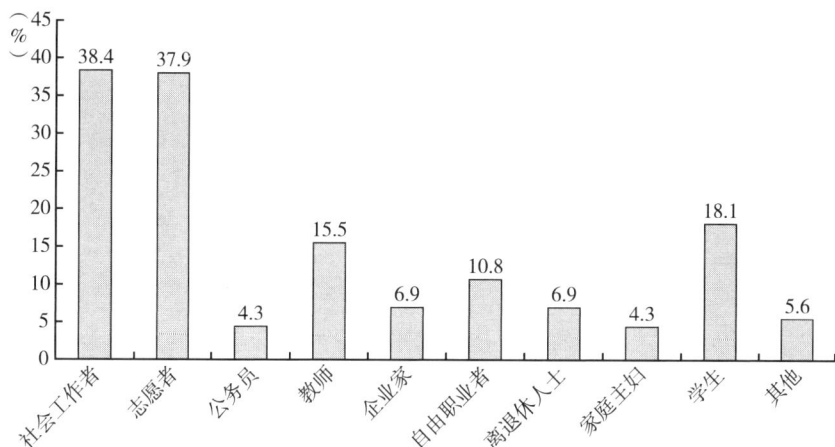

图2　志愿组织发起人的身份情况统计

注：调查问卷中此题为多项选择题。

（四）智能结构：人才队伍的学历水平以及专业水平持续提高，推动志愿组织队伍结构优化升级

志愿组织的智能结构主要表现为志愿组织人才队伍的智力水平和能力水

平，其中学历程度和专业技能水平是重要的衡量指标。近几年来，越来越多的高学历和专业技能人才加入志愿组织，成为广州志愿服务走向成熟和完善的重要推力，同时这也是志愿组织队伍结构不断优化的重要标志。根据广州志愿组织负责人的受教育程度情况统计，具有大专及以上学历的占84.7%，其中研究生以上学历（硕士、博士）占比也达到7.4%（见表2）。以"蓝信封"为例，全职团队共有12人，含两名博士研究生和三名硕士研究生，他们来自宾夕法尼亚大学、中山大学、中国科学院等名校，涵盖了心理学、社会工作、教育学、人类学等，形成了一支专业化、有活力、稳定成熟的队伍。

表2　志愿组织负责人的受教育程度

学历	人数	有效百分比（%）
初中及以下	11	4.8
高中	12	5.2
职高、中专、技校等	12	5.2
大专、高职	55	24
本科	122	53.3
硕士研究生	14	6.1
博士研究生	3	1.3
合计	229	100

从志愿组织人才队伍的专业技能水平来看，随着志愿服务领域的不断拓展延伸，以往"扫大街式"的低技术含量的志愿服务已经难以满足社会公众日益多样化的志愿服务需求，"高精尖"的志愿服务成为现代志愿服务的发展趋势，这就要求志愿组织必须建立一支能够提供高质量志愿服务的高技能专业化人才队伍。2007年，广州市青年志愿者协会向社会公开招聘"白骨精"（白领、骨干、精英）志愿者，引起了全市乃至全国的轰动。调查显示，拥有超过50%的专业技能人士的志愿组织占所有受访志愿组织的23.03%。这类组织主要分为两类，一类是由专业人员组成的志愿组织，例如文艺志愿服务队、医疗志愿服务队等；另一类是专门服务特殊领域的志愿组织，对志愿者的专业技能有较高的要求。例如广州市金丝带特殊儿童家长

互助中心是专门服务广州市户籍或在广州市接受治疗的 0 ~ 14 岁癌症患儿、康复者及其家长，其根据对专业技能要求的不同，将志愿服务领域分为 3 个内嵌式圆圈：第一个圆圈是核心内圈，即直接以患儿为中心的游戏辅导，只能是专业人士提供服务，为减少患儿交叉感染的风险，一般是由志愿组织的专职人员提供；第二个圆圈是中圈，如"医路相伴"，服务对象是患儿家庭，志愿者经过专业技能和服务技巧培训后可以参加；第三个圆圈是外圈，对专业技能的要求相对较低，如"愿望成真"等项目。然而，值得注意的是，在问卷调查中，认为所在志愿服务组织所招募的志愿者中拥有专业技能人士比例少于 10% 的占比为 42.16%。这表明广州志愿服务组织队伍结构中专业技能人才日益增多的同时，仍然有将近一半的志愿组织队伍结构专业化程度还处于较低水平。

（五）地缘结构：志愿组织人才队伍的发展突破地域限制，非户籍人口成为志愿组织人才队伍的重要构成

志愿组织人才队伍的地缘结构是指志愿者在地理空间上的来源构成情况。广州是一座包容的城市，人口流入是广州社会发展的强大动力。根据广州市统计局数据，2016 年末，广州市常住人口 1404.35 万人，户籍人口 870.49 万人，非户籍人口占比 38%[①]。外来务工人员逐渐从志愿服务的对象转变为志愿服务的主体，志愿服务成为外来务工人员城市融入的重要平台。以外来务工人员（非广州户籍人员）作为队伍主体（即人数比例超过 50%）的志愿组织就占了受访组织的 29.32%。例如，由开废品收购站的外来务工人员尚丙辉创立的广州市尚丙辉社会工作服务中心，近 2000 名志愿者中就有约 1500 名为非广州户籍人员。外来务工人员积极进入志愿服务人才队伍，不仅充实了志愿组织的队伍结构，也使助人自助的志愿精神得到了充分的体现。

[①] 广州市统计局：《2016 年广州市人口规模及分布情况》，2017 年 3 月 1 日，http://www.gzstats.gov.cn/tjgb/qtgb/201703/t20170301_ 25773.html。

志愿组织人才队伍中非户籍人口除了外来务工人员外，还有一批特殊的非户籍人口，那就是外籍人士。根据广州市公安局的官方数据，广州共有在住外籍人口8.8万人①。在广州志愿服务队伍中，除了当地志愿者外，也活跃着外籍人士志愿者，例如广州福利院就有一支长期服务的外籍志愿队伍，他们大部分来自在穗的大专院校的外籍教师、外贸和合资企业的员工及其家属，外籍志愿服务队定期派员为孤儿做清洁、喂养等护理工作并捐献物品。越秀区建设街还建立了外籍人士志愿者服务站，形成以"外国人服务外国人"的志愿服务模式，帮助外籍居民了解本地法律、风俗和生活。

一方面，非户籍人口的加入使志愿组织人才队伍的地缘结构得到了延伸和扩展，无论是广州原住民还是新广州人，共同的志愿理念使彼此超越了户口甚至国籍上的地缘距离；另一方面，志愿组织人才队伍的地缘结构同时也向另一个方向发展，即"街坊"间的"邻里守望"。"邻里互助"已发展成为广州志愿服务的重要组成部分。民政系统下的社区志愿组织与共青团系统下的青年志愿组织是中国规模最大、行动最活跃、影响最强的两块组成部分。根据2018年《广州市义工发展状况调查报告》，在广州196万名注册义工中，社区义工就有69万人，占比为35.2%，社区义工服务队伍6000多支。在社区志愿服务中，越来越多的志愿者来自本社区，其志愿服务的对象和领域都主要集中在所居住的区域。以保利花园服务总队以及荔湾区逢源街长者义工队为例，其志愿组织的主要成员就是本小区或本街道的居民，他们利用空闲时间就近就便地参与志愿服务，真正实现了"随手做志愿者""随时做志愿者"。可见，从志愿组织人才队伍的地缘结构来看，"邻里互助型"志愿组织的服务主体与服务对象、服务区域在空间上是高度一致的，这种距离上的缩短既有利于减少志愿组织内部沟通与运营的成本，同时也有利于通过地理上的亲缘性，加强队伍间的凝聚力。

---

① 《广州在住外国人8.8万人非洲国家人数约1.5万人》，金羊网，2017年5月10日，http://news.ycwb.com/2017-05/10/content_24804277.htm。

（六）动态结构：大部分志愿组织为活跃型志愿组织，队伍结构保持相对稳定，但在志愿者活跃度上呈现两极分化

上述对志愿组织队伍结构的分析关注的是人才队伍结构中的相对静态状况，而志愿者作为志愿组织中最活跃的组成部分，若缺乏对其动态结构的分析，就难以准确地把脉志愿组织发展的"健康状况"。对志愿组织人才队伍动态结构的分析可以志愿组织年度开展志愿活动次数、志愿组织活跃志愿者比例、新招募人员的规模、志愿者的流失情况等作为观察的指标。

从志愿组织年度开展志愿活动次数来看，调查显示，超过一半的志愿组织 2017 年开展的志愿活动的次数在 16 次以上（占 64.2%），其次是 6～10 次（占 14.4%）、11～15 次（13.1%），开展活动次数在 5 次以下的组织占比最少，仅占 8.5%，显示大部分的志愿组织属于活跃型志愿组织，持续性开展各类志愿服务活动。

从志愿组织活跃志愿者比例来看，调查显示，志愿组织志愿者的活跃程度呈现两极分化趋势，一方面，活跃志愿者（指每年参加 2 次或以上志愿组织举办的活动）占 80% 以上的志愿组织在全部受访组织中占比超过 20%，其中活跃志愿者比例在 90% 以上的就占了 14.2%。但与此同时，部分志愿组织志愿者活跃程度并不高，活跃志愿者比例在 30% 以下的志愿组织在全部受访组织中占比接近 40%，显示出这部分志愿组织休眠志愿者偏多。

从 2016 年新招募人员的规模来看，以 2016 年为例，受访志愿组织 2016 年累计招募超过 1 万人次的志愿组织就有 10 个，主要是政府主导建立的志愿组织，如广州青年志愿者协会、花都区青年志愿者协会、番禺区义工联，以及一些综合型、队伍规模基数庞大的志愿组织，如赵广军生命热线协会、启智志愿服务总队等。以启智志愿服务总队为例，启智志愿服务总队下属专业服务分队达 30 支，常态化服务项目 35 个，服务领域覆盖全市 11 个区，每周有超过 800 个志愿者服务岗位供志愿者网上报名，每月新招募的志愿者在 500～1000 人。这显示出"旗舰级"志愿组织因其服务领域和服务范围更为广阔，同时因志愿队伍的"滚雪球"（即志愿者相互推荐加入）效应，

更容易吸纳新的志愿者加入，这对"迷你型"志愿组织吸收更多新鲜血液形成了挑战。

从志愿者的流失情况来看，2016年广州受访志愿组织新招募志愿者在第一年内的流失情况相对较好，志愿者流失率在10%以下的志愿组织占比50.5%，仅有8.3%的志愿组织表示志愿流失率在41%以上（见表3）。这显示大部分志愿组织新招募的志愿者积极性较好，在报名参加志愿组织后的第一年里参加志愿服务的热情较高。结合志愿组织现有志愿者的活跃程度来看，活跃志愿者比例在30%以下的志愿组织在全部受访组织中占比接近40%，这表明部分志愿组织志愿者的热情可能难以持续。由此可见，如何保证志愿者的参与热度，避免志愿者后期陷入休眠状态是志愿组织队伍建设中必须深入考虑的问题。

表3　广州志愿组织队伍2016年新招募志愿者流失情况

志愿者流失率	志愿组织数量（个）	有效百分比（%）
10%以下	110	50.5
11%~20%	39	17.9
21%~30%	34	15.6
31%~40%	17	7.8
41%以上	18	8.3
合计	218	100.1

二　广州志愿服务组织队伍结构的主要特征

（一）广州志愿组织队伍发展的良性成长生态链基本形成

1. 志愿组织的发展呈现明显的层次性

从队伍结构的分析可以看到，广州志愿组织的发展呈现出明显的层次性，一方面，存在大量小规模、"迷你型"的草根志愿组织，这部分组织或是立足本社区提供就近就便的服务，志愿服务空间结构上的相对集中使志愿者的来源相对单一；或是针对志愿服务的某一专门领域，服务的群体可能是个别的特殊人群，这种服务领域的专注以及对专业技能的高要求、高门槛使得志愿组织的队伍规模难以迅速扩张。但是这类组织开辟了志愿服务的蓝海，为满足人们差异化的服务需求提供了可能。另一方面，广州拥有一批十万名志愿者以上的大规模、旗舰级、高层次的志愿组织，这部分组织或是政府主导下建立的统筹协调型志愿组织，或是像启智、赵广军志愿服务队、"蓝信封"等通过在志愿服务领域的探索发展，形成了在广州乃至中国影响力巨大，具有品牌效应的志愿组织，这部分志愿组织是广州志愿组织的典型代表也是广州志愿服务发展成熟的重要标志，是广州志愿组织发展梯队中的领头羊，具有明显的榜样示范效应，对其他志愿组织的发展具有借鉴意义。

2. 志愿组织之间形成相互抱团、以大带小的协同发展模式

除了形成错落有致的志愿组织队伍结构外，广州志愿组织之间相互协作、相互抱团、以大带小的关系模式更是有效推动了志愿组织人才队伍发展的良性成长生态链的形成。在中国志愿服务发展的初期，广州作为其中的先行者，许多草根志愿组织的发展都是在艰难中探索，为突破资源的限制，往往采取抱团取暖、协同发展的模式。而随着广州志愿服务发展的日趋成熟，群众对志愿服务的需求日益差异化、多样化，再加上一直以来形成的良好协作关系，使得更多的志愿组织加强了相互之间的联动，各展所长，互补优势，尤其突出表现在专业型志愿组织、行业志愿组织、综合型志愿组织、青年学生志愿组织与社区志愿组织的合作上。一方面，这样可以积极地发挥社区志愿组织接地气的优势，提高志愿服务的精准度；另一方面，社区志愿组织可以充分利用专业型志愿组织的专业技能、行业志愿组织的资源供给、综合型志愿组织的丰富服务项目、青年学生志愿组织的活力与干劲，发挥志愿服务的最大效能。例如，2008 年成立的广州第一支注册的社区志愿服务队——保利花园服务总队在开展活动时就非常重视与其他志愿公益团队的合作，他们与华南农业大学、华南师范大学、广东工业大学、广州铁道学院等高校大学生志愿者共同开展志愿活动；同时作为广州青年志愿者协会下的志愿服务队伍，也积极与赵广军志愿服务总队、传说广州服务总队、红娘服务

总队等联合举办活动,共享资源。此外,在山区扶贫济困上,它们与中国麦田计划广州分社坚持了六年的合作行动。

3. 志愿组织裂变与发展推动志愿组织队伍成长生态链形成

广州志愿组织"生态链"的形成不仅在于组织之间相互协作以及供给体系上相互补给,还在于形成了志愿组织队伍成长的链条。这主要体现在体量庞大的旗舰级志愿组织逐步裂变出更多细分的、更专业化的志愿服务队伍,成为志愿者骨干成长的摇篮和志愿组织的孵化基地。以启智服务总队为例,2009年,为适应外来工子弟(流动儿童)志愿服务需求,启智服务总队开辟新的领域,建立了专门针对外来工子弟的专项志愿服务队——快乐同行志愿服务队,主要通过外来工子弟学校和外来工家庭聚居的社区开展以"健康快乐游戏"(HHC)为主要形式的活动,促进儿童在智力、认知能力、身体、情感、社交、安全行为、健康生活方式等方面的全面发展。经过4年的运行探索,2013年在番禺区民政局正式注册为广州市番禺区快乐同行社会工作服务中心;2009年,启智服务总队成立启智公益游,作为旗下助学志愿服务品牌之一,于2014年正式改名为"齐志公益游",并推动了广州市齐志社会工作服务中心的成立,该中心通过"社工+志愿者"的方式,整合社会资源,开展山区助学、公益旅游、弱势儿童服务等志愿服务及社会工作服务。齐志社会工作服务中心的创始人就曾担任启智志愿服务总队下属分队的队长。除了"裂变"的模式外,高校大学生志愿服务团队也呈现出其"成长性"。例如,创始于2008年的蓝信封起初是中山大学学生志愿服务团队,2012年正式注册民办非企业单位,成为一家专注留守儿童心理陪伴领域的民间公益机构;2011年诞生的友爱慈善商店,致力于校园二手物品的优化配置,为校园公益社团或项目提供支持,2012年,友爱慈善商店成功注册民办非企业单位。

(二)"政府促进、社会推动、市场助力、个人参与"成为新时期广州志愿组织队伍发展壮大的四大动能

回顾广州志愿组织的发展历程,政府"看得见的手"始终伴随着广州

志愿组织的成长。其中，青年志愿服务以及社区志愿服务是政府着力最深的两个领域。1994年，在团中央的发起与领导下成立了中国青年志愿者协会。广州市团委敏锐把握志愿服务发展的形势，大力推动广州志愿服务事业的发展，1995年，迅速建立广州青年志愿者协会，并根据服务对象的不同，分为启智组、松柏组、助残组等小组，开展对儿童、长者、残疾人等特殊对象的志愿服务，其中启智组就是后来启智志愿服务总队的雏形，直到今天，作为广州市志愿服务领域影响力最大的志愿组织之一——启智志愿服务总队仍然接受广州市青年志愿者协会的领导。带上"官帽子"不仅为启智获得了开展志愿服务的合法性，也为启智在招募志愿者时有更多的公信力。在区级层面，各区团委也纷纷建立青年志愿者协会，开设热线服务、开展青少年成长、环境保护等志愿服务，形成了一批批青年志愿者队伍。与此同时，广州社区志愿服务在政府行政力量的推动下也得到了迅速发展。1997年，广州市人民政府印发《广州市社区服务工作1997~1999年发展规划》，提出"深入开展志愿互助服务活动，逐步实现志愿互助服务的制度化、规范化、专业化的任务和目标。要求到1998年，95%以上的街道、居委会要建立社区志愿服务者组织，社区居民和社区单位的参与率分别达到15%和50%以上。"在"自上而下"的行政力量推动下，广州很多志愿组织在20世纪90年代以获得"行政赋权"的方式实现了人才队伍的初始发展，也为志愿组织的人才队伍进一步扩大发展做好了人力资源的储备。

进入21世纪，伴随政府职能转变的大趋势，广州志愿组织的发展开始从政府主导模式中逐步挣脱出来，行政赋权的动能模式开始发生变化，志愿组织人才队伍发展动能走向社会化、多元化。社会赋能、市场赋能、个人赋能成为志愿组织发展的新动力。

1. 政府在志愿组织人才队伍发展进程中，仍发挥着重要的促进作用

这主要体现在两方面，一方面是政策促进。2009年，《广州市志愿服务条例》正式颁布，推动志愿服务事业向法制化、规范化方向发展；2011年12月，广州市委、市政府出台《关于进一步发展广州志愿服务事业的意见》，提出力争在3~5年内使全市公众志愿服务参与率达到20%，注册志

愿者不少于 200 万人，并将每年的 3 月 5 日"学雷锋日"定为"广州志愿服务行动日"，为促进志愿服务繁荣发展奠定基础。此外，还制定了《广州志愿服务时间管理办法》《广州市志愿服务激励指南》，并把志愿服务纳入文明城市测评项目，建立月（季）度测评机制，定期公布测评成绩。同时利用各类公益广告多渠道、多载体、多形式齐下，积极营造全民志愿氛围。2017 年，在《广州市政府工作报告》中明确提出，深化"羊城慈善为民"行动，创建全国"慈善之城"，大力发展志愿服务事业，使困难群众遇急有助、遇困有帮，让社会充满关爱和温暖。另一方面是资源促进。2007 年，广州开始逐步在社区社会工作、学校社会工作、康复社会工作、青少年社会工作等领域探索社会服务购买模式，并形成了"政府主导、社会协同、项目运作、专业服务"的社工发展模式①。2016 年，广州市财政局发布的《关于进一步明确我市政府向社会力量购买服务有关问题的通知》（粤财行〔2016〕401 号）明确提出，"社会组织是社会治理和社会事业的重要主体，要充分发挥社会组织在承接政府购买服务中的主体作用，加大对社会组织承接购买服务的支持力度。在购买民生保障、社会治理、行业管理等公共服务项目时，同等条件下优先向社会组织购买"。在政府购买服务的推动下，广州市共建立了 188 个街（镇）和社区级家庭综合服务中心，成为推动社区志愿服务常态化开展的重要阵地。通过发挥专业社工服务的引领作用，广州形成了"专业社工 + 全民志愿者"的发展模式，全市社工服务团队培育发展志愿者队伍 2000 多支、志愿者 65 万人，参与社区服务的志愿者超过 300 万人次②。

2. 社会的力量日渐成熟，成为志愿组织队伍发展的重要推动力

在广州志愿服务的萌芽和初创阶段，在政府与市场之外的"第三域"力量也发挥了作用。尤其在发展的早期，国外或我国港澳地区志愿组织成熟

---

① 广州市人民政府官网：《2017 年广州市政府工作报告》，http://zwgk. gd. gov. cn/007482532/201701/t20170118_ 690427. html。

② 《"社工 + 义工"在广州全面发展，是因为政府做了这件事》，南方网，2016 年 11 月 2 日，http://static. nfapp. southcn. com/content/201611/02/c166998. html。

的运营方式为广州志愿组织的队伍成长提供了宝贵的经验，例如创会于1909年的广州基督教青年会是一个有基督教性质和国际性特点的非营利社会服务团体。基督教青年会（YMCA）分布在119个国家，全球共有11200个服务点，利用国际化的平台，广州YMCA定期邀请国际志愿工作人才开展志愿培训以及志愿服务督导，为优化组织管理以及促进志愿者骨干队伍的成长提供了重要的资源，2001年广州YMCA成为广州首个成立义工联的团体。进入21世纪，随着广东在政府职能转移上的先行先试，社会力量的活动空间日渐宽松，同时伴随着亚运会、广州马拉松、每年举办的横渡珠江活动、全球财富论坛等重要赛会活动的举办，志愿精神在社会上日益普及，越来越多的广州人认可志愿服务，涌现了大量本土性的民间志愿团体。根据抽样调查结果，从组织资金来源来看，以政府支持为组织资金主要来源的志愿服务组织占32.3%，企业赞助、社会捐款（私人捐赠基金会等）、自主性收入（会员会费、服务收费等）等非政府资金来源占30.5%，说明从资金支持力度来看，社会性的力量日渐壮大。从志愿服务组织成立的原因来看，个人自发成立和社会群体自发成立的比例分别为20.2%、27.6%，反映了非政府因素建立的志愿组织占据了半壁江山，说明在广州志愿服务"以政府主导为主，民间力量参与不足，影响力有限；单位内志愿者队伍较多，社会志愿组织较少；民间志愿者组织相对不发达"①的状况已出现了重要的结构性转变。

3.市场在资源配置方面高效率、低成本的优势被引入志愿服务领域，成为志愿组织队伍发展的重要助力

一方面，市场因素在志愿服务领域的参与是政府以及相关党群部门大力推动的结果。例如，共青团广州市委员会从每年举办的广交会中获得启发，尝试把经济领域的成功经验改造、提升，转化为社会管理领域的探索，致力于建立符合市场经济机理的志愿服务发展模式。自2011年起，每年举办志愿服务交流会，搭建志愿服务项目与项目需求方、社会资金开放式的对接平台，以市场配置的方式推动各类资源与志愿服务项目的优化对接。另一方

---

① 朱建刚：《行动的力量》，商务印书馆，2008，第302~304页。

面，外资企业通过开展有组织的志愿服务实现社会融入的战略做法也逐步为更多企业所吸收和采纳，越来越多的企业选择开展志愿服务作为企业履行社会责任的重要途径。企业等市场主体的参与为志愿组织带来了专业化的服务人才，同时其在企业管理方面的经验与优势也有助于提升志愿组织队伍管理的工作效率。可见，市场的因素正在赋予志愿服务新的活力。

4. 个人的自愿、主动、积极参与是广州志愿组织人才队伍发展壮大最为坚实的基础

随着经济发展水平的提高，"生活的道德"向"道德的生活"发生转移①。个人道德向社会公德扩散延伸的物质条件限制得以逐步解除，人们开始从对个人生活的全身心关注中逐步解脱出来，更多地关注个人以外的世界，作为人类最为朴素情感的道德精神得以激发。广州作为改革开放的前沿阵地，经济发展走在全国前列，人们生活质量提高，越来越多的人开始考虑如何让社会变得更美好。同时，广州也是较早理智并清醒地认识到现代志愿服务精神内核的城市之一。2007 年，广州就喊出了"我志愿、我健康，我志愿、我成长，我志愿、我美丽，我志愿、我快乐，我志愿、我成就"等志愿服务口号，致力倡导"参与就是成功"的志愿服务态度，让志愿服务从"只讲奉献、牺牲"的"雷锋精神"神坛上走下来，志愿服务不再是"需要雷锋式牺牲才算光荣"，而成为"可爱的平凡人"的"时尚"选择，志愿服务不仅通过"助人"使"他者自助"，更能在"助人"的同时"促己自助"，即在帮助他们的同时，自己得到成长与进步，收获快乐与成就，"赠人玫瑰，手有余香""帮助他们就是帮助自己"的理念得到了广泛的传播。与以政府行政力量推动的运动式志愿服务不同，现代志愿服务强调自愿参与，这一特性使志愿组织成为趣缘（共同兴趣爱好）、血缘（大手拉小手）、业缘（共同的职业）、学缘（共同的学习环境）联结、聚集的群体，个人的主体特性得到了充分的发挥，也极大地调动了个人参加志愿服务的积极性、使命感和责任感。可见，通过"赋能"于最微小、最普通的个体，

---

① 任剑涛：《道德理想·组织力量与志愿行动》，《开放时代》2001 年第 11 期。

志愿服务队伍的覆盖面得以扩大和延伸，吸引了越来越多的人加入到志愿组织中，也为志愿组织的人才队伍建设提供了源源不断的发展动力。

（三）智力资源共享为广州志愿组织人才队伍结构的优化升级提供了支撑

1. 高校学术资源以及港澳地区的发展经验为志愿组织发展提供智力支持

组织要深化发展，离不开智力支持。启智志愿服务总队能够发展壮大的一个重要因素就是对智力的关注，尤其是重视对智力成果的运用。启智成立调研部，引入了社会学、人类学问卷、访谈等实地调查方式，对志愿服务的受众和其他市民的反映进行跟踪，对志愿服务的社会影响进行有效评估。除了利用自有队伍中的人才资源外，广州作为南方重要的学术阵地，根据教育部 2016 年公布的数据，广州拥有 81 所高校，聚集了中山大学、华南理工大学、暨南大学等高等学府，广州的许多高校都开设社会学、社会工作专业，为广州志愿组织人才队伍的优化发展提供了重要的智力资源。例如 2008 年 1 月 13 日，广州召开了"启智模式论坛"，学者齐聚一堂，讨论分析了志愿服务与城市管理之间的关联，探讨了志愿服务未来的发展路径，为志愿组织提供了很多有益的思路和建议。再如蓝信封，其邀请了来自中山大学心理学系、中山大学公益慈善研究院、华南师范大学社工系、华南理工大学公共管理学院、华南理工大学公共政策研究院的教授、研究员或博士担任项目顾问，同时建立全职导师制，为每名全职配备一名公益圈多年全职的前辈，作为成长陪伴支持，这为蓝信封建设学习型、稳定持久型志愿服务团队提供了保障。同时，毗邻港澳地区的优势，也使广州志愿组织获得了与港澳地区成熟志愿服务组织进行交流对话的机会。2010 年，广州义工联首创"社区大学"，经常邀请香港资深社工督导讲解志愿者基本知识，传授服务技巧。

2. 支持型志愿组织为实现智力共享提供了常态化、持续性的平台

调查显示，广州有 2.6% 的志愿服务组织属于支持型志愿组织，其中提供智力支持是其中的重要类型。2010 年，广州成立了志愿者学院，这是全

国首家以政府立项和主办投资的方式筹办的专门从事志愿者培训和志愿服务理论研究的公益性事业单位，致力于打造志愿服务专业化智力支持机构。2013年，广州志愿者学院成立了首个志愿者领袖俱乐部"V领汇"，将志愿组织中的领袖人才集中起来，搭建起促进志愿者领袖经验交流、志愿组织群体之间资源共享、项目合作的平台。2017年，为进一步加快广州志愿服务智库建设，提升志愿服务经验理论化水平，成立了广州青年研究会志愿服务专项研究委员会，凝聚志愿服务智力人才，从理论研究和资源体系建设等方面提升广州志愿服务格局。智力资源的多方集聚、共享，为广州志愿组织人才队伍的深度发展提供了重要的保障。

（四）立足本土与超越本土两种志愿组织发展模式齐头并进

扎根广州，服务广州，是许多志愿组织的发展定位，尤其是社区型志愿组织，将志愿服务的重点聚焦在身边的社区，以"同住一方地，共筑一个家"的志愿理念，发动身边人通过志愿服务让生活更加美好。但与此同时，广州作为国家重要的中心城市，其经济发展水平的领先使更多的广州人萌生了"先富带动后富"的责任意识。以灯塔计划为例，成立于2001年的灯塔计划通过组织城市有良好教育背景的志愿者到广东偏远地区学校义教和师资交流，分享教育资源。灯塔计划的志愿者主要来源于中山大学、华南理工大学、暨南大学、华南师范大学等广州高校。值得注意的是，从2014年起，灯塔计划开始在广州市流动人口相对集中的社区为流动儿童提供课程服务，2014~2015年灯塔计划先后为11个社区提供了累计6000小时的参与式课程服务，显示了灯塔计划在"超越本土"的同时也在"回归本土"。再如蓝信封，从满足留守儿童心理倾诉需求出发，通过大学生与留守儿童一对一写信的方式，致力于构建志愿者与留守儿童间的朋辈心灵交流平台，引导留守儿童健康快乐成长，自2008年发起后，到2017年，志愿者遍布全国369个高校，并建立了115支召集人队伍，所服务的留守儿童学校数量发展至70所，通信数量达到十万封。此外，广州的志愿服务也进一步走出国门，成为中国承担国际责任的重要风景线。广州是全国首个独立承接援外志愿服务工作的副省级城市，自2007年以来，共派出了5批68名来自医疗、教育、建筑、网络等各行业的志愿者支援非洲国家塞舌尔的建设，服务领域涵盖了汉语教学、音乐教育、医疗卫生、工程建设、技术支持等。

广州成熟的志愿组织队伍管理经验在全国得到推广，成功的模式被复制，并移植到其他地区。例如，广州启智的志愿者管理骨干直接推动佛山建立佛山市启智社会工作服务中心；原启智服务总队的江西上饶籍、湖南衡阳籍骨干会员回到家乡，以启智模式为样本成功推动当地的志愿服务发展；启智的"关爱露宿者"活动也被湛江等地志愿组织复制开展。

（五）个人魅力型志愿组织是广州志愿组织的重要组成部分

1. "好人"成为志愿组织人才队伍的重要黏合剂

作为一种非营利性、由志愿者自愿参与的组织，志愿组织人才队伍的凝聚力主要来源于一种志愿精神的号召。因此，志愿组织发起者或负责人的道德精神具有了明显的示范作用，是志愿组织成员间的重要纽带和开展志愿服务的重要推动力。这种情况在广州非常突出，其中典型的表现是出现了一批以个人命名的志愿服务组织。2007年，广州正式组建了广东省首支以个人命名的志愿服务队伍——赵广军志愿服务队，并成立"赵广军志愿服务工作室"。后来，广州陆陆续续建立了一批以"好人"命名的志愿服务组织（队伍），如2014年成立的"广州好人"徐暐杰志愿服务工作室；同年，还成立了"中国好人"尚丙辉关爱外来人员工作室、"天河好人"志愿服务队徐克成关爱健康工作室。"好人"们的高尚志愿精神吸引了一批追随者，成为志愿组织人才队伍的重要糅合剂。

2. 志愿组织创始人对组织链接资源、发展规划等产生重要影响

除了精神号召力外，志愿组织发起人的知识结构背景、身份地位等也成为志愿组织链接资源、获取社会关注、赢得公信力的重要因素，同时对志愿组织的管理模式和发展规划产生重要影响。如蓝信封创始人周文华，为中山大学生态学博士，辅修人类学，在访谈中就明确谈到专业背景对其志愿组织人才队伍的管理以及组织发展规划产生了非常重要的影响，生态学的逻辑

性以及强调机理研究的特点，使他更加注重组织的宏观规划以及人才队伍管理的系统性；母乳爱志愿服务队的发起人徐靓，是广东最有影响力的节目主持人之一，通过其电台节目，传播母乳喂养常识，举办母乳快闪，致力于推广母乳喂养和捐赠母乳救治重症患儿。徐靓以公众人物的身份，使母乳爱志愿服务队迅速吸引了公众的关注，并引起社会强烈反响，2017 年，广州将做好母婴室建设列入十大民生实事项目中。此外，还有启智，自 2003 年起，李森开始担任启智志愿服务总队的队长，还当选为共青团中央委员会常委、挂任共青团中央社会联络部副部长，曾获得"全国优秀党务工作者""全国优秀志愿者""中国好人""中国青年五四奖章"等荣誉，由于其身份，启智在开展志愿服务时非常注重发挥党员的作用。李森在启智社工中心创设"党员示范岗""党员责任区"，并建立党员志愿服务队，党员志愿者在定期去老人院、儿童福利院开展探访活动时，会戴上党徽，亮出党员身份。

（六）"互联网＋志愿服务"推动志愿组织人才队伍的优化提升，开辟志愿组织成长的新空间

1. 互联网成为志愿组织优化队伍管理和服务模式的重要手段

随着互联网技术的应用与普及，人们的生产和生活方式发生了深刻的变化。互联网开放、平等以及对传统权威消解的特质与志愿服务的许多特性和理念是相吻合的。互联网的发展，缩短了人与人之间的距离，不仅有效推动了志愿精神的传播，而且使志愿工作与志愿服务突破了时空的限制，变得更加便捷和高效。调查显示，广州 84.8% 的志愿组织拥有自己的网络平台（官网、微博、微信等），在志愿者招募过程中，利用自有的宣传渠道（活动、官网、微博、微信等）的志愿组织占受访组织的 43.5%，远高于现有的志愿者介绍（25.2%），志愿者协会/联合会等志愿服务行业组织招募、转介（19.5%），企事业单位、学校等主动联系（7.3%）以及街道、居委会等推荐（2.6%）。可见，互联网已经成为志愿组织宣传推广、开展志愿者招募工作的首要渠道。启智志愿服务总队之所以能迅速实现志愿人才

队伍的扩大，就在于其在国内率先使用了网络化运行的手段，通过建立广州青年网、志愿者电子邮件报名制度、志愿者 QQ 群、论坛交流机制，推出网络版"志愿者百问百答"、国内第一本网络杂志《youth. name》、网络商店等，较早地将互联网与志愿服务融合，以互联网为手段，为更多的人了解启智提供了开放的平台，同时 QQ 群、论坛交流等技术的应用，也使志愿者管理骨干与普通志愿者之间的交流变得更加顺畅及时。在启智模式的带动下，越来越多的广州志愿组织也在不断深度"触网"。例如赵广军生命热线协会志愿服务队在 2017 年就携手 YY LIVE 网络平台开辟了全新的志愿服务平台，每周一到周五晚，邀请心理学、公益类嘉宾现场直播，分享故事与案例，同时即时接听观众的来电，崭新的服务形式使得志愿服务变得更加"时尚"。

2. 网络志愿组织开辟了志愿组织发展的新空间

网络志愿组织的出现颠覆了传统的公益模式，也带来了全新的志愿服务生态，通过将公益体验与移动互联网的深度结合，使公益更加简单，推动了"全民公益"的加速到来。例如两位就读于中山大学的学生于 2012 年研发的"米公益"APP，是全国首个创新型移动互联网公益平台，有趣的互联网公益活动进一步消解了传统志愿服务"难接触、难参与、难坚持"的困境。过去五年，米公益积累了 300 多万热心公益的高黏性用户，守护了 1000 多个公益项目顺利实施，并为超过 150 家企业提供公益传播解决方案，这是广州为全国志愿服务树立的又一品牌项目。

三 广州志愿服务组织队伍结构存在的问题及原因分析

经过 30 余年的发展，广州志愿服务在探索中不断前行。在社会主要矛盾结构性转化的外部环境与志愿服务自身发展逻辑的双重因素叠加下，广州志愿服务的发展呈现出新时代的新特征，主要表现为志愿服务主要矛盾的转化，即从人民日益增长的志愿服务需求（包括参与志愿服务的需求以及享受志愿服务的需求）与有限的志愿服务供给（即有限的志愿者供给、有限的志愿服务项目供给以及有限的志愿资源供给等）之间的矛盾转化为人民对更优质更高效更精准的志愿服务需求与志愿服务发展不平衡不充分之间的矛盾。广州志愿服务主要矛盾的结构性转换突出地表现在志愿组织队伍结构的发展变化上。

一方面，随着志愿精神的传播，在政府、市场、社会等多种有利因素的共同推动下，更多的人无论是广州户籍人口还是非广州户籍人口甚至是外国友人，无论是年轻人还是老年人甚至是少年儿童，都有意愿也有充足的渠道参与志愿服务，志愿组织的队伍规模在不断扩大，志愿服务逐步走向"全民参与"，为更多有需要的人享受志愿服务提供了可能。同时，专职人士以及专业化人才的加入，增加了志愿服务的深度和广度，志愿组织之间相互协作与智力共享，推动了志愿组织队伍结构良性成长生态链的形成。

但另一方面，也必须注意到，广州志愿组织发展的主要矛盾并没有完全消解，而是形成了新时代下新发展阶段的新特征，显示出广州志愿组织在队伍结构上的"成长的烦恼"。

1.广州志愿组织队伍结构发展不平衡

在规模结构、志愿者活跃度上存在明显的两极分化，即同时存在队伍规模体量庞大的旗舰级志愿组织和大量"迷你型"的草根志愿组织，前者志愿者活跃度较高，有开展常态化的志愿服务项目、完善的志愿者成长制度、相对优化的志愿队伍管理体制；后者志愿者流动性较大，处于休眠状态的志愿者偏多，志愿服务项目较为零散，志愿者管理比较简单粗糙，两者形成了鲜明的对比。同时这种明显的分化已开始造成"马太效应"，即旗舰级的志愿组织队伍规模体量庞大，在志愿者招募中容易产生"滚雪球"（即志愿者相互推荐加入）效应，更容易吸纳新的志愿者加入，使志愿组织的队伍规模呈几何级增长；但"迷你型"的草根志愿组织数量众多，在与大规模志愿组织"争夺"志愿者青睐时处于劣势地位，志愿队伍的发展难以为继，尤其是难以吸引高素质、高水平的专业人才，使得这些"迷你型"组织发展更加窘迫。

2. 广州志愿组织队伍结构发展不充分

这种不充分集中体现在队伍管理的制度化、专业化、多元化水平还有待提高上。

（1）从规模上看，广州志愿组织队伍还有很大的发展空间。按照广州目前将近 300 万人（粗略估算）的志愿者（义工）总量来看，约占常住人口的 20.7%（根据广州统计局 2018 年 2 月数据，广州常住人口为 1449.84 万人），比 2011 年《中共广州市委广州市人民政府关于加快进一步发展广州志愿服务事业的意见》提出的力争"通过 3~5 年的努力，广州市志愿公益服务参与率达 20%"的目标足足延后了约 3 年时间才实现，而与发达国家基本 30% 以上的志愿服务参与率相比，更是需要加大发展的力度。

（2）部分志愿组织队伍管理的制度化水平还有待提高。尤其是一些草根志愿组织，对协助志愿者登记注册、志愿者参加志愿服务的保障等方面并没有及时按照相关的法律法规去规范落实。根据调查统计，虽然大部分志愿组织帮助志愿者进行注册（86.5%），并为每位志愿者登记志愿服务时间（96.5%），但还有 13.5% 的组织未为志愿者注册提供帮助，同时也只有不到一半（48%）的志愿组织为志愿者办理保险。

（3）志愿服务专业化水平不高，专业的志愿服务培训力度不足。调查显示，97.4% 的志愿组织会对志愿者进行岗前培训，但深入访谈发现，岗前培训的内容比较简单，多集中在基本的志愿服务知识和服务要求，对于深层次的志愿服务技巧讲授还比较欠缺，对不同类别、不同层次的志愿者也缺乏差异化、针对性强的培训内容，使志愿者本身的专业技能在志愿服务过程中难以有效发挥。

（4）志愿者队伍的来源相对单一和集中。虽然从广州志愿组织的整体情况来看，在年龄结构上覆盖了各个年龄层的人员，但具体到微观的志愿组织个体上，发现很多志愿组织的志愿者来源相对单一，或是以学生为主，或是以在职人员为主，或是以老年人为主，单一的志愿者来源限制了志愿组织的服务时间和志愿服务的类型，同时也容易带来志愿者的阶段性流失。例如以学生为主的志愿组织面临学生考试或毕业等问题，志愿服务呈现出明显的潮汐特点，对常态化志愿服务的持续开展带来不利的影响。而以老年人为主的志愿组织，志愿者参与志愿服务的安全保障问题值得关注，很大一部分以老年人为主的志愿组织往往管理简单，很少购买志愿者保险，存在着较大的风险。同时因生命周期和身体条件等客观限制，部分老年志愿者后期不得不放弃志愿工作，尤其是老年志愿者骨干的离开，对此类志愿组织的生存和人才队伍的凝聚带来了很大的挑战，如何找到合适的继任者成为困扰许多老年志愿服务组织的问题。

产生这些问题的原因，从深层次来看，是新时代下广州志愿服务主要矛盾出现结构性转化对志愿组织所产生的优化升级压力未能得到有效回应的结果。从具体来看，广州志愿组织在成长发展过程中，为解决生存压力，获得组织初始发展，不得不在队伍结构上更多地侧重量上的发展；志愿服务自愿参与的特性，使许多志愿组织在发展的初期更强调一腔热血，而忽略了效率管理和制度管理的重要性；政府的职能转移与民间草根力量的壮大未能协调共进，埋下志愿组织发展不平衡的隐患；对新时代志愿服务的专业化制度化需求反应不够灵敏，对组织创始人的魅力崇拜与资源链接能力的依赖都深刻地影响着志愿组织的持续发展。

四 对策与建议

30余年的发展，广州志愿服务已步入"而立之年"，志愿服务发展的良好基础已经打下，并形成了一批在全国具有较大影响力的志愿服务品牌，广州志愿组织的发展探索在全国而言具有先行先试的样本意义。如今，广州志愿组织已步入新的发展阶段，在新时代广州志愿服务主要矛盾发生结构性转换的大背景下，广州更需要"不惑"，在乘势而上的同时，要对发展中产生的问题保持清醒的认识，直面"成长的烦恼"，尤其是要正确处理好队伍结构新成长路上的各种关系。其中一部分关系需要政府从顶层设计的角度加以辨别与协调，而另外的一些关系则需要志愿组织在自身发展的过程中明确组织定位，做好规划与平衡。

1. 正确处理品牌扶持与均衡发展之间的关系

品牌是一种识别的标志，也是一种精神的象征。广州之所以能够引领全国志愿服务的发展，很大程度上在于广州拥有像启智、赵广军爱心热线、灯塔计划、蓝信封等一批在全国志愿服务领域具有标杆意义的志愿组织，其代表着广州志愿组织发展的水准。通过大力开展公益宣传推广、及时为组织发展提供政策解惑等"直通车式"服务、鼓励学术研究机构提供智力支持等手段，开展优秀志愿服务品牌的培育与支持，不仅能够为广州志愿组织的发展树立起榜样，发挥引领带动作用，推动其他志愿组织发展与之看齐，同时还可以通过对这些志愿组织发展模式的推广，为全国志愿服务事业的深化发展提供广州经验，逐步将广州发展成为全国优秀志愿服务组织的总部基地，吸引优秀的志愿组织在这里扎根，进而辐射全国。

然而，与成熟的市场体制下市场主体存在激烈竞争的情况相类似，当志愿服务发展成熟后，志愿组织之间也会存在一定的"竞争关系"，并形成优胜劣汰的机制。志愿者、志愿项目、志愿资源等会向大型志愿组织进一步集中，可能出现"志愿垄断"的情况。大型志愿组织在招募志愿者时越来越容易，从而进入队伍成长的良性循环，可以更多地考虑队伍结构优化的问题，相反，部分小型志愿组织却可能因志愿者不足，陷入生存困境，更加无暇开展更多的队伍管理工作。志愿组织的"优胜劣汰"机制以外加压力的形式促使更多的志愿组织自觉提高服务质量，强化生存意识、责任意识，同时也使重复、低效能的志愿组织退出志愿服务领域，推动志愿服务的优化升级。但是必须注意的是，草根志愿组织因民众的志愿热情聚集形成，是朴素志愿精神最为典型的体现，是志愿组织发展的初级阶段，大部分志愿组织都会经历从小到大的成长过程，同时草根志愿组织也是志愿服务的"蓄水池"，有利于吸纳更多的志愿者，有效地扩大志愿服务的参与面，是志愿组织重要的后备梯队，体现了志愿组织的生机与发展潜力。因此，关注草根志愿组织、努力实现组织间均衡发展，避免出现过度的"志愿垄断"是优化志愿服务生态环境的必然之举。政府在对志愿服务品牌开展扶持的同时，还需要加大对草根志愿组织的关注，尤其是要建立有利于其成长的政策环境、资源环境，对在政府购买服务竞争中处于不利地位的小型志愿组织要多加关注，为初始期志愿组织提供支持，同时积极引导草根志愿组织开辟志愿服务蓝海，以细分领域和专业化实现与大型志愿组织的错位发展。

2. 正确处理"政府主导型"志愿组织与"民间草根型"志愿组织的关系

在志愿组织的类型划分上，学术界往往以志愿组织与政府关系作为分类的标准。例如王名将志愿组织分为自上而下型和自下而上型，自上而下型是指"在政府支持下建立，并且直接或者间接得到来自政府的多种资助"，而自下而上型是"由公众在自愿基础上建立，通常得不到来自政府的特别支持，相应地，政府对它们也没有多少直接的控制"[①]。可见，从学术角度来看，志愿组织大体上可以分为"政府主导型"和"民间草根型"两大类。"政府主导型"志愿组织的运行逻辑带有明显的"公转"色彩，即志愿服务大多围绕政府的政策方向开展。在广州志愿组织的发展历程中，"政府主导型"志愿组织得到政府在资源上和政策上的支持，率先起步，发展迅速。目前大规模的志愿组织中，很大一部分都是"政府主导型"的志愿组织。"政府主导型"志愿组织的发展壮大有力地推动了志愿服务的宣传推广，其规范性、制度性、合法性为志愿组织的有序发展奠定了重要基础，同时也成为政府社会治理的重要"帮手"。进入 21 世纪，广州"民间草根型"志愿组织迅速崛起并成为志愿服务领域的一股重要力量，众多的草根组织凭借与普通民众的密切关系，以"自下而上"的资源获取方式实现了组织的"自转"，极大地推动了志愿精神的传播，也丰富了志愿组织的实现形式。

无论是"政府主导型"志愿组织还是"民间草根型"志愿组织，都是志愿服务的实践载体，"政府主导型"志愿组织迅速高效的队伍动员能力、

---

① 王名：《中国 NGO 研究——以个案研究为中心》，联合国区域发展中心、清华大学 NGO 研究所，2000，第 13～14 页。

充裕的资源保障、相对规范的管理优势是目前"民间草根型"志愿组织尚不能比拟的，尤其是在日益增长的大型赛会志愿服务保障、应急救援等方面，仍然需要发挥"政府主导型"志愿组织的关键性作用。但与此同时，"民间草根型"志愿组织强调组织自身自主能力的建设，其"自造血"的发展逻辑能够更好地锻炼组织的成长能力，推动志愿服务多元化发展。

此外，值得注意的是，在广州还有一批既"公转"又"自转"的志愿组织，即挂靠在"政府主导型"志愿组织之下，带上"官帽子"，但同时保持自身独立性和自治性，在志愿服务项目的设定上具有自主权。这类"游走于国家与政府之间"的草根志愿组织，左右逢源，在生存与自主之间取得了平衡，成为合法草根组织可以选择的一种核心策略①。

近几年，广州"政府主导型"志愿组织与"民间草根型"志愿组织也出现了整合发展的态势，一方面，"政府主导型"志愿组织在为政府的政策服务的同时，也在不断地自主开发新的志愿服务项目；另一方面，"民间草根型"志愿组织也在积极与政府保持良好的关系和密切的互动，以期获得行动的合法性并寻求更多资源的支持。以启智为代表的"游走于国家与政府之间"的志愿组织的成功运作，也吸引了很多志愿组织选择这一发展模式。

因此，对于志愿组织而言，如何处理好"公转"与"自转"的关系，是组织生存与发展必须思考的重要问题。而对于政府而言，如何在引导志愿服务有序合法开展，使志愿服务更高效精准地服务政府政策需求的同时，保持政府的中立性，提供公平公正的资源环境，维持志愿服务领域的生机与活力，是政府在培育良性志愿服务发展环境所必须处理的问题。

3. 正确处理个人魅力凝聚与志愿组织接续发展之间的关系

个人魅力型志愿组织是广州志愿组织的重要类型。通过创办者或主要负责人的道德魅力或资源链接能力，志愿组织获得了生存与发展的重要资本，广州政府部门甚至大力鼓励和支持"好人"成立志愿服务工作室，以道德

---

① 陈天祥、徐于琳：《游走于国家与社会之间：草根志愿组织的行动策略——以广州启智队为例》，《中山大学学报（社会科学版）》2011 年第 1 期。

模范的榜样作用感染一批追随者，借力推动志愿服务的发展。但是，依赖个人为志愿组织提供凝聚力具有很大的不稳定性，志愿组织创办者或主要负责人的个人道德容易被"神化"，陷入对个人道德的超高要求中，强调个人对组织的无条件付出，容易脱离实际生活，不仅使创始者或主要负责人感到巨大的道德压力，动辄得咎，同时一旦走下神台，对创始者或主要负责人的怀疑会直接导致对志愿组织的不信任，瓦解志愿组织的凝聚力。

因此，以个人魅力作为志愿组织的凝聚力一般只能存在于组织的初始期，通过个人魅力来弥补志愿组织发展初期的人员、资源来源不足等，但当志愿组织已开始成功运作，就必须考虑志愿组织持续发展的问题，通过建立和完善组织文化、管理团队、组织制度等方式推动志愿组织向法理型志愿组织转化。在这一过程中，并非要完全抹杀个人的作用，而是在发挥个人魅力的同时，更需要强调组织的团队建设和制度建设，尤其是要考虑"继任者"的选拔任用制度，确保组织能够持续发展。

4.正确处理志愿者与志愿组织之间"柔性关联"与"强化管理"的关系

志愿者基于自愿、奉献、爱心等非物质性因素驱动加入志愿组织，这就使志愿组织与其他职业型组织有明显的区别。它是一种以志愿精神为队伍黏合剂的特殊组织类型，组织成员之间是平等的关系，承担志愿者队伍管理职能的志愿者骨干与普通志愿者之间原则上不存在传统意义上的上下级关系，志愿者与志愿组织之间是一种"柔性的关联"。职业型组织以物质激励因素为基础的量化绩效体系以及等级管理体制难以适用于志愿组织，任何企图对志愿者施加外部强制的尝试都可能导致志愿者"用脚投票"。但与此同时，结构松散的志愿组织在沟通协调和任务安排上必然会带来组织资源的浪费，导致志愿行动的混乱和低效，直接影响志愿服务的效果。因此，为了避免组织的"内耗"，志愿组织必须对志愿者队伍实行有效的管理。

首先，积极开发"定制式"的志愿服务项目，让志愿者在助人的同时充分感受到"自助"的快乐，提高志愿者参与志愿服务的获得感。志愿组织是项目型的自组织，对志愿组织志愿服务项目的认可是志愿者加入志愿组织的最大动力。因此，志愿组织在加强队伍管理时必须与志愿服务项目的运营进行统筹考虑，要尊重现代志愿者多元化的参与动机，挖掘志愿者的专业特长，"量身定做"志愿服务岗位，合理安排志愿者的工作，充分体现志愿者的价值，做到人尽其才，才尽其用，在推动志愿项目成功实施的同时，有效满足志愿者自我实现以及受尊重的高层次需求。

其次，延伸志愿组织志愿者"因缘而聚"的附加特性，促使志愿队伍发展成为兴趣共同体，以共同的兴趣凝聚志愿组织力量。现代的志愿组织越来越多的是由趣缘（共同兴趣爱好）链接的群体，对志愿精神的共同认可使原本陌生的人聚集在一起，志愿组织在开展志愿服务的同时，也为志愿者实现社会参与提供了平台。志愿组织可以考虑创设各种内部的兴趣小组，为志愿者提供了更多的社会交往空间，使他们找到更多业余兴趣上的志同道合者，获得精神上的快乐和满足。

最后，通过制度化、规范化的奖惩措施，建立志愿队伍管理正向激励和反向激励双重机制。对于任何组织，有效的激励都是保持队伍活力的重要因素，这种激励不仅包括正向激励即奖励性措施，也包括反向激励即惩罚性措施。但志愿者与志愿组织之间"柔性关联"的特性使志愿者队伍的管理更加需要讲究技巧，即在薪酬和绩效等物质性利益激励因素缺位时，志愿组织需要研制对志愿者更具吸引力的激励措施。具体而言，志愿组织在对志愿者服务时长、服务效果等进行合理公正评价的基础上，可以通过口头表扬、服务奖章、参加培训、内部晋升、授予荣誉称号等多样化手段表示对志愿者的认可和肯定，这些都是正向激励的重要措施。许多组织都通过正向激励的手段激发队伍的积极性，但很少采取反向激励的措施。这可能是源于志愿组织"自愿参与"的特性，使组织担心反向激励措施会挫伤志愿者积极性，导致志愿者的流失。事实上，恰恰相反，反向激励的措施是推动队伍良性管理的重要手段。例如，若对长时间不参加活动又没有请假的情况置若罔闻，不及时公布和提醒的话，可能会形成负面示范，影响其他参与者的积极性，使更多的志愿者选择"休眠"。而要使这种反向激励措施产生积极的效果，关键在于建立制度化、规范化奖惩制度，明确行动的预期，让志愿者清晰了解激励措施。

5. 正确处理志愿组织增量式发展与内涵式发展之间的关系

对于志愿组织而言，怎样看待志愿者队伍的"量"与"质"是组织发展过程中必须要思考的问题。志愿队伍一定"量"的积累是志愿组织有效开展志愿服务的关键，志愿者数量上的不足将会引发志愿组织的生存危机。因此，吸引更多的志愿者参与，保障志愿队伍成长的基本"量"是志愿组织发展的前提，是大部分初始期志愿组织的必经阶段。但随着志愿组织摆脱生存困境，逐步形成相对稳定的志愿者队伍后，"量"与"质"的不同侧重就涉及志愿组织的发展定位。

部分志愿组织希望通过不断地拓展服务领域，吸引各类志愿者参与，以不设门槛的方式让更多有志于志愿服务的人员有机会体验志愿服务的乐趣，这是追求"大而全"的志愿组织。与之相对，部分志愿组织则对志愿者有更多的选择性，它们对志愿者的专业技能、服务技巧等方面提出较高的要求，并通过多轮面试筛选来确定志愿者人选；或者明确规定队伍发展的规模，一旦达到队伍成长的数量目标，就不再谋求队伍的进一步扩大，追求志愿组织的"精而美"，更多地强调组织的"内涵式发展"。"大而全"的志愿组织为更多的人参与志愿服务提供了可能，是志愿服务实现"全民参与"的重要载体，而"精而美"的志愿组织则通过其专业化和精品化推动了优质志愿服务的深度发展。

在广州，"大而全"与"精而美"志愿组织的协同发展成为广州志愿服务生态圈形成的重要表征。但是值得注意的是，目前广州出现了志愿者人数多达十万人次以上大规模量级的志愿组织，这部分志愿组织的队伍还在不断的扩张，成为普通民众参与志愿服务的重要载体。当然，这部分志愿组织对"量"的追求并不是说放弃对"质"的把控，只是对"量"的重视始终伴随着志愿组织的发展。但必须承认持续扩大的志愿者队伍对组织管理提出了非常高的要求，作为一个自组织，当规模不断扩大，而因志愿组织的资源所限，也不太可能设立过多的专职管理人员，只能寄希望于志愿者队伍的自治。但在队伍自治的同时，如何维持志愿服务的水准，呵护志愿组织的品牌就成为组织发展必须面临的关键性问题，这也是广州旗舰级志愿组织必须进一步思考和探索的问题。

参考文献

［1］陈天祥、徐于琳：《游走于国家与社会之间：草根志愿组织的行动策略——以广州启智队为例》，《中山大学学报（社会科学版）》2011 年第 1 期。

［2］崔月琴、袁泉、王嘉渊：《社会组织治理结构的转型——基于草根组织卡理斯玛现象的反思》，《学习与探索》2014 年第 7 期。

［3］邓国胜：《中国草根 NGO 发展的现状与障碍》，《社会观察》2010 年第 5 期。

［4］任剑涛：《道德理想·组织力量与志愿行动》，《开放时代》2001 年第 11 期。

［5］赛拉蒙、于海：《第三域的兴起》，《社会》1998 年第 2 期。

［6］谭建光、周宏峰：《中国志愿者：从青年到全民——改革开放 30 年志愿服务发展分析》，《中国青年研究》2009 年第 1 期。

［7］谭建光：《中国广东志愿服务发展报告》，广东人民出版社，2005。

［8］王忠平、陈和午、李遁听：《广州企业志愿服务参与动机和运行现状调查》，《青年探索》2016 年第 5 期。

［9］韦伯：《韦伯作品集（Ⅰ）·学术与政治》，广西师范大学出版社，2004。

［10］魏国华、张强：《广州志愿服务发展报告（2014）》，社会科学文献出版社，2014。

［11］周大鸣、杨小柳、接英丽：《中国志愿组织的典型个案研究——对广州市启智志愿服务总队的考察》，《中国青年政治学院学报》2008 年第 3 期。

［12］朱健刚：《行动的力量》，商务印书馆，2008。

B.4
广州志愿服务组织运营模式研究

刘惠苑[*]

摘　要：　组织运营模式即组织的运作、运行、经营模式，是一个组织
经营发展的相对恒常的、固定的方式、体系或者套路。根据
调研，广州志愿服务经过多年的发展形成了具有广州城市特
色的志愿服务运营模式，在资金和动力两个不同的维度下，
形成了政府支持、外部捐助等九大类型，分别具有典型的特
征。同时，广州各类志愿服务组织根据自身的发展目标和发
展需要，因循一定的运行模式进行组织经营，不但实现了机
构的发展，还生成了若干品牌项目，彰显了广州志愿服务的
多样性。各类运营模式各有优点，但同时又有其局限性。本
研究对九类模式存在的问题、产生的原因进行了分析，并相
应地给出了发展建议。

关键词：　广州　志愿服务　运营模式　品牌项目

一　导论

　　组织运营模式即组织的运作、运行、经营模式，是组织内部人、财、
物、信息等各要素最基本、最主要的结合方式，是对组织经营过程的计

　　* 刘惠苑，广州科技贸易职业学院管理学院社会工作专业带头人，硕士，副教授，主要从事社
　　会工作、社会组织管理、志愿服务领域的研究与实践。

划、组织、实施和控制,是组织经营发展相对恒常的、固定的方式、体系或者套路,也是与产品生产和服务创造密切相关的各项管理工作的总称,其重心是对服务(或产品)整体系统进行循环往复的设计、运行、评价和改进。

根据课题组深度访谈,对于目前的志愿服务组织而言,它们大都没有找到非常适用的运营模式,最多可以说是各机构根据自己的特点和发展现状,按机构的现行需要,因循相对意义上有效的运营模式。很大一部分组织高层人员侧重于关注组织生存方式问题,而不关注组织发展壮大的运营模式问题。就概念而言,方式和模式是相关但不同的概念。方式一般是短暂的、临时性的、恒常性较弱的一些方法和思路;模式则是相对恒定的、广泛的、持续性较久的一些规则和方案。对于当前数量庞大的一些新兴和快速发展的志愿服务组织而言,它们大多是从做中学、从学中做,一旦找到一条合适的发展模式,就会延续采用这个发展思路和运作模式。

本文将对这些组织经营发展的相对恒常的、固定的方式、体系或者套路进行分析,同时归纳梳理其对应的品牌项目。

二 广州志愿服务组织的不同运营模式及其特征

广州志愿服务组织有注册和未注册两种,已注册的志愿服务组织在民政管理机关登记,在组织类别上属于社会组织,和其他类型社会组织有共通之处。从数量上看,登记为民办非企业单位的志愿服务组织的数量占首位,登记为协会类别的志愿服务组织占比较低,登记为基金会类别的志愿服务组织数量非常少。

从大范围的社会组织角度来看,当前广州很多社会组织具有市场经营行为,有市场经营的模式特征,它们不仅运作政府委托项目和承接政府职能转移,同时用市场行为开发或者盘活社会服务项目,取得社会服务收入,特别是民办非企业单位这个类别的社会组织。但由于志愿服务组织服务内容的特殊性,和其他民办非企业单位类别的社会组织不一样,它们没有市场经营行为，没有以市场回报作为评价组织绩效的要素。从本次调研的有效数据来看，在广州志愿服务组织的主要资金来源中，政府的资金支持并非占比最高，其运营模式由于受到资金来源和动力来源等因素的牵制，呈现出各自不同的特征。

（一）广州志愿服务组织的两大系列九个模式

根据调研，广州志愿服务组织的运营模式呈现多元发展的场景，有的兼具几种模式的特征，本研究侧重于呈现这些组织运营模式中最主要的特征，同时反映不同模式类型的综合发展状况。

本研究从资金来源和动力来源两大维度将广州志愿服务组织划分为两大系列、九个模式。

第一系列是从资金来源维度进行研究，研究人员将广州志愿服务组织的运营模式概括为政府支持模式、外部捐助模式、携内联外模式三种。第二系列是从动力来源维度进行研究，研究人员将广州志愿服务组织的运营模式具体分为团队内驱模式、自助发展模式、社会责任模式、边缘支持模式、精英领航模式、事业发展模式六种。两大系列九个模式具体情况如下。

1. 资金来源的不同

根据本次广州市志愿服务组织调研的量化数据，资金渠道来自"其他"选项的比例是最大的，也就是说，志愿组织资金来源发生了转变，社会力量的多元参与是广州志愿服务组织发展的后劲动力。

资金来源的维度是本文运行模式探讨的中心问题之一，但根据已有的研究认知以及深度访谈的情况，受问卷填写者认知局限影响，部分志愿服务组织的资金来源有误填的可能性。研究团队讨论认为，问卷填写者对资金来源不明确时，最大可能性填写"其他"选项。例如高校志愿服务组织，填写问卷的时候，会将资金来源归纳为"其他"选项，他们认为其资金不是来自政府直接拨款，并且不是来自社会募捐以及提供社会服务收入，而是来自高校的部门常规性经费，因此可以归纳到"其他"选项。但实际上，高校志愿服务组织的经费源头基本上是政府公共财政支出，除了部分民办学校之外。

资金来源维度下的运营模式分类如下。

（1）政府支持模式

典型特点是"追随政府"。多数是从政府某部门或某项职能中分化出来，类似于代表公权机关接受社会捐赠或开展社会服务的组织。完成政府交办的志愿服务任务以及承接政府志愿服务领域的职能转移，是当前这部分志愿服务组织的最主要的任务，组织常规志愿服务任务与政府倡导的志愿服务价值导向具有一致性。组织经费主要来自政府（如政府资助、奖励、补贴、购买、委托等一些具体形式）。根据抽样调查和深度调研，从资金来源来看，广州志愿服务组织运营经费来自政府的比例是31.2%，而组织经费来自其他渠道的占38.1%，这说明，政府经费占组织运营发展经费的较大部分，但并不是最大部分，广州志愿服务组织的运营发展多数是靠自己，而不是依赖政府；但同时也说明，当前广州市志愿服务组织的发展，仍有很大部分依赖政府支持。

典型组织：广州青年志愿者协会、广州义务工作者联合会、广州市慈善会等。

（2）外部捐助模式

典型特征是"外部助推"。这类组织的经费绝大部分来自社会公开募捐和海内外民间募捐。组织着力于发动民间慈善公益力量，补充政府社会救济的不足；重视组织财务管理的规范性，认真做好财务公开工作，公开接受社会捐赠情况以及资助款项使用情况，接受捐赠人、社会各界人士、新闻媒体和政府主管部门的查询、检查、监督；重视组织宣传和项目宣传；重视社会承诺。

典型组织：广东公益恤孤助学促进会、广东省麦田教育基金会、广州市草根助学促进会。

（3）携内联外模式

典型特征是"内外联手"。常见于以俱乐部方式运作的新型NGO以及规模较大的民间慈善组织。具有这类模式特征的组织，大量吸纳社会各界

（包括海外）爱心人士加入，经费来源"多管齐下"，多措并举鼓励及发动组织内部和组织外部的捐款、资助行为，大都因顺应社会的发展进步潮流，建立了符合自己机构实际情况的组织管理体系和服务活动方式，由致力于公益慈善事业的社会中坚力量和专业人士组成。组织一般有规范的管理架构，有固定的办公场地，有专职工作人员，有配套办公室设备，有稳定的经费来源及固定经费收支，有稳定的志愿服务团队且团队具有清晰的组织结构及职能划分，有严格的财务管理和监督机制。

典型组织：广东狮子会志愿者队、广州基督教青年会、义工联会等。

2. 动力来源不同

在动力来源维度下，研究将广州志愿服务组织运营模式分为下述六类子模式。

（1）团队内驱模式

典型特点是"内驱力强"，主要靠内部团队驱动，通俗来讲就是"自立自强"。主要靠内部成员自发式的行为促进机构的成长，非常注重组织宗旨以及团队价值观的凝练，依靠组织领导人的个人领袖魅力来带领团队的发展，经费及其他资源主要来自内部成员的捐助，以及内部成员的自发性筹款。这种模式在未注册且未登记同时有较多社会资源的志愿服务组织中比较常见。研究人员分析，这种现象主要由于未经注册登记的草根志愿服务组织难以获得政府以组织为单元的拨款支持，而最多只能挂靠正式注册登记的组织以项目为单元获得政府的支持；此外，这类根据某些专项志愿服务需求而成立的志愿服务组织，成立之初的发展愿景就是解决一些特定的志愿服务领域的问题，或者组织的组建是基于发起人的志愿服务热情和社会觉悟，发起人、负责人以及初创团队在组织成立初期基本上都依靠个人的奉献精神促进组织的发展，而较少关注外部资源的采集与使用。

典型组织：广州机关党员志愿者红棉暖心服务队、广州青年志愿者协会直属广州平安联防志愿服务总队、南山志愿服务队、医疗服务总队、启智服务总队等挂靠登记的志愿服务队，以及绝大多数高校组建的志愿服务队伍，如中山大学青年志愿者行动指导中心、华南师范大学青年志愿者协会、广州铁路职业技术学院家电义务维修协会、广州工商学院青年志愿者行动指导中心（广州北站志愿驿站），同时还有事业单位组建的志愿服务队，如广州少年儿童图书馆志愿者团队、广州市文化馆志愿者团队等，以上这些是团队内驱模式的典型。

（2）自助发展模式

典型特点是"自然无序地发展"，通俗来讲就是"自嗨自乐"，主要靠兴趣驱动。这种模式在未注册、资源相对有限且属于草根发展型的志愿服务组织中较为常见，由具有一定社会技能的兴趣爱好者或者具有社会奉献精神的热心人士组建而成。这类组织遵循无序式、自然式、平缓式、内生式的发展路径，没有典型的组织生命发展周期，阶段性特征不明显；发起人、组织者和骨干成员自带资源并且乐于主动挖掘资源、带入资源；缺乏机构管理各项体系制度，组织成员在管理上具有一定的松散性、流动性，但有着相对统一的价值观，思想上的凝聚性强；组织经费大都源自内部人士（发起人、组织者、参与者等）的内部捐献。这类组织因主要靠内部成员的兴趣爱好或服务热情来推动，并且一定时期内没有远大的发展目标，因此组织所需要的资金并不多，对固定经营办公场地及办公设备的依赖也不高，同时不需要具备专职办公人员，早期也不需要建立体系化、规范化的管理制度。服务团队有活就干、没活就休，平时上班、闲时服务，凭着自己的兴趣爱好或者一腔热情来参与志愿服务。发起人、组织者、小组骨干等一般不思考机构的快速跃迁和发展问题，只要是能帮到他人就很开心；团队成员觉得付出就会有收获，所有成员重视社会参与和社会历练，认同奉献精神和看重体验过程，不考虑机构的可持续发展问题，也不操心组织的生存问题。

典型组织：以社区义剪为主要服务载体且由草根公益队伍组成的福缘公益之爱心义剪队、沙园街爱心义剪队，以广东省内演艺界明星义工为主组成的、以推广广府文化和开展义演活动为服务载体的任永全明星义工队，由摄影爱好者组成的、从事摄影公益服务的"乐义美"摄影专才义工队等。

（3）社会责任模式

典型特征是"外塑形象"，组织动力主要来自外部，如社会评价、社会环境等。该模式主要见于大型企业或跨国企业组建的志愿服务组织。志愿服务组织一般归属企业的 CSR 职能部门，围绕企业的长远发展进行志愿服务定位。组织运作经费大部分来自其发起企业，小部分来自企业员工的内部捐助及对外募捐。对企业外部而言，为企业品牌宣传奠定基础，有效地促进了企业的社会融入，是诸多大型企业履行社会责任的战略选择，也是企业成为跨国公司在本地运营成功的有利元素；对企业内部而言，企业员工通过参加志愿服务提高凝聚力、降低流动性，典型表现是企业主动设计志愿服务供员工参与，员工在体验志愿服务的同时感受志愿服务的魅力，从而持续关注志愿服务。企业志愿服务的规范礼仪、专项行动等，成为企业的公益品牌。组织具有实现常态化、本地化、系统化和制度化的志愿服务整套架构。志愿服务自上而下推动，骨干志愿服务团队相对稳定，但内生性志愿服务意识相对较弱，前线志愿服务人群视认识和觉悟高低的不同，存在一定的区分度，这种由上而下内部推动志愿服务的做法存在施行起来比较困难的情况。

典型组织：时代地产的公益基金会及志愿服务队伍，安利公益基金会及志愿服务队伍，汇丰、达能中国、无限极（中国）、保利集团、广州地铁集团等企业在广州组建的志愿服务队伍等。

（4）边缘支持模式

典型特征是"多路径外围支持"，互利、共赢是组织进行支持性志愿服务的主要动力源。有不少学者把这类组织排除在志愿服务组织之外，或者说它们具有"类志愿服务组织"的特征但同时也具有其他社会组织的特征、从事志愿服务但志愿服务并非独有业务，属于志愿服务"边缘"组织、"外围"组织、"支援"组织。这类组织在多样化发展且兼具志愿服务业务或者志愿服务职能的组织当中比较典型，在提供支持型公益服务的组织当中也较常见。这类组织在组织登记过程中并不凸显其志愿服务功能以及业务，但在实际运作中兼具志愿服务的功能或业务，但不以志愿服务为主要的服务载体。这类组织普遍重视组织的社会影响力和美誉度，重视拓展生存和发展空间，通过为志愿服务提供支援或资源，来维持其志愿特性；组织可能会组建一支相对稳定的志愿服务团队，持续性地开展一定的志愿服务，同时为志愿服务提供支持；或者设计并实施一些靠志愿力量推动的公益慈善项目；或者不组建前线志愿服务队伍，而是持续为志愿服务提供支持和输出资源；组织游走在直接志愿服务和间接志愿服务之间。

典型组织：广州市青宫社会组织发展服务中心、广州市黄埔区青年社会组织联合会、广州市日行一善公益发展中心、广州市越秀区颗粒公益传播发展中心。

（5）精英领航模式

典型特征是"领袖起模范带头作用"，领袖是组织的主要发力源。这类组织皆由一至两位社会影响力强的领袖发起，领袖的个人魅力和个人价值在组织中发挥优势作用，领袖在组织中起绝对的带头作用；组织的领袖成为行业认可的领军人物，带领组织在志愿服务的专门领域中成为佼佼者；领袖成为组织的最佳代言人和特色品牌，并通过他的知名度、个人品牌、影响力和旗帜作用，吸引、凝聚、团结一批志同道合的青少年和社会人士加入志愿服务工作。

典型组织：广州市海珠区江南中街赵广军生命热线协会、广州尚丙辉社会工作服务中心、广州市暐杰志愿服务工作中心、广州市黄埔区惠民社会服务中心、徐成克关爱健康工作室、广州市天河区启智社会工作服务中心、周冲志愿驿站、广州市白云区北辰青年发展中心等。

（6）事业发展模式

典型特征是"专注志愿服务事业"，事业是组织的动力。组织有明确的志愿服务业务标签，专注于专项志愿服务（如应急救灾、生命关爱、医疗救护、青年成长、特殊人群救助等）；将志愿服务作为组织的名片进行宣传，对外有清晰的志愿服务品牌标志，以"志愿服务"为关键词进行组织业务登记；协助政府开展公共管理、社区建设、城市善治等公共事业，成为政府举办大型赛事、重要活动的安防后盾；专注志愿服务的领域专业化，不断开发及设计专业领域内的志愿服务细分项目，满足社会进步对志愿服务品质提升的需要。

典型组织：广州市越秀区爱心志愿服务中心、广州市天河区协创志愿服务中心、广州和众志愿服务中心。

（二）广州志愿服务组织的多样化品牌项目

各类志愿服务组织根据自己的发展目标和发展需要，沿循一定的运行模式进行组织经营，不但实现了机构的发展，还生成了若干品牌项目，组织也是在经营这些品牌项目的基础上，找到了组织当前适合的运行模式。用通俗的话说，运行模式好比是流水，而品牌项目就是行船：流水提供方向及助推力，是潜在的渠道，而行船则是外在的资源，具有承载内容和呈现产出的作用；运行模式是潜在的渠道，而品牌项目就是典型的呈现。下面枚举近几年广州典型的志愿服务品牌项目。

1. 政府支持模式下的典型项目

（1）"大爱有声"母乳爱公益项目

项目简介：中国第一个致力于推广母乳喂养、母乳捐赠救治重症患儿，倡导建立公共场所母婴室的公益服务项目。

项目成效：自2013年5月成立起，持续配合联合国儿童基金会"母爱10平方"活动，推广建立广州市公共场所母婴室。自2016年6月起，推动广州市公共场所母婴室项目建设，助力"广州市公共场所母婴室建设"列入2017年广州市十大民生实事。截至2017年10月底，已助力推动广州建立近100家公共场所母婴室。目前，吸引了海内外1000多位志愿者加入志愿服务队，其中包括来自澳洲和加拿大的志愿者；志愿妈妈捐献超过100多万毫升的母乳，救治了300多位重症宝宝，帮扶过万名喂养困难和产后抑郁的妈妈。2016年2月，项目团队发起中国首个二孩日，并发布一系列二孩养育的关键数据，呼吁每年2月22日定为中国二孩日，关注养育二孩的提案提交至2016年全国两会。

（2）融爱计划

项目简介：项目以大学生志愿者作为导师，让环卫工人子女更容易融入课堂，提供一个志愿者与服务对象共同进步的平台。主要是为广州市内环卫工人子女提供课业辅导志愿服务，使环卫工人子女得到更好的生活环境和学习条件，体现对环卫工人的关怀，使环卫工人更加安居乐业，敬业爱岗，同时降低环卫工人的流失率，减少家庭代际贫困等情况的出现。服务内容包括融爱教室（课业辅导）、开FUN课程（才艺培养）、亲子融合教育等。项目以行政区为单位，集中教学，每区配置一支志愿服务队，提供学业、兴趣、家庭关系等方面的帮助。

项目成效：取得2015年中国志愿服务项目大赛金奖、2015年广东省益苗计划持续扶持项目等殊荣。项目开展后，服务对象学业成绩、社会融入、技能学习等方面有明显的提高，环卫工人更加安居乐业、敬业爱岗，流失率减少，家庭代际贫困情况减少。

2. 外部捐助模式下的典型项目

（1）善结缘救病痛——重症贫童救助项目

项目简介：通过举办现场拍卖义卖、场外捐款捐物的活动，为重症贫童救助项目筹集款项，为重病中的孩子们带去重获健康的希望。

项目成效：13年间（截至2017年11月），项目通过举办义拍义卖等各类慈善活动，共筹集超过1.38亿元，救治重病患儿1636名，发放救助款2407.47万元，得到广东广播电视台广东卫视频道、广东广播电视台现代教育频道、《信息时报》、《南方农村报》、金羊网等多家重要媒体的报道；与中山大学附属第一医院、广东省中医院、南方医院、广州军区总医院、珠江医院、广州医科大学附属第一医院等多家医院签订合作协议，共同开展重症救治志愿服务。

（2）少年社（广州分社）

项目简介：基于解决在教育实践中片面追求升学率，漠视健康人格培养以及对学生的自主选择性关注不够的问题而开发的项目，依托于乡村学校文化建设，为乡村儿童教育提供多元化选择。在一些乡村小学、中心学校建设一个集图书室、阅览室、活动室、电子阅览室于一体的多功能媒体活动中心，在不成规模的乡村小学中，建设班级图书角。该项目的资料维护、系统管理与活动中心开发，由机构总部专门项目团队运营；学校走访调查、回访调查以及第二课堂活动实施，则由志愿者团队实施；总部对执行情况进行监督和管理，同时做好募款、财务以及公示公开的工作，统筹与分工互相协调。

项目成效：广州分社通过项目的持续开展，近几年已经在广东省英德市浛洸镇马场职工子弟学校、广东省英德市东华镇东水小学、广东省英德市东华镇牛岗岭小学、广东省英德市横石水镇联雄小学、广东省英德市横石水镇江古山小学等学校建成了少年社。

3. 携内联外模式下的品牌项目

（1）视觉第一广东行动

项目简介：是视力保健关爱活动之一，通过为视力残障贫困人士免费施行白内障复明手术，帮助他们重见光明，恢复劳动能力，同时解放家中更多的劳动人口，实现自助脱贫。

项目成效：截至2016年12月，"视觉第一"行动让国内48136例贫困白内障患者恢复了视觉。因项目实施具有广泛的社会影响力，广州市人大常委会赠予项目实施组织"光明使者"荣誉称号。"视觉第一"获得了2010年《南方都市报》"责任中国·公益行动"奖和2011年共青团团广东省委员会、广东省民政厅、南方报业传媒集团联合授予的"首届珠江公益节公益项目"荣誉称号。2016～2017年度，项目实施组织在广州花都人爱医院设立防盲治盲服务基地。

（2）血液银行

项目简介：通过鼓励广大市民参与捐献全血、血小板和造血干细胞，建立血小板志愿者库，力所能及地帮助血液病患者摆脱无血可用的困扰。志愿者号召组织内部成员以实际行动，感召广大市民参与无偿献血，努力将广州城市建设成为一个不缺血的城市。志愿者团体联合广州血液中心，于2012年发起"血液银行"项目。几年来，项目联动各方力量，发动广大市民参与，积极登记成为"血液银行"的志愿者，为有需要的人士提供一个可靠的、及时的血小板"储备库"。

项目成效：经过多年的用心发展，目前，在广州中怡广百献血点举行的"为爱接力"系列活动已发展成为"血液银行"的常态化服务。同时在广东省内基本实现了有该组织志愿服务队伍的地区就有开展"血液银行"的服务。"血液银行"项目通过整合媒体资源，结合"互联网＋"的新形态，动员了更多市民参与无偿献血活动。同时，"血液银行"项目志愿者多次走进高校进行宣讲，传播社会正能量，储备无偿献血生力军。目前，"血液银行"项目延伸到了广西和湖北等地区，扩大了"血液银行"项目的影响范围。

4. 团队内驱模式下的品牌项目

（1）"爱肺计划""救心行动"

项目简介：医务志愿者通过高尚的医德及精湛的技术帮助人民群众，以提高"周边社区居民健康意识，扶助弱势群体"为宗旨，走进社区、走进讲堂、走进居民，开展各类义诊、健康咨询活动。

项目成效：通过项目的持续开展和扎实运行，志愿服务组织获得了第五届广东省志愿服务金奖（集体）等殊荣；该组织负责人则获得"岗位学雷锋标兵"等光荣称号。同时，项目志愿团队先后获得广州医科大学寒暑假社会实践先进团队、首届珠江公益节"千名公益团队"、广东省福彩公益奖"优秀团队"等称号，并接受团市委《广州青年报》《广东卫生计生》机关报及相关媒体报道。

（2）"平安之窗""红棉防线""巡防骑行"等系列项目

项目简介：配合广州市委政法委、市综治委及团市委等相关职能部门的工作，充分发挥志愿者参与加强和创新社会管理的积极作用，广泛动员和组织社会各界力量参与"平安广州"建设，由协助参与平安联防工作的志愿服务队伍设计并且执行项目，目的在于巩固和发展广州群防群治工作，共同构建良好的社会治安秩序。项目重点围绕矛盾纠纷排查、社会治安巡逻、流动人口服务、社会舆情信息收集、重点人员走访、政策法规宣传等方面在全市和重点区域开展志愿服务工作。

项目成效：补充专职巡防队伍的不足，促进广州维稳综治工作，鼓励和吸引更多的社会公众参与平安联防志愿服务，推动全社会形成人人关心、重视、参与"平安广州"建设的氛围。

5. 自助发展模式下的品牌项目

公益爱心发廊

项目简介：公益爱心发廊是广州某志愿服务组织常年运营的志愿服务项目，为部分社区和部分养老院老人和残障人士提供免费的义剪服务。

项目成效：吸引了其他社区民生公益服务项目加入，构建了一个社区志愿服务的生态圈；过去4年义剪队伍在一个服务点两个小时的义剪活动中，平均有60多人前来剪发，最多达百人，受到服务社区居民的高度好评，义剪的需求量日益增多。目前，义剪队伍不仅提供义剪服务，也为一些志愿者提供剪发培训。爱心发廊义剪队伍通过参与式志愿服务的方式吸引了更多的人参与社区公益。

6. 社会责任模式下的品牌项目

（1）亲情和院系列活动

项目简介：企业志愿队伍实施的以快乐公益为理念的多地社区联动的公益系列项目，在广州、重庆、成都等地落地开展，包括和院健康生活馆、和院红仪式等子级活动。项目主张以现代化的安全管理和便捷服务营造融洽的居住氛围，倡导社区互助和奉献。

项目成效：助力营造和谐社区，让社区更融洽。

（2）2017广州社区节（广州）

企业出资并且联动公益组织联合举办的社区服务平台项目，项目于2016年11月开展，粤港两地的社区节活动也同步同期进行，是香港社区节的"孪生姐妹"。

项目成效："社区节"项目在内地首秀，汇集了广州20家公益慈善团体和近千名市民到场，吸引了一批新闻媒体人士。项目的实施让社区居民、居委会、社区单位、志愿者共创共享社区大家庭的欢乐。

7. 边缘支持模式下的品牌项目

（1）V领汇

项目简介："V领汇"全称"志愿汇聚中国梦——广州志愿者领袖俱乐

部"，是全国首家由政府主导兴办的志愿者学校——广州志愿者学院发起的支持型志愿服务项目，是广州志愿者们携手同行、自我管理、互助服务的"精神俱乐部"。项目通过不断吸纳通过培训的持证志愿者领袖加入俱乐部，搭建起一个促进志愿者领袖经验交流、志愿服务组织群体之间资源共享、项目合作的平台。

项目成效：通过"V领汇"的自主运作，充分发挥志愿者领袖作用，为志愿者领袖营造一个携手同行、自我管理、互助服务的精神家园。

（2）充电宝——广州特殊青少年充电1小时计划

项目简介：面向特殊青少年开展的就业型志愿服务项目。通过联合广州市内企业形成岗位库，联合高校、技能培训组织等形成技术输出团队，联合心理辅导机构以及企业志愿团队形成保障力量，共同为广州市的特殊青少年"充电"，帮助特殊青少年更好地融入社会，平等享受社会权利。项目于2013年启动，共约4000人次志愿者参与。项目号召社会为特殊青少年提供更多合适的就业岗位，同时也倡导全社会携手共同打造适合特殊青少年的生活方式。此项目于2016年12月获得第三届中国青年志愿服务项目大赛金奖。

8. 精英领航模式下的品牌项目

（1）生命热线

项目简介：全国首条由114直接转接的心理咨询热线，为全国各地的来电者提供心理疏导、情绪抚慰、情感慰藉、认知调整、信息支持等服务，旨在帮助来电者摆脱烦恼，走出生活的阴影，恢复社会的功能，走向美好的人生。"生命热线"项目自2007年5月启动开始，至今全年365天保持在线畅通，每天志愿者分三班轮流值守热线。目前每天轮流接听热线电话的有100多位志愿者，同时有3000多名志愿者参与该项目志愿服务，其中40%是离退休人员，30%是在职人员，30%是学生。

项目成效："生命热线"自开通以来，至今共接听求助电话超过5.1万个，接访求助个案超过1.12万个。生命热线和志愿服务队成立10年来，成功救助了800多名轻生者。另外，还开展了多项公益活动，帮助生活困难的少年儿童和社区空巢老人。2015年，志愿队也被评为全国志愿服务示范团队。2016年中央电视台《焦点访谈》节目，对生命热线项目的示范事迹作了报道。

（2）应急医疗救护培训

项目简介：面向公众进行的应急救护培训项目。项目团队目前有30多名急救员导师，分别来自不同的救援专业领域。

项目成效：项目开展至今（2017年11月），已建立了自己专门的应急救护培训基地以及固定的公园急救站点。项目至今已经帮助超过三万余名群众成为合格急救员，完成了两万余名高中学生的急救启蒙教育。项目受到了广东省委宣传部、市委宣传部、广州市精神文明建设委员会办公室领导等职能部门的关注。项目团队于2016年获得第二届广州志愿者嘉年华团体类"飞扬奖"银奖、第二届广州志愿者嘉年华项目类"飞扬奖"铜奖等荣誉。

9.事业标签模式下的品牌项目

青年绘——广州文化记录志愿服务活动

项目简介：青年绘旨在通过组织青年志愿者，对闲置废弃墙面、楼梯、地面、井盖、巴士、轻轨列车等进行绘画创作，让文艺气息留在城市最显眼的角落，改善城市环境的肮脏杂乱情况，塑造社区的文化氛围。

项目成效：青年绘目前总计创作完成476平方米的文化墙面，涵盖广州市陈家祠、光孝寺、烈士陵园等文化地标和社区，辐射5个街道、40个社区、36万人口的社区居民。《广州日报》、凤凰网、网易新闻等超过12家媒体对青年绘进行了跟踪报道。共计526名志愿者参与了8场青年绘活动，累计参与志愿服务2880小时，折合社会价值约86400元。此项目于2016年12月获得第三届中国青年志愿服务项目大赛金奖。

三 广州志愿服务组织运营模式的局限性及其原因分析

九大模式虽具有一定的品牌成效，但各个模式自带局限性，需要组织在运作过程中积累经验，巧妙避免。

（一）对资金来源维度下三个模式的分析

1.共性问题及其原因

想方设法增加收入，拓宽资金来源，是志愿服务组织重要的任务，是基于志愿服务组织目标和需求，对政府、企事业单位、其他社会组织、社会大众等发动募集资金、物质或劳务的活动过程。资金来源维度下志愿服务组织存在的共性问题是：对资金筹措的认识有误区，缺乏资金筹措的知识和能力，缺乏项目开发和设计能力，内部管理和财务管理比较混乱，项目品牌意识比较薄弱。导致这些问题的可能原因是制度方面和志愿服务组织自身。

在制度方面，问题表现为双重管理体制的束缚及相关法律政策落实的滞后。当前我国有关志愿服务组织发展和管理的法律法规，主要有2017年颁布实施的《志愿服务条例》和2016年颁布实施的《中华人民共和国慈善法》，对于志愿服务组织发展及运作的管理还主要依靠政府行政部门的干预来进行，大多数志愿服务组织缺乏自我管理、自我运行的惯常方式。

此外，也应该从志愿服务组织自身找原因。志愿服务组织缺少利益驱动机制和监督责任机制，社会公信度低，潜在资源流失严重，人才缺乏且流失严重，这些都可能是造成上述共性问题的原因。

2.差异问题及其原因

政府支持模式：政府支持模式下的广州志愿服务组织，主要局限表现在过度依赖政府资金，从而导致资金动力来源内生性不足。其可能原因是：组织所提供的志愿服务得不到市场的高度响应，引发不了市场的购买行为；组织在政府倡导下成立，目标是解决政府难以用行政力量解决的社会热点问题；组织初期发起成立时有较强的政府背景；组织没有专注于外部筹资和内部捐款；一些志愿服务组织本身就是围绕着承接政府服务而设立的，重点在于解决一些民生的社会问题，跟随着政府的脚步处理社会的问题，有非常明显的追随政府行为，同时没有思考业务方向的更新和迭代；志愿服务所解决的问题是公共管理和公共服务，也就是政府的难点和痛点，而不是一般老百姓的痛点和难点，因此难以快速得到外部力量的同情、支援或响应。

外部捐助模式：广州外部捐助模式类的志愿服务组织，对组织的公信力要求非常高，因此容易出现因公信力不足而导致的资金动力来源不足的情况。组织需要高度的财务公开化和透明化，对所募集的资金需要严格进行使用管理、收支管理。使用细节也需要认真、翔实地进行公示，稍有差池则会引来很多的质疑。导致这类组织资金动力来源不足的问题可能存在以下一种或几种原因：《民间非营利组织会计制度》对此类机构的财务管理有明确的规定；《中华人民共和国慈善法》的约束；社会评价是组织生存发展的根本法则；组织发起成立时资金来源的特殊性；免税资格认定的有关条件约束。

携内联外模式：广州携内联外模式类型的志愿服务组织典型的局限是，容易出现典型而封闭的社群，该社群独立于一般人群而存在，比如一般人会认为加入该社群的是高收入者、企业家或者青年才俊，加入该社群需有较高的门槛，使一般人群望而却步。该局限出现的原因可能是：以社群形式建立的生态圈导致组织内的志愿者过度重视荣耀和身份，却忽略了志愿服务本身的意义及价值；有较多的海外背景人士加入，从思想政治稳定性的角度看，容易间接引起国内政治生态圈的变动和紊乱；组织的生存和发展的需要，导致对社会资金的高度依赖；组织组建初期就自带较多的社会资源（人、财、物等），骨干力量活跃于经济、政治、社会生活的方方面面；社群参与是组织扩大志愿服务队伍规模的主要方式，如果以非社群形式运营机构，则难以保证参与者的高度黏性和活跃度；社群模式组建的志愿服务小分队更有利于开展活动，并且有较高的凝聚性、积极性、参与性；社群相对独立的价值观容易让志愿者生成较高的志愿服务热情，从而投入到志愿服务当中；一些来自海外的志愿服务力量，有着不同的政治背景和生活经历，参与社会服务的经验不一，有不同的思考逻辑和政治立场，会用不同的政治生态角度审视国内的政治问题、社会生活问题。

（二）对动力来源维度下六个模式的分析

团队内驱模式：团队内驱模式的局限主要表现为，对团队管理的综合要求比较高，对包括目标管理、激励管理、小组建设、绩效管理、沟通管理、公共关系管理等在内的管理科学体系，都需要进行全盘规划、科学部署，失去内驱力则组织失去生命力和发展根基。该局限可能存在以下一种或几种原因：内驱力是组织生存和发展的动力源；内生性动源导致对团队内驱力依赖非常高；组织长期以来形成了过度依赖团队领袖的行为惯性；团队领袖的集中带领约束了基层志愿服务团队的自主性、灵活性。

自助发展模式：自助发展模式的局限是，资金来源无保障，难以实现社会公开募捐；团队管理松散；缺乏组织长远目标和短期规划，工作没有条理；难以快速进行队伍扩充和组织发展；组织的生命周期不明显。导致这些问题的可能原因是：组织过度依靠团队的自发性觉悟和热情，而没有思考组织长远的生存和发展问题；重视服务的快乐感而忽视管理的规范性；目标缺失导致组织方向性和规划性的缺失；负责人和团队骨干缺乏管理经验和管理意识，缺乏对现代志愿服务更新迭代的敏感度。

社会责任模式：社会责任模式的志愿服务组织容易受企业行为的干扰，其局限表现为：企业因生存发展的需要而担当社会责任，容易导致过度重视社会美誉度而忽视了对志愿服务本质和核心理念的领悟和理解；所设计的服务项目全盘与企业市场拓展或产品推广相关联，而没有真正考虑到服务对象人群的真实需要；对服务前社会需求的调研，广泛性和深入性不够；容易变成"作秀"现象，"小实干、大宣传"。导致这些局限的可能原因是：志愿服务队伍自上而下生成，企业的任务和命令是志愿服务的约束性力量，队伍的稳定性相对较弱；企业需要更多的社会认同和社会美誉度，来扩大对市场的占有率，功利行为比较明显。

边缘支持模式：边缘支持模式的典型局限是，志愿服务容易"被边缘化"，即志愿服务容易被自身或外部视作边缘业务来开展，在组织人手不够或生存受限的情况下可能出现忽略志愿服务的现象。该局限产生的可能原因包括：组织在登记注册时并不将志愿服务框定为机构的主要业务范围；组织的特长在于为前线志愿服务提供支持，而不是开展参与式志愿服务；人力所限，不能以志愿服务为主。

精英领航模式：精英领航模式的局限包括，领袖的个人局限容易发展为组织整体的局限；组织受领袖个人的管理能力和管理经验的影响较大；领袖的光环作用容易掩盖团队内部其他典型成员的贡献。该局限产生的可能原因是：领袖是最主要的发起人；领袖在团队中发挥带队作用，团队形成了按领导指示办事的行为习惯；团队建立并发展了"追随大哥"的风气；志愿服务组织的权限管理划分不够科学，基层志愿服务团队的灵活性、自主性不高。

事业发展模式：事业发展模式的典型局限是业务领域较窄，参与其他类型的社会公益服务相对受限，不便于广泛征集社会资源。导致该局限的最大原因是，组织在登记注册时对自身的业务范围进行了限定，并且使用"志愿"二字作为组织名称的关键词，让公众快速识别其志愿服务特性的同时，排外式地拒绝了组织的"非志愿服务行为"。

四 促进广州志愿服务组织运营模式
进一步发展完善的建议

（一）对资金来源维度下三类模式的发展建议

2006年以后，广州志愿组织快速发展壮大，但其筹资问题也愈发凸显，整体表现为筹资结构不合理、筹资能力差、筹资独立性弱、筹资失范等。针对这些主要问题，本文对资金维度下三类模式的组织提出以下建议。

对三类模式组织的共性问题，本文建议，应加强法律法规方面的执行落实以及完善修订工作，主要是严格按照《中华人民共和国慈善法》

以及《志愿服务条例》开展志愿服务工作，构建更加合理的志愿服务组织管理体制，提高志愿服务组织自我管理、自我运行的能力，不断提高服务的质量。同时，建议结合广州实际情况解决志愿服务组织资金筹措问题，志愿服务组织不仅需要在落实执行相关法律政策的基础上，提出完善修订的意见，理顺与政府的关系，有效发动企业及个人捐赠，还需要不断加强组织自身制度建设，多措并举地增加组织收入，拓宽资金收入来源。此外，志愿服务组织还需建立和运作一个善于筹款的管理层，充分发挥管理层成员在筹款中的作用，树立组织公信力，赢得捐赠人的信任，进而采取行之有效的筹款方式；注重筹款项目的有效性和高效性，在机构治理、财务报告和善款使用等方面向捐赠者和公众保持透明度制度；建立和充分发挥机构的核心竞争力，打造品牌组织和品牌项目，制定和实施组织的资金发展战略，重视培育能为机构长期提供资金的捐赠团体。另外，志愿服务组织应加大关注政府相关资讯和行业峰会信息，开阔资金来源的思路，可以尝试申报广州市福彩公益金资助项目，参与政府和基金会共同举办的专项公益活动（如集思公益专项资金）、广州市社会组织公益创投活动、各区公益创投活动以及群团组织专项公益创投活动（如广州市妇联玫瑰公益创投、荔湾区妇联公益创投等），争取项目资助资金，还可以开发产品增加经营收入（例如《宝贝，别害怕——女童防护手册》的版权收入）等。

对于资金来源维度下不同模式组织的发展建议，主要如下：政府支持的志愿服务组织，重心是不断增强与社会的互动，围绕社会百姓关注的各类问题，展开服务设计和服务构思，赢取更多的社会关注，广开资金渠道，重视社会筹资，逐渐减少对政府资金的依赖，同时努力打造项目品牌；外部捐助模式的志愿服务组织，建议在《中华人民共和国慈善法》的约束下认真开展募捐工作，提升组织的公信力和社会美誉度，严格执行《民间非营利组织会计制度》，完成财务审计和年度报告等工作；携内联外模式模式的志愿服务组织，建议参考商业社群运营的模式，将其规范化管理、团队建设、规模拓展等方面优势用于组织的建设和管理当中；在《中华人民共和国慈善法》的约束下认真开展募捐工作，严格执行《民间非营利组织会计制度》，完成财务审计和年度报告等工作，重视组织的志愿服务生态圈建设，志愿服务有专长且能深挖。

（二）对动力来源维度下六类模式的发展建议

第一，对于团队内驱模式的志愿服务组织，应加强团队科学管理，引入企业管理的理念和方式，提高团队管理的科学性，同时不断完善制度建设，采用法人治理结构规范机构治理，积极构建更加合理的志愿服务组织管理体制。第二，对于自助发展模式的志愿服务组织，重心应以重视组织建设为核心，不断加强负责人、团队骨干能力建设，引导组织往专业志愿服务方向发展，同时，应重视对社会捐赠的多元化，在提供特色社会服务的同时，提高服务的档次和质量，积极关注及参与政府、企业以认购方式举办的活动（如志愿服务广州交流会），还可以加入合作模式开展的公益活动（如城市徒步公益活动、广马慈善方阵等）。第三，对于社会责任模式的志愿服务组织，建议包括：加强企业内部关于志愿服务价值观的宣传以及倡导；减少"作秀"现象、增加实干行动；将志愿服务和员工激励关联起来，提高员工参与志愿服务的热情；加强志愿服务社会需求的深度调研，在了解真实的社会问题的基础上，开展服务设计和服务执行。第四，对于边缘支持模式的志愿服务组织，建议不断激发前线志愿服务组织对支持型志愿服务组织的高度黏性，重视组织在支持型志愿服务领域的能力建设，不断打磨特殊领域的专长，注重组织品牌和项目品牌建设，发挥好组织在志愿服务活动中不可替代的支持作用。第五，对于精英领航模式的志愿服务组织，建议在团队中倡导民主作风，弱化领袖的个人光环作用；改变按领导指示办事的行为习惯，形成民主办事、民主办文的科学管理流程；在发挥好领袖作用的同时树立其他机构其他典型人物的榜样作用。第六，对于事业发展模式的志愿服务组织，建议对专长的服务领域进行深度挖掘，分析并研究志愿服务的细分领域，深耕组织的专长领域，把这个领域做深、做扎实，不断提高组织的品牌知名度和美誉度，同时拓展其他领域的志愿服务，提升募捐的能力，赢取属于志愿服务领域的高水平的"长期盈利率"。

综上所述，研究人员从资金来源和动力来源两大维度，将广州志愿服务组织划分为两大系列九个模式，九大模式虽各有差异、特点明显，但无长短、优劣之分，只有侧重点的不同；各类模式自带局限，需要组织在运作过程中积累经验、巧妙避免。九大模式下的相应品牌项目，既展现了广州志愿服务的特色，也铸就了广州志愿事业的辉煌。

参考文献

[1] 涂敏霞、刘思贤：《志愿服务组织能力建设调查报告——以广州志愿组织建设为分析视角》，《广东青年职业学院学报》2012 年第 2 期，第 11 ~ 15 页。

[2] 王忠平、陈和午、李逦昕：《广州企业志愿服务参与动机和运行现状调查》，《青年探索》2016 年第 5 期，第 34 ~ 41 页。

[3] 谭建光：《中国珠三角：志愿服务制度化的多样创新》，《社会工作与管理》2015 年第 3 期。

[4] 陈洁：《民间志愿服务组织管理情况探析——以上海市癌症康复俱乐部为例》，《社会福利（理论版）》2013 年第 10 期，第 55 ~ 58 页。

[5] 方俊：《论志愿服务组织的发展难题及政府责任——以广州"赵广军志愿服务队"为例》，《岭南学刊》2010 年第 4 期，第 65 ~ 70 页。

[6] 广东青年职业学院社会工作系：《沿海发达城市志愿服务发展特色分析——以中国广州市为例》，《广东青年职业学院学报》2013 年第 1 期，第 20 ~ 24 页。

[7] 徐帅：《中国特色志愿服务体制研究》，北京交通大学，2017，

[8] 谭建光：《中国志愿服务组织发展及其社会功能》，《北京青年研究》2014 年第 4 期，第 34 ~ 40 页。

B.5
广州志愿服务组织功能变迁研究

邵振刚 *

摘　要： 志愿服务组织功能是志愿组织满足志愿者、服务对象等群体需求和社会开展志愿服务需求的能力，也是其参与社会治理并体现价值的目标动力。广州志愿服务组织历经不同时期发展，其功能主要有服务参与、关爱扶助、促进融合、公益倡导、协调发展、社会教育等，展现了功能表现方式普遍性和拓展领域多样性的特征，同时功能变迁中存在的问题也制约着广州志愿组织进一步发展。本文认为，广州志愿服务组织功能将呈现社会功能更加扩展、功能目标更加突出和国际化程度更加增强等发展趋势。

关键词： 志愿服务组织　功能类型　功能特征　功能变迁　广州

志愿服务是创新社会治理的有效途径，是培育和践行新时代社会主义核心价值观的有力抓手，是加强新形势下精神文明建设的生动实践，是志愿者自我完善和推动社会进步的重要力量，志愿组织的功能在于有效发挥志愿服务的多重意义。2017年国务院颁布实施的《志愿服务条例》，其中第二条指出志愿服务的概念，是指志愿者、志愿服务组织和其他组织自愿、无偿向社会或者他人提供的公益服务。而对于志愿服务功能来说，它一方面是志愿者

* 邵振刚，广州市团校研究中心，助理研究员，研究方向为志愿服务基础理论、志愿组织运行管理、大型赛会志愿服务实务。

群体推动社会服务完善和参与社会治理的有效路径；另一方面，它也是基于个体化人性价值追求过程中的无偿与利他的组织化行为。因此，志愿服务的实施与发展都离不开志愿组织推动，《志愿服务条例》关于志愿组织"是指依法成立，以开展志愿服务为宗旨的非营利性组织"的概念阐述，明确指出了志愿组织的功能主旨。简而言之，志愿组织的功能就是志愿组织满足志愿者、服务对象等群体需求和社会开展志愿服务需求的能力。

　　按照国家"五位一体"总体布局和"四个全面"战略布局，以及习近平总书记对广东省的重要指示，从"三个定位（努力成为发展中国特色社会主义的排头兵、深化改革开放的先行地、探索科学发展的试验区），两个率先（率先全面建成小康社会、率先基本实现社会主义现代化）"到"四个坚持，三个支撑，两个走在前列"的发展进程，广东志愿服务在 2014 ~ 2017 年的社会大背景下，进入全面发展、多元创新的新阶段。在此期间，长期活跃于省会城市的广州志愿服务组织，面对广州城市的经济发展、社会建设和民生改善等外在需求变化，需要在扶贫济困、关爱他人、生态环保、文化发展、育人成长、促进社会文明等方面，持续发挥积极的社会功能作用，更好地为不同类别的社会、群体和公民提供服务供给。根据广州市政府网站 2018 年 2 月公布的《2017 年广州市人口规模及分布情况》，2017 年末的广州市常住人口为 1449.84 万人，城镇化率为 86.14%，这表明了规模庞大的新老广州人遍布在城乡各社区生活与工作，其中包括孤寡老人、残疾人士、流动儿童等社会弱势群体，而公众之间互助是日常生活中最常见的志愿服务形式之一，特别是让弱势群体得到基本的关爱服务，正如"在当今世界的许多地区，互助和自助为相当人口提供了基本的社会和经济服务，互助和自助的志愿服务提供了基本的社会福利"① 所言，彼此互助和自助在广州社区中，不仅为提高民众生活质量、改善特定群体困境起到了基础性的作用，而且也为邻里互助、邻里守望的志愿服务提供了组织队伍基础和组织功能导向。此外，伴随广州经济持续发展所带来的企业社会责任意识增强、外

---

① 丁元竹、江汛清：《志愿活动研究：类型、评价与管理》，天津人民出版社，2001。

来人口需要有效融入羊城工作与生活、社会文明和社会教育需要常态化倡导推广、市民群体渴望参与社会各类型志愿服务的集体需求等，都对广州志愿服务组织的功能定位提出了新要求、新目标。因此，在组织类型的属性发展和社会治理的内外因变化综合影响下，广州志愿服务组织的社会功能呈现多种类型，而且随着其发展时间与功能空间的纵深变化，逐渐表现出功能变迁新趋势，并在广州"志愿者之城"建设和政府购买服务热潮中良性发展，不断拓展组织服务功能，创新社会治理功能。

一 广州志愿服务组织功能的现状分析

功能，是指人、组织、事物或方法所能发挥的有利作用。根据《中国志愿服务大辞典》对"志愿者组织功能"的定义，志愿者组织通过一定的组织形式动员志愿者人力资源、资金等各资源，设计志愿服务项目，推动志愿者权益保障等，以组织活动的形式为志愿服务的开展和推动志愿服务事业的发展发挥有益的作用或效能。我们认为，志愿组织一般具有服务参与、促进融合、公益倡导、社会教育等社会功能。

（一）广州志愿服务组织的功能表现

根据本课题调研和调查问卷的综合分析，课题组发现，广州志愿组织的功能表现，主要集中在以下几个方面。

1.提供服务参与

志愿服务是人民群众参与社会生活、社会建设的重要形式和普遍方式，志愿组织在策划项目、招募志愿者、培训管理、行动实施、传播推广、总结提升等志愿服务环节中，为社会大众、企业团体和媒体机构等不同群体提供了大量的参与机会，科学地构筑服务平台，让各方爱心的涓涓细流通过志愿组织的科学调配、组织协调和有效实施，汇聚成为改善人民生活、弘扬公益慈善爱心、推动社会发展的强大动力。从本课题有效回收的236个志愿组织调查问卷和现场调研、28个志愿组织的资料分析，广州志愿组织活跃程度较高，服务项目遍及敬老助残、扶贫帮困、环境保护、大型活动、青少年服务等各领域，显现了志愿组织参与社会服务的功能作用。

拥有超过 11 万名志愿者队员的广州青年志愿者协会启智总队、从 2012 年开始每年组织春运期间广州南站志愿服务的番禺区义工联和每年春秋两届"广交会"志愿者服务的海珠区志愿者行动指导中心等各类民间志愿组织，为社会服务提供了大量的人力资源参与渠道。在高校志愿组织方面，华南师范大学青年志愿者协会通过组织参与广州《财富》全球论坛、广州马拉松赛等大型赛会志愿服务，以及在中国志愿服务项目大赛、广东省"益苗计划"、广东青少年网络文明志愿服务项目设计大赛、志愿服务广州交流会、"创益越秀"公益创投等项目申请平台，结合联动广州各社区家庭综合服务中心的义工服务项目，为 15365 名注册大学生志愿者（截至 2017 年 11 月）提供不同类型服务实践。另外，在企业志愿组织代表方面，达能中国广州公司志愿服务队从 2016 年开始至今，响应集团"达能全球志愿者月"的活动号召，围绕环境自然、营养健康、社会关爱三大主题，联同全国多个城市举办的线上线下志愿者活动，让员工志愿者参与，惠及多个社区及生态系统的改善。此外，伴随广州经济增长的同时，产生了不少社会组织，根据广州社会组织研究院公布，截至 2017 年 12 月底，广州市共登记注册 7594 个社会组织，与此同时，大量存在的志愿服务组织作为社会组织之中最普遍的形式，在广州市社会服务、社会建设、社会保障、精神文明建设等方面积极发挥不同的功能作用，直接发挥组织参与功能。这是广州志愿服务组织功能的"南派风格"区域特色之一。

2. 实施关爱扶助

志愿组织在开展服务时的主要对象之一，就是通过其志愿行动达成对弱势群体、社会环境等服务对象的关爱扶助，这也是志愿组织不可缺失的组织功能之一。广州市海珠区蓝信封留守儿童服务中心是国内第一个从学生社团转型做公益慈善类 NGO 的社会组织，它是专注于留守儿童心理陪伴服务领域的民间公益机构，通过 11 名全职人士、数名实习生"大使管理、社群运营、召集人计划、文化活动"的团队管理，组织广州及全国各地 891 所高校的1.1万多名大学生志愿者，与四川、湖南、广东等山区留守儿童和初中一年级学生开展结对书信陪伴的志愿关爱服务方式，引导其健康成长与情绪管理。它既填补了政府社会保障服务的空白，促进特定服务对象群体的正向成长，同时也让大学生志愿者在志愿书信心理陪伴的帮扶过程中，感受到"赠人玫瑰，手有余香"的志愿快乐。由广州医科大学附属第一医院支持成立的南山志愿服务队，长期开展急救、义诊、健康咨询等志愿服务项目。由一群下岗再就业人员、退休人员、社区热心人士组建而成的福缘公益之爱心义剪队，定期前往广州市内敬老院和各社区进行义务剪发项目，面向孤寡长者、低收入社区居民以及流浪人员提供免费剪发的志愿服务，每年约20000人次受益。尚丙辉关爱外来人员工作室志愿服务队，从2013年开始，一直聚焦在关心帮助在穗流浪人口的志愿行动，通过扶助生活、协助回家等行动，体现志愿者关爱之心。该志愿组织由一个人发展到1000多人，并于2016年注册成立社会工作服务中心，持续运作。

目前，广州不少志愿组织纷纷在残疾人群、长者人群、青少年群体、外来务工群体、困难家庭群体等特殊群体需求方面，积极开展分类服务，有针对性地发挥关爱帮扶的志愿服务功能，使自身服务更匹配受助群体所需。同时，它们弥补了社会公共服务的不足，关爱帮扶弱势群体的日常生活所需，体现了志愿组织社会价值，体现了广州志愿服务组织功能的"南派风格"区域特色之一。

3. 有效促进融合

随着经济建设和社会发展，越来越多的外来人口在广州工作和生活，如何让他们及其家庭愉快地融入本地，与本地社区及本土居民和谐共处，是政府部门的重点工作，也是社会治理的重中之重，志愿组织开展面向外来人口群体的志愿服务，则可以在相当程度上促进双方融合关系的构建与发展，缓解双方因日常生活、思想理念差异而造成的冲突矛盾，体现志愿组织在社会融合功能方面的重要作用。广州青年志愿者协会启智总队快乐童行分队，聚焦番禺区流动儿童群体的现实问题和社会需求，结合自身团队服务能力，以成长陪伴者、引导者和志愿者的服务角色介入，通过常年在外来工子弟学校及外来工聚居的社区开展基础综合类、专项需求类和个案服务类等系列服务活动，促进流动儿童在智力、认知能力、身体、情感、社交、健康行为、生活方式等方面全面发展，让流动儿童及家庭融入社区、融入城市，甚至不少流动儿童家庭成员加入志愿组织，成为服务他人的社区志愿者。此外，根据本课题调查访谈掌握，普爱社会工作服务社"普工英"义工队、逢源街家庭综合服务中心长者义工队、广州基督教青年会黄村中心义工队、保利花园志愿服务队等社区志愿服务组织，一直推动社区融合服务发展，在生活融洽、环境融合、残健融合、新老广州人融合、文化共融等目标上，努力发挥自身组织功能特点，持续助力融合发展。这也是广州志愿服务组织功能独具的"南派风格"区域特色之一。

4. 传播倡导公益

志愿组织除了直接服务、统筹管理、同业支持等功能价值外，还可发挥正向传播的社会功能。这不仅可协助社会主义精神文明的创建活动和社会政策传播，也可通过自身组织专长研发志愿项目的实施，进行公益倡导。无论是广州市创文活动中的大学生志愿组织服务项目、垃圾分类等公共服务政策宣传的民间志愿组织服务项目，还是医护、法律、教育、媒体等领域的专业志愿组织服务项目，都需要不同类型志愿组织等民间力量发挥其共同协作传播，促进新时代社会建设的倡导功能。从2005年开始挂靠在广州青年志愿者协会下属服务队，再到2015年正式登记注册的广州市越秀区暐杰志愿服务工作中心，下辖6支专业志愿者队伍，除了提供包括大型体育赛事、公益活动、公众场所等志愿专业化的赛场志愿服务和应急救护安全保障服务，还积极开展应急救援、救护讲座等红十字救护员培训班，传播倡导急救知识和关注青少年成长等公益项目。此外，提倡母乳喂养和公共场所母婴室建设的母乳爱广州志愿服务队、关注河涌保护等社会热点的广州青年志愿者协会传说广州志愿队、聚焦海珠区各康园工疗站助残志愿服务及"残健共融"理念传播的珠江医院康复医学科志愿队、协助职能部门对外宣传服务的114个志愿驿站团队等志愿组织，都在不同层面、不同区域发挥其公益倡导功能。

5. 助力协调发展

课题组调查发现，广州各类型志愿组织不仅充分发挥服务功能，而且还发挥协调功能，协助各级政府和基层群众建立发展沟通反馈的联结关系，甚至在发生不同意见时寻求多方利益最大化的解决方法，成为两者相互联系的润滑剂和助推器，成为社会治理发展的重要力量。例如长期致力于残障人士就业、创业技能孵化培育的番禺区明月关助服务中心，有效弥补了人力资源部门、残联等单位的服务空白，协助残障事业发展。此外，按组织形态划分，比例最高而且普遍存在于广州各街道社区的社区志愿队伍（见图1），实施服务项目的同时，也涉及社区建设或社会民生的服务需求，向辖区内相关政府单位反映，协调相关社会资源，争取服务对象得到改善，这体现了广州志愿服务组织既是志愿服务提供者，也是社会关系协调者的重要功能角色，体现了广州志愿服务组织功能独具的"南派风格"区域特色。

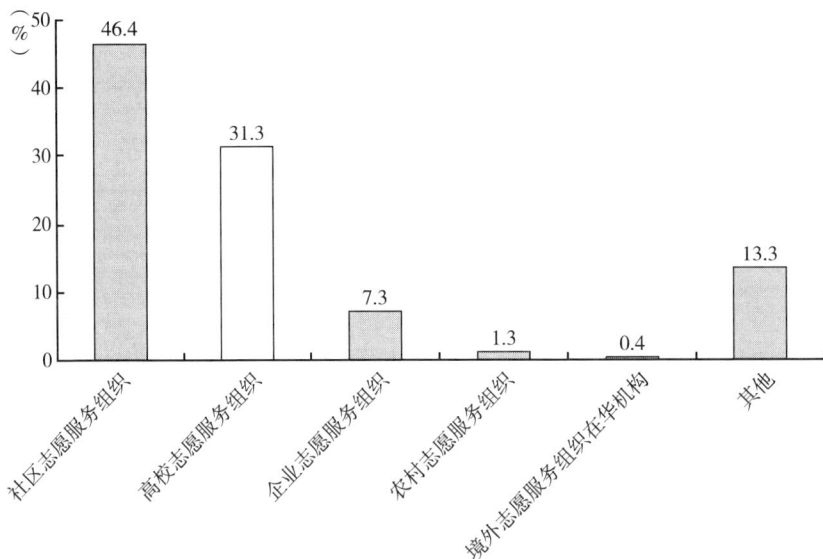

图1 广州志愿服务组织不同组织形态占比情况

6. 普及社会教育

就社会教育培育的主体角度而言，志愿服务组织是以社会全体成员为对象的社会教育，因此，这是广州志愿组织的重要功能之一。伴随广州市大力推动政府购买服务的实施，在遍布全市的社区家庭综合服务中心，通过招募培训辖区志愿者（义工）并组建管理志愿者团队（小组），然后开展社区法制教育、道德教育、科普教育、社区文化、生活常识等服务讲座。此外，民间志愿组织根据自身服务领域的专项细分，不定期开展多种类型的社会教育志愿活动，例如传说广州志愿队的东濠涌环境保护宣讲、启智志愿服务总队"言传穗城"分队的广州话学习班、越秀区齐志社会工作服务中心志愿者队通过"爱心书包、爱心校服、公益书屋"品牌项目的社区宣讲，从而推动城市爱心资源与乡村学校对接的社会教育效应等。上述种种志愿服务组织，基本上都以社区为阵地，以宣讲为方式，以社区居民为服务对象，积极开展社会教育的志愿服务探索。此外，由于广州毗邻港澳的地理优势，在中西文化、艺术交流、运动体育、商贸展览等方面，具有无可比拟的传播地位，广州志愿服务组织一直在这些领域发挥着宣传推广的社会教育功能，这也是其功能类型的"南派风格"区域特色之一。

（二）不同功能类型的广州志愿服务组织发展状况

1. 实施型志愿服务组织发展状况

参考中国志愿服务联合会《中国志愿服务发展报告》（2017）按组织功能对志愿组织的划分（实施型、统筹型、支持型和传播型等类别），结合本课题调查统计的 229 个志愿服务组织，有 170 个广州志愿组织是实施型志愿服务组织，占比为 74.2%（见图 2），远远高于其他功能类型的志愿服务组织。它大多数是面向服务对象的需求实施针对性服务项目，广泛遍布于广州市内外的敬老助残、关爱流动儿童和留守儿童、邻里守望、环境保护、公共卫生、助学义教等服务领域，直面社会民生的"痛点、难点"，包括直接提供、间接提供和直接间接都提供等服务方式，服务内容由以往大多数集中在弱势群体探访、政府大型活动协助的传统服务，转变为形式多样、理念创新并适合自身组织发展的多元化服务项目。

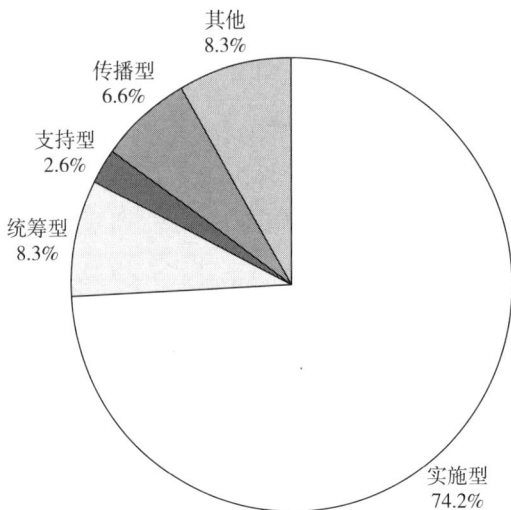

图2 按组织功能划分的广州志愿组织

2. 统筹型志愿服务组织发展状况

统筹型志愿组织是指具有统筹、协调、管理等功能的广州地区高校或区级以上特定志愿组织。广州青年志愿者协会和市义工联自20世纪90年代开始，分别在市属10区设立青年志愿者协会或青年志愿者行动指导中心、区义工联，积极发挥凝聚志愿力量、促进志愿合作服务的组织功能。海珠区青年志愿者协会长期为7万多名注册志愿者，提供每月常态化课程培训和每年"广交会"志愿服务、"福袋传城"等品牌项目的实践机会，让志愿者群体的爱心力量得到有效发挥；番禺义工联统筹番禺区14万在册志愿者会员活动、管理直属10个内设部门、5个区级志愿驿站开展志愿者服务，为各支志愿团队提供培训、交流、指引等。另外，广州地区各高校都已设立校青年志愿者协会或行动指导中心，统筹协调下辖服务不同领域的志愿服务队，让大学生志愿服务科学规范地开展，华南师范大学青年志愿者协会、中山大学青年志愿者协会、广东外语外贸大学志愿者行动指导中心、广州城市职业学院青年志愿者协会等高校志愿组织，都在常态服务项目发展和"春运、广交会、横渡珠江、财富论坛、广州马拉松"等阶段性大型活动志愿服务中，统筹兼顾志愿行动和志愿者管理。根据本课题调查，统筹型志愿组织占8.3%，相对发展稳定，趋向积极。

3. 支持型志愿服务组织发展状况

支持型志愿组织是指为志愿者做好关爱服务提供智力、资源、信息、服务技术等支持的组织。纵观志愿服务发展历史，早期志愿组织大多数都是实施具体服务的实施型志愿组织，未来，环境保护、公共卫生、安全常识、研究培训、评估督导等支持型志愿组织，必将在中国志愿服务整体队伍中逐渐增多，为广大志愿者和其他类型志愿组织提供多方位的支持和推动。随着志愿服务专业化、社会化的发展趋势，广州市目前既有政府支持成立的公益志愿研究、培训机构，也有"颗粒公益"、"荔湾区善爱行动志愿工作促进中心"等自发产生的民间性质支持型组织。这在一定程度上显示了广州功能多种类型的志愿服务组织的发展格局。但总体来说，本课题调查中，支持型志愿组织仅占2.6%，相对数量和比例都较少，意味着此类志愿组织将来还有一定的发展空间，需要引起政府、业界的足够重视和相关研究。

4. 传播型志愿服务组织发展状况

传播型志愿组织通过向外界传播倡导社会文明、志愿精神等，促进社会和谐发展，主要分为网络线上传播和线下传播两种形式。广州机关党员志愿服务总队向全体成员传播志愿精神并结合品牌项目服务开展，进一步传播志愿爱心和构建全心全意为人民服务的组织形象；广州文化馆志愿者团队协助传播文化艺术、非遗传承等群众文化，其中参与的志愿者和受惠者包括新老广州人；广州青年志愿者协会启智服务总队的"广州青年网"，长期通过文字、图片、视频、动漫等多种方式，以青年群体乐于接受的亲切方式，传播志愿精神，展示志愿形象，成为自身组织持续招募新志愿者的重要手段。在本课题调查中占比6.6%的传播型志愿组织，虽然规模比例有待提高，但越来越成为繁荣广州志愿服务事业和推动志愿文化的重要力量。

在2011~2015年的后亚运时代，广州志愿服务组织数量大幅度增加，同时志愿服务组织的功能类型也有明显的多样化发展。被访的志愿服务组织中，有99个志愿服务组织是在这个时间段成立的，其中65个是实施型志愿服务组织，占比为 65.7%，同时还有 9 个统筹型志愿服务组织、4 个支持型志愿服务组织、8 个传播型志愿服务组织（见表 1），在一定程度上反映了广州志愿服务组织功能类型变迁，也为未来不同类型的广州志愿服务组织提供了社会功能选择。

表 1　广州志愿组织功能变迁时间

		1995 年及以前	1996 ~ 2000 年	2001 ~ 2005 年	2006 ~ 2010 年	2011 ~ 2015 年	2016 年及以后
统筹型志愿服务组织（市、区志愿者联合会）	计数（个）	1	2	1	4	9	0
	百分比（%）	14.3	33.3	2.6	8.9	9.1	0
支持型志愿服务组织(研究会、培训组织、促进组织等)	计数（个）	0	0	0	1	4	1
	百分比（%）	0	0	0	2.2	4.0	5.0
传播型志愿服务组织（文化、媒体志愿组织等）	计数（个）	0	0	2	2	8	1
	百分比（%）	0	0	5.3	4.4	8.1	5.0
实施型志愿服务组织（协会、总队、团队）	计数（个）	6	4	34	37	65	16
	百分比（%）	85.7	66.7	89.5	82.2	65.7	80.0
其他	计数（个）	0	0	1	1	13	2
	百分比（%）	0	0	2.6	2.2	13.1	10.0
合计	计数（个）	7	6	38	45	99	20
	百分比（%）	100.0	100.0	100.0	100.0	100.0	100.0

二　广州志愿组织功能的现状特征

（一）功能表现方式的普遍性

志愿服务组织必须具有一定的公益服务功能特征，否则就失去了存在的意义。不同主体性质、服务领域差异的广州志愿组织在广州志愿服务事业40年发展过程中,让志愿者通过其组织开展的各类型志愿行动和项目,普遍参与丰富多彩的志愿服务,体现了综合服务与专项服务的普遍性功能作用,其表现方式为:

1. 当志愿服务岗位要求和分工程度较低时,广州志愿组织根据服务对象需求和志愿者参与服务的一般需求,开展相关志愿服务活动,完成服务目标的同时,对服务对象与志愿者的需求进行普遍性满足

(1)本课题组通过在2017年底分批现场调研得知,2014～2017年,以大学生志愿者为主体的广州地区高校类志愿组织,在组织初创期或每年新志愿者加入前期,根据大学生们参与热情度高、服务对象所需内容要求不高的普遍情况,常态化策划开展相关服务项目。例如广州工商学院志愿者行动指导中心的"情暖夕阳红"关爱老人行动与广州北站志愿驿站"心"传统、中山大学青年志愿者协会的帮扶农民工子女"五点课堂"与帮扶麻风病康复服务、华南师范大学青年志愿者协会的敬老服务与交通指引、广州铁路职业技术学院家电义务维修协会的家电安全宣传等,各组织体现了基础服务实施者的普遍功能,毕竟,青年志愿者是广州乃至全国志愿者队伍中,人数最多、规模最大,影响最广的志愿者群体,其组织具有普遍存在的综合志愿服务功能特征。

(2)党员志愿服务队和民间公益机构义工队大力推行覆盖面广、服务需求集中的普遍性服务。广州机关党员志愿服务总队及86个支队,以"分散服务+集中行动"的方式保证志愿服务常态化,22000多名(以机关党员为主,吸收共青团员和入党积极分子参加,同时吸引群众参加)志愿者分散到服务基地、社区、家庭,为群众普遍开展各种志愿服务,使机关党员志愿服务直接接触人民群众,每年的学雷锋日、"七一"前后、国际志愿者日由总队牵头组织全市机关党员志愿者集中开展志愿服务,扩大党员志愿者的社会影响,树立党政机关服务人民的良好形象。此外,来自民间的义工队伍、志愿组织也义不容辞地组织普遍性的常态服务,例如多年来以开展"邻里互助"志愿服务为主的荔湾区逢源街长者义工队

（2002 年成立至今的全市首支长者义工队）、负责常年提供东濠涌志愿驿站便民服务与针对外来务工人员子女周末假期学堂服务的越秀区齐志社会工作服务中心志愿者队，普遍推行恒常性志愿服务，赢得了社会的广泛认同和媒体好评。

（3）企业类志愿组织亦普遍参与基础类志愿服务，发挥其参与社会服务的积极性。外资背景的达能中国广州公司志愿服务队联同中国员工5000 多名志愿者持续开展社会关爱主题活动，民企成立的无限极广州志愿者协会定期到番禺区敬老院探访与关爱天河区环卫工人活动，国企代表的保利物业"和院志愿服务队"联动开展广州、北京、上海等地的社区公益驿站服务等。在社会建设过程中，作为经济发展重要力量的企业公司，其设立的志愿组织同样需要具有普遍参与基础类志愿服务的组织功能，这在经济发达的广州市以及珠三角，屡见不鲜，具有普遍现象的表征。

2. 当服务对象需求发生变化、志愿者参与服务的动机存在差异化和志愿组织自身发展需求发生变化时，不少广州志愿组织普遍通过项目实施、团队管理、个案服务等方式方法，对各方相关需求提供匹配供给，持续产生递增式、裂变式的普遍性功能效应

（1）作为公益性文化事业单位性质的广州市文化馆，在 2011 年成立志愿者队伍，同时兼具广州市文化志愿者总队办公室职能，初始期主要与高校合作招募大学生志愿者，侧重协助公共文化宣传、群众文化演出等基本服务。随着广州地区群众文化需求的不断发展和文化志愿者队伍的不断壮大，尤其是通过网络报名、现场面谈和专题培训后录取的社会志愿者日渐增多，广州市文化馆志愿服务队通过逐渐开展"文化志愿者进社区""百姓免费艺术培训班""社区公益学堂""国学讲堂""非遗学堂"等公益志愿项目，在有针对性地提供艺术文化、精神建设等服务供给的同时，满足了文化志愿者日益增长的专业服务需求，发布了《广州市文化馆文化志愿者章程》，加强了团队信息管理服务，在 2015～2016 年累计服务时数达到 3260 小时，服务群众超过 20000 人次，充分发挥了文化志愿

组织与时俱进的普遍功能。

（2）海珠区青年志愿者协会（海珠区志愿者指导中心）在 2017 年注册成立初期，主要以承接团委事务的服务为主，后来经历 2008 年春运和 2010 年广州亚运/亚残运的志愿服务成果转化，慢慢地增加了社区集市、长者服务、广交会、区属志愿驿站、康园工疗站、彩虹计划等各类别服务项目。相较其他组织功能的不同之处，在于它一直重视志愿者服务体验，服务对象是志愿者，而非志愿服务对象，志愿者参与是开心快乐的过程，不是单纯地站立于服务岗位。团队管理除了制度性建设外，还根据志愿者的反馈来制定未来开展项目，对志愿者充分尊重，服务合适、合理，体现了以志愿者感受结合服务需求为组织功能的普遍性导向。

（3）由癌症患儿家长自发组建注册的民间互助组织"广州市金丝带特殊儿童家长互助中心"，在 2006 年成立至 2011 年注册期间，其志愿者队伍包括社会志愿者、家长志愿者和医护人员志愿者，以提供医疗资讯和情绪支持的互助服务为主，之后随着机构注册成立和志愿者队伍发展，组织陆续增加以结合个案服务和公众参与的游戏辅导、"愿望成真"、"为爱光头"、"为爱发生"等项目，同时根据服务对象群体（患儿及其家长）服务需求变化的现实情况，开展"医路相伴"的医患合作公益项目，促进患儿家长对治疗、护理康复的有效配合，促进和谐医患关系的有效建立，进一步拓展公益机构的志愿组织在服务领域的普遍性功能。

综上所述，本课题调研分析得出的两种功能表现方式，都凸显出广州志愿组织功能变化的普遍性阶段特征，为政府部门推进广州建设"志愿者之城"工作提供了决策参考，同时也值得学界关注和研究。

（二）功能拓展领域的多样性

志愿组织不仅是志愿服务功能的组织者、实施者，还承载着自身组织发展、志愿者成长、社会参与传播等使命功能，这在近年来广州不少志愿服务组织发展过程中，呈现出功能拓展领域多样性的特征。

1.对于高校类青年志愿组织而言，通过组织丰富多彩的服务项目，让大学生志愿者参与到服务过程中，接触社会，感知社会，发挥专长，专业实践，同时保持其组织服务社会的志愿活力，这不论对学生自身综合素质提高抑或对所在组织的功能发展，都极具价值

广州工商学院青年志愿者行动指导中心的广州北站志愿驿站团队，除致力于向来往驿站的市民和游客提供文明出行宣传引导、交通指引、信息咨询等便民服务外，还结合中国传统节假日，创立了多项爱心志愿服务，其中包括"稻草人"爱心助学活动、"情暖夕阳红"关爱空巢老人活动、"冬日暖阳"为环卫工送温暖活动、"向日葵"关爱外来务工子女活动等，实现志愿服务和组织功能的多元化发展。广州铁路职业技术学院家电义务维修协会志愿者队伍主要由来自电气化、自动化等专业学生组成，每月、每周固定时间分别前往白云区、荔湾区等社区贫困家庭，提供小家电义务维修专业志愿服务，让大学生志愿者通过专业志愿服务社会实践的同时，感受到助人的快乐，从而更好地促进其自身成长和融入社会。

中山大学团委青年实践中心所服务的各志愿实践类学生社团和各院系学生志愿服务队伍，共有注册志愿者40715人（截至2018年10月，i志愿系统数据），除了扎根西部十八年的研究生支教团扶贫接力等品牌项目外，还长期开展多种专业志愿服务队，例如法学院法律青年志愿者服务队、中山眼科中心关爱视觉行动服务队、药学院安全合理用药服务队、物理学院家电义务维修小组、国际汉语学院汉语教师志愿者等，充分发挥青年志愿组织统筹协调服务与帮助大学生志愿者成长的功能多样性。

综上所述，志愿服务是青年成长的重要渠道，是学生思想引领的重要载体，是学校服务社会的重要方式，青年志愿组织的服务育人功能不可或缺，这也是当前群团改革不可忽略的重要组成部分。值得注意的是，高校类青年志愿组织不可避免地面临"年度更替"现象，每年因学生升级、毕业等因素的影响，都要重新更换或大部分轮换组织管理层，同时对学生志愿者进行新一轮招募、培训、管理等流程，导致缺乏连贯性，这对其组织运行和服务

开展有一定冲击，值得主管单位和学界研究重视。

2. 机关事业单位类志愿组织在功能定位上，一方面体现为人民服务的组织宗旨和加强群众联系，成为政府职能转换改革的好帮手；另一方面积极参与社会建设，传播文明进步理念，让社会大众看到志愿组织价值意义，进而更多支持志愿服务事业发展，实现"中国梦"伟大目标

广州机关党员志愿服务总队通过教育培训宣传志愿精神，使机关党员干部普遍认同志愿服务，并组织机关党员志愿者具体参与志愿服务活动，在实践中推动深化志愿服务，形成"红棉关爱"系列服务品牌，不但让群众通过机关党员志愿服务行动感受党的正面形象，而且让机关党员通过志愿服务接受教育与自我完善，成为组织化、专业化和政治觉悟都较高的志愿组织。广州文化馆志愿者团队通过"文化志愿者孵化计划"的实施，组建并培育了一批文化志愿者导师，在"社区公益学堂"实践项目上开展了智能手机、电脑、微信、同步、音乐相册、旅游英语口语、声乐等主题课，服务广州市民，既有效对接周边社区居民文化需求，也缓解了基层社区文化专才导师力量不足的情况，日渐体现文化志愿组织在艺术文化服务的多样性拓展功能。

3. 企业类志愿组织功能日渐多样化

广州近年来浓烈的志愿服务社会氛围，使不少企业纷纷设立社会事业部等部门机构，成立志愿组织并持续开展不同类型不同服务领域的志愿服务，在此过程中，企业类志愿组织慢慢理解到，可以策划实施结合企业文化、产品服务的公益项目，也可以开展与自身生产经营没有关联的基础性志愿服务，让企业志愿者及其家属、企业合作伙伴、客户群等群体选择参与志愿项目，集结爱心力量与资源，服务他人，多元化体现企业社会责任（CSR）。实质上，企业志愿服务的行动过程，既是企业形象不同于商业广告的正面展现，也是企业投身社会服务、精神文明建设的重要渠道，其志愿组织是发挥此功能多样性的重要载体。

以本课题调研的达能中国广州公司志愿服务队为例，它联同集团各地志愿组织，从2015年开始，通过企业内部的自上而下与自下而上相结合、线下活动与线上技术相结合、志愿行动跟企业文化和可持续发展战略紧密结合

的"三结合"运行模式，通过自身行动践行社会责任和公司宣言，并联合公司供应商、经销商、客户和员工家属等社会力量，分别在中国20个城市开展志愿服务。如何一方面让所有参与者在其组织的志愿项目行动中，达到服务社会与宣传企业的目标，另一方面通过持续系列的运行志愿服务，更好地适应中国转型发展和本土化转变的功能任务，这也是以外资性质为代表的所有企业志愿组织长期命题，值得关注。

4. 民间公益机构类志愿组织在社会建设中，由早期的单一服务领域逐渐拓展到多元化服务范围，体现了志愿服务组织拓展功能多样性的发展水平

广州青年志愿者协会启智志愿服务总队除了长期组织开展服务领域覆盖广州全市11个区的35个常态化项目和大型活动志愿服务外，近年还孵化了"启智社会工作服务中心""广州市番禺区快乐童行社会工作服务中心"等社会组织，进一步扩大社会服务功能和影响力。赵广军志愿服务队以提供生命热线电话心理咨询及个案面访心理咨询服务为主，兼具开展其他类型公益活动为辅，长年开展电话咨询、心理疏导、青少年教育等服务，还开展探访脑瘫孩童、给贫困山区学生送温暖、关爱社区孤寡老人等活动，一点一滴解决政府未能及时触及的弱势群体社会问题，发挥志愿组织服务与协助社会保障方面的积极功能。值得注意的是，不仅上述的启智志愿总队心心之家分队、赵广军志愿服务队开展了广州市外的山区助学项目，越秀区齐志社会工作服务中心志愿者队、海珠区蓝信封留守儿童服务中心志愿者队、满天星青少年公益发展中心志愿服务队等为数不少的民间志愿组织，也纷纷专注助力外地山区教育的服务领域，这在某种程度上，显示了广州志愿组织本地服务多样性功能和异地志愿项目的输出功能。此外，广州首个社区志愿服务队的保利花园志愿服务队不仅在楼盘社区内开展多样化志愿服务，还长年组织关爱从化鳌头镇西山村弱势群体的志愿项目，拓展组织功能与服务领域；尚丙辉关爱外来人员工作室则致力于促进外来人口与本土居民融合、帮扶弱势群体改善、帮助青少年身心健康发展等志愿服务，在不同服务领域中发挥组织功能多样化作用。

三 广州志愿组织功能变迁中存在的问题及原因分析

（一）政府公共服务职能转移的承接能力亟须加强

志愿服务在相当大程度上弥补政府和市场服务的不足，是社会发展、社会建设不可或缺的力量，是政府转变职能的有效途径。2015 年颁布实施的《政府购买服务管理办法（暂行)》，促进政府职能转移到以市场为主体，公平竞争的社会环境和有效服务上来，在此积极推进公共服务市场化和社会化的进程中，也需要志愿服务组织的积极参与。另外，2017 年颁布的《志愿服务条例》第三十条明确指出"各级人民政府及其有关部门可以依法通过购买服务等方式，支持志愿服务运营管理，并依照国家有关规定向社会公开购买服务的项目目录、服务标准、资金预算等相关情况"，都为志愿组织承接政府购买服务创造了利好性政策背景。

目前，广州志愿组织主要在社会救助、养老服务、儿童福利服务、残疾人服务等方面发挥扶贫济困的功能价值，但参与政府购买服务的深度不足，不少志愿组织停留在承接购买服务的浅层次，同时对于更广泛的政府公共服务购买，例如公共文化体育、安置帮扶、防灾救灾、环境治理等领域，尚欠缺更多广州志愿组织的活跃身影。我们认为，要从深度和广度的维度进行破局，这需要各类型志愿服务组织不仅要增强参与政府购买服务意识，而且要持续加强自身建设能力，在规范化和专业化方面不断提高组织水平，达到承接主体所必需的能力要求，进一步协助党政部门解决社会问题、促进社会发展，在承接政府购买服务中担当重要角色，成为创新社会治理手段与工具的重要力量。

（二）满足公民参与社会建设的群体需求有待深化

现代社会建设和创新治理需要每个公民积极参与，并在这种社会参与中收获成就与自尊，体会到个人价值在社会上的实现，公益慈善行为、志愿服务是普通公民最重要的参与方式。多年来，广州不少志愿组织一直在社区建设、志愿服务运营管理、协助社会工作、公共公益宣传等社会管理性领域发挥服务参与功能，而随着社会进步和个体参与意识的增强、参与方式的多样化等需求发生持续变化，广州志愿组织整体上存在着供给不充分的问题，不少专业人士、社会大众希望发挥个人专长特点参与志愿服务的需求，存在着志愿组织不能充分满足的现状。这既有志愿服务发展过程产生供需不平衡的整体局面原因，也有志愿组织功能定位过于同类化、单一化的原因。我们认为，广州志愿组织发展可以据此不断丰富自身功能定位，积极提供不同类型民众可以参与的志愿服务项目，例如近年来广州进行城区旧楼电梯加装、城乡人民调解、社区矫正、流动人口服务等，让更多普通大众、社会群体在广州社会建设中满足参与不同类型志愿服务并有所收获的社会需求。

（三）具备国际化志愿服务经验的组织缺少与相应管理不足

在我国倡导"一带一路"国际合作和粤港澳大湾区建设的双重大背景下，志愿组织"走出去"的成败关键之一，在于国际志愿服务经验的熟悉程度，然而广州乃至全国大多数志愿组织缺乏国际化认知，能兼具中国特色并主动开展国际化志愿服务的组织寥寥无几。对于绝大多数的广州志愿组织来说，活跃于羊城街头巷尾、高校单位内外的大部分志愿服务项目和各种社区志愿服务，都遵循着"就近就便"的基本原则，志愿者以本土民众为主，服务资源也是以境内政府、国内市场和社会为主，这造成了大多数广州志愿组织国际化程度不高。究其原因，一方面是由于《志愿服务条例》《慈善法》等相关法律条文以及《广州市志愿服务条例》，均无志愿组织在"一带一路"建设、国际化合作的涉外政策指引；另一方面，由于部分志愿组织严重依赖政府提供的财政拨款和购买服务，而且在人员配备、内部运行等方面缺乏独立性，因而效能低下，行政色彩过浓，"走出去"意识不足，具有国际化视野以及相关服务经验的志愿组织匮乏，从而使整体国际化程度较弱。此外，广州乃至我国各志愿组织大多数没有专门设立针对国际志愿服务或"一带一路"的运作部门，包括广州市、区志愿者工作管理部门也没有对应的部门机构。

广州志愿组织国际化功能发展存在的现实问题，亟待体制政策突破，相应指引规定逐步完善。同时，如何处理志愿组织对外交流、服务的多元需求与现有资源难以匹配等现实问题，都需要广州在配合国家统筹行动的基础上，创新实践、探索顶层设计及出台相关细则。这些都是广州以及中国志愿服务组织从小到大、从国内组织不断走向跨国组织的必经途径，需要更多不同层面的智力支持和条件配合。

四　广州志愿组织功能的变迁趋势

2018年3月，习近平总书记参加十三届全国人大一次会议广东代表团审议时，要求以新的更大作为开创广东工作新局面，在营造共建共治共享社会治理格局上走在全国前列，这对省会城市的广州及作为社会治理和社会服务有效补充的广州志愿组织来说，提出了发展新希望，新要求。近年来，广州志愿组织发展迅速，在各方政策利好和资源持续增加的驱动下，持续更新多类型多领域的整体发展格局，在组织能力建设的规范化、运行管理的制度化、品牌项目的常态化、服务领域的专业化等方面，逐步形成社会化、独立化、规范化、多元化等趋势，其功能变迁也伴随着社会服务和社会治理的发展而相应产生同向变化。对于广州志愿服务组织功能未来发展趋势，这需要我们用科学的研究视野进行分析判断，方能更好地把握其脉络去向，为广州志愿服务事业提供战略性参考建议。

（一）志愿服务组织的社会功能更加扩展

志愿服务组织是否产生社会功能，在于能否及时、有效地对接服务对象需求和志愿者服务意愿，并通过组织化管理和制度化安排实现志愿服务持续性，进而切实解决特定社会问题。在社会功能实施过程中，往往需要不同主体的志愿组织发挥不同类型的组织功能，才能避免出现"扎堆服务"或"重复服务"的不良现象。随着广州志愿服务领域多元化与专业化的发展，志愿组织类型将会越来越丰富，分工越来越细化，改变过往功能单一、服务领域单一、管理方法单一、资源来源单一的旧局面，在不同程度上提高志愿服务的社会效能。此外，进入新时代的广州志愿服务事业，未来为改善花城人民美好生活，共同构建共建共治共享社会格局的全新目标，将会推动不同服务领域的广州志愿服务组织社会功能进一步拓展。无论是2018年初启动的"花城有爱·志愿同行"十项志愿服务专项行动，还是近年来持续实施的"邻里守望"社区志愿行动，以及敬老助残、扶贫济困、环境保护、权益保护、公共卫生、扶贫攻坚、应急救援、文明倡导、青少年成长等长期志愿服务项目，都需要广州志愿服务组织在社会功能上，更好地适应社会发展背景与发展需求，进一步扩大自身组织功能的社会影响力，与整体城市同频共振，紧密配合。

（二）志愿服务组织的功能目标更加突出

广州志愿服务组织经过"政府主导、市场运作、社会参与"的40年发展过程，改变了原来"行政化、依附性"的组织形态和单一功能形态局面，站在新高度的同时，如何更好地推进志愿服务事业常态化、制度化、规范化和科学创新，更好地发挥不同的功能目标和现实价值，是其在中国特色社会主义新时代的重要命题。我们认为，广州志愿服务组织的社会功能目标，未来将会更加结合自身组织服务专长，更加贴近社会需求的变化，过往初创阶段的"重过程轻目标"现象将会逐步改善。

1. 促进社会服务完善，推动社会建设发展

从志愿服务的组织功能研究视野观察，志愿服务行动在相当大程度上弥补了政府服务和市场服务的不足或空白，在政府部门和单位企业没有延伸、覆盖到的服务领域中发挥了重要作用。无论志愿组织在志愿精神原动力驱动下主动开展的志愿服务，还是政府改革创新、转变职能下购买志愿组织的服务项目，都是促进社会公共服务的不断完善，一定程度上促进了社会建设、

社会治理的良性发展。广州志愿服务组织作为志愿服务的主要提供者，作为公益性、自愿性和民间性的社会组织，对我国尚处于初级发展阶段的社会服务、社会建设、社会治理是一个重要的有效补充和有力推动，因此国家党政部门对志愿组织发展及其功能价值的提升，历来都予以重视和持续出台利好措施。2016年，中宣部等八部委印发《关于支持和发展志愿服务组织的意见》，2017年国务院颁布实施《志愿服务条例》，成为推动和规范志愿服务组织发展的指导政策，党的十九大报告为"推进志愿服务制度化"提出新的要求，这需要广州乃至全国志愿组织，深化组织自身的社会功能和服务项目，更好地适应社会新时代发展，更广泛地为服务对象群体带去帮助和幸福感。

2. 协助志愿者自我成长，增强组织自身形象提升

现代志愿服务是一种社会行为，更是一种组织行为，组织化是其标志之一，志愿者在开展志愿服务中，不仅帮扶关爱弱势群体和促进社会改善，自身综合素质得到成长，而且其所在志愿组织也通过开展志愿服务活动，向外界展现正能量的社会形象，促进人力资源招募和社会资源筹集的持续发展。未来，广州大学生志愿组织将不断深化"志愿服务育人"的教育功能；企业志愿组织将会继续通过志愿服务开展与企业文化、品牌形象相结合的模式，参与中国社会建设，同时不同背景、不同性质的广州企业志愿组织规模也随之不断扩大；蓬勃发展的广州民间公益志愿组织，将会把自身组织发展与志愿者获得感、国家省市的宏观发展深度融合，让志愿组织的社会功能价值进一步弘扬。

3. 助力广州城市发展目标

《广州市城市总体规划（2017~2035年)》草案提到，广州的城市使命是"一带一路"重要枢纽城市，粤港澳大湾区核心增长极，独具特色、文化鲜明的国际一流城市，要实现城市目标使命，离不开志愿组织及社会组织的全力参与和助力支持。此外，广州市面临加快社会建设、创新社会治理的发展趋势，进一步积极推动志愿组织的社会化深度转型，着重实现自主发

展、灵活发展的科学路径，增强志愿组织的社会活力，从而更好地适应广州城市发展要求，更好地助力广州城市建设。

（三）志愿服务组织功能的国际化程度更加增强

志愿服务组织工作一方面是工青妇残等群团组织、公益慈善类社会组织的长期工作载体，另一方面，志愿服务组织的成长成熟与国际化功能价值的体现，也是中国特色志愿服务发展的一个重要因素。广州志愿服务一直有面向港澳台地区及国际志愿组织的对外交流传统，当前，广州作为粤港澳大湾区及"一带一路"建设的重要组成部分，必然会继续扩大和深化志愿组织对外双向交流的国际化功能，这包括"请进来"交流学习的原有模式，以及日渐发展的中国志愿服务"走出去"模式的实施。通过国际间相互志愿组织之间的观念交流、信息共享、项目合作、技术互助等，树立以广州为代表的中国公益志愿组织国际新形象，这既符合志愿精神和人道主义，又是广州志愿服务国际化和志愿组织功能建设的共同需要。

广州志愿服务组织把握"一带一路"建设等国际化发展机遇，着力优化自身建设，不断提高国际竞争力，进而体现志愿组织功能的国家价值和国际形象。建议从以下几点着手：第一，加快完善组织内部管理结构，深挖和吸纳具有国际公益志愿服务经验、拥有国际视野的专业人员或专业志愿者加入组织管理层；第二，持续从项目运作、资源链接、成员培育、协作传播的四个角度加强"内功"，充分依托国家"一带一路"建设和中国志愿服务国际化的统筹安排，在以广州援助塞舌尔等国对外志愿服务背景下，开展当地特色、中国风采的各类国际志愿服务，彰显中国广州志愿者积极参与国际事务和推动社会建设的重要价值；第三，通过广州志愿服务顶层设计和"外引内联"方式，加大国际化志愿服务研究和专业志愿者培训工作，吸收国内外杰出志愿服务人才，提高组织内部人员综合素质，为国际化志愿服务奠定人力资源储备，保证参与"一带一路"等国际化志愿服务的专业性和规范化。

参考文献

［1］谭建光：《中国志愿服务组织发展及其社会功能》，《北京青年研究》2014 年第 23（4）期。

［2］王茂福：《社会组织的功能特征》，《学术评论》1999 年第 5 期。

［3］中国志愿服务联合会编著《中国志愿服务发展报告（2017）》，社会科学文献出版社，2017。

B.6

广州志愿服务组织领域分析

谭丽华　周理艺*

摘　要： 本文从志愿服务组织的活动区域及工作领域两个维度展开对广州志愿服务组织的领域分析。广州志愿服务的活动区域主要集中在城市社区，其他重要活动区域是社会福利机构、教育机构、农村（含城乡接合部），显示出广州在城市社区开展志愿服务的优势，但是仍需推动志愿服务对其他活动区域的覆盖。广州志愿服务的工作领域主要有助老服务、青少年服务、助残服务、社区便民服务等。未来在持续深化优势领域的同时仍需强化其他志愿领域的覆盖面和服务质量。

关键词： 广州　志愿服务　活动区域　工作领域

一　导论

在新时代，广州志愿服务保持了加快发展趋势（汪彩霞、谭建光，2017）。广州志愿服务的服务实施领域持续扩大，但是现有研究中还未见对广州志愿服务领域分析的系统性梳理。探索分析广州志愿服务组织领域的内涵及其优势与不足，勾画广州志愿服务组织的图景，有助于进一步推进广州

---

* 谭丽华，广州市团校广州市穗港澳青少年研究所助理研究员，博士；周理艺，广州市团校广州市穗港澳青少年研究所研究助理。

志愿服务高效有序深化发展。

本文从两个方面展开对广州志愿服务组织领域的探析：一是志愿服务组织的活动区域，二是志愿服务组织的工作领域。

本文对广州志愿服务组织领域的探析受到市场研究对领域的持续性研究——企业边界（enterprise boundary）研究的启发，自1937年科斯首次使用"交易费用"来解释企业存在的原因以及企业扩展的边界（Coase，1937）以来，企业边界研究至今已经形成丰硕成果。企业边界研究持续数十年，说明对领域及其边界的研究是极具学术挖掘潜力的。这一学术研究现象对于广州志愿服务组织的启示在于：市场研究中的企业边界研究其实是从边界的视角对市场内企业这一类型的组织的领域进行探索；而在改革开放40年、全国及广州志愿服务30年之际，广州志愿服务组织领域已成一定规模，探讨其领域具备了现实需求。

志愿服务组织领域的探索还无法直接适用企业边界的研究视角，还未出现诸如"交易费用"可操作性强的研究工具，对志愿服务组织领域的梳理也未出现全新概念化工具。因此，本文主要以志愿服务实际工作中的常见的归纳分类方法来展开对广州志愿服务组织领域的讨论，也就是志愿服务组织的活动区域、工作领域两个方面。

本文将活动区域划分为以下几种类别：城市社区，农村（包括城乡接合部），教育机构（如学校、幼儿园），社会福利机构（如养老院、医院等），企业机构（如企业公司、农村合作社等），党政和群团机构（国家和地方党团组织、政府、人民团体），境外机构及其他。

本文中提及的工作领域是指志愿服务组织服务工作的内容分类，这一内容分类方法是历年志愿服务管理机构逐步约定俗成的公约性分类法。有学者较早总结为科技推广、扶贫援救、教育、环保、农业生产扶贫、医疗卫生、助老、助残、维护治安、法律援助、大型活动等领域（袁伟强，2008）。本文将志愿服务工作领域归纳为助老服务、青少年服务、助残服务、医疗卫生、法律服务、社区便民服务、环境保护、扶贫开发、应急救援、文化宣传与网络文明及其他。这一分类归纳法是从各志愿服务组织的实际志愿服务工作常规分类方法中归纳而来的，具有现实性。例如中国志愿服务联合会的服务分类是邻里守望、社区服务、城市运行、文化教育、绿色环保、医疗卫生、赛会服务、应急救援①；中国青年志愿者协会的志愿项目分类是关爱行动、西部计划、阳光行动、海外行动、暖冬行动、节水护水行动②。

因此本文从活动区域及工作领域两个维度来分析广州志愿服务领域的现状、问题和对策建议。

二　广州志愿服务组织的活动区域和工作领域

（一）广州志愿服务组织的活动区域

1. 广州志愿服务组织活动区域占比最高的是城市社区

本次课题共选取了市内 236 个志愿服务组织进行问卷调查，经统计，广州志愿服务组织开展志愿服务主要活动区域是在城市社区（77.0%），其次是社会福利机构（52.6%）、教育机构（43.9%）、农村（30.4%）。这组数据揭示出，由于广州的城市化程度较高，广州志愿服务组织开展服务相应地集中在城市社区，但同时也覆盖到非中心区域（郊区、农村等）。学校、幼儿园、养老院、医院等志愿服务需求比较大的机构也是广州志愿服务组织重点服务的主要领域。相比较而言，企业机构、党政和群体机构、境外机构等领域广州志愿服务组织开展志愿服务相对较少，均不到20%（见表 1）。

2. 不同活动区域的志愿服务组织的服务内容存在一定的差异性

将广州志愿服务组织的服务活动区域和服务内容进行交叉分析显示，农村（包括城乡接合部）、教育机构（如学校、幼儿园）两个区域的志愿者组织开展"青少年服务"的比重较高，比例均达到 70.0% 以上。而社会福利

① 参见中国志愿服务联合会网站：http：//v. cvf. org. cn/app/opp/list. php，查询日期：2018 年4月9日。

② 参见中国青年志愿者协会网站：http：//www. zgzyz. org. cn/，查询日期：2018 年 4 月 9 日。

机构（如养老院、医院等）志愿服务组织在"助老服务"方面的比重较高72.7%（见表2）。不同区域志愿服务组织的工作领域分布大致相同，但也存在差异性。

表1　所在志愿服务组织开展志愿服务的主要活动区域

	百分比（%）
城市社区	77.0
农村（包括城乡接合部）	30.4
教育机构（如学校、幼儿园）	43.9
社会福利机构（如养老院、医院等）	52.6
企业机构（如企业公司、农村合作社等）	10.9
党政和群团机构（国家和地方党团组织、政府、人民团体）	16.1
境外机构	1.3
其他	11.3

表2　不同活动区域志愿服务组织的服务内容

		城市社区	农村（包括城乡接合部）	教育机构（如学校、幼儿园）	社会福利机构（如养老院、医院等）
助老服务	计数（个）	113	45	54	88
	百分比（%）	64.2	65.2	53.5	72.7
青少年服务	计数（个）	104	49	77	72
	百分比（%）	59.1	71.0	76.2	59.5
助残服务	计数（个）	77	27	49	65
	百分比（%）	43.8	39.1	48.5	53.7
医疗卫生	计数（个）	7	4	5	5
	百分比（%）	4.0	5.8	5.0	4.1
法律服务	计数（个）	4	2	4	4
	百分比（%）	2.3	2.9	4.0	3.3
社区便民服务	计数（个）	86	37	39	56
	百分比（%）	48.9	53.6	38.6	46.3
环境保护	计数（个）	26	5	15	13
	百分比（%）	14.8	7.2	14.9	10.7
扶贫开发	计数（个）	10	9	5	10
	百分比（%）	5.7	13.0	5.0	8.3

续表

		城市社区	农村(包括城乡接合部)	教育机构(如学校、幼儿园)	社会福利机构(如养老院、医院等)
应急救援	计数(个)	8	4	5	5
	百分比(%)	4.5	5.8	5.0	4.1
文化宣传与网络文明	计数(个)	29	6	9	15
	百分比(%)	16.5	8.7	8.9	12.4
其他	计数(个)	19	6	11	9
	百分比(%)	10.8	8.7	10.9	7.4

3. 20%活动区域为农村的志愿服务组织由政府部门推动成立

通过对城市社区、农村、教育机构、社会福利机构四个主要活动区域的志愿服务组织成立原因进行分析,发现接近一半的组织是自发成立的。其中有部分是个人自发成立的,有部分是社会群体自发成立的。除"教育机构(如学校、幼儿园)"志愿服务组织外,其余三个区域志愿服务组织由"社会群体自发成立"的比例都稍高于"个人自发成立"的比例(见表3)。

另外,四个活动区域志愿服务组织由"政府部门推动成立"的比例均超过10%,由此可知,政府部门也是推动广州志愿服务组织发展的一大动力,尤其农村区域的志愿服务组织,由"政府部门推动成立"的比例达到20.0%,高于其他区域的志愿服务组织在此方面的比例(见表3)。

表3 不同活动区域志愿服务组织的成立原因

		城市社区	农村(包括城乡接合部)	教育机构(如学校、幼儿园)	社会福利机构(如养老院、医院等)
政府部门推动成立	计数(个)	31	14	13	15
	百分比(%)	17.6	20.0	13.4	12.6
政府部门倡议,企业自愿成立	计数(个)	16	2	6	7
	百分比(%)	9.1	2.9	6.2	5.9
个人自发成立	计数(个)	34	14	22	23
	百分比(%)	19.3	20.0	22.7	19.3
社会群体自发成立	计数(个)	49	22	19	34
	百分比(%)	27.8	31.4	19.6	28.6
其他	计数(个)	46	18	37	40
	百分比(%)	26.1	25.7	38.1	33.6

4. 各活动领域志愿服务组织的运行制度较完善

各活动区域的志愿服务组织在设定章程、固定使命、例会制度、网络平台等方面的建设都较为完善，各个区域之间没有太大的差异。

表4显示，85.1%的农村区域的志愿服务组织已制定章程，是城市社区、农村、教育机构、社会福利机构四个区域的志愿服务组织中比例最高的。

在固定使命方面，四个活动区域均有75%以上的志愿服务组织有固定使命的陈述。四个区域之间组织设有使命的比例没有显著差异。

在例会制度方面，农村（包括城乡接合部）、教育机构（如学校、幼儿园）、社会福利机构（如养老院、医院等）三个区域的志愿服务组织中均有超过80%的组织设立了例会制度。而城市社区区域的志愿服务组织设有例会制度的比例也达到77.6%。

在网络平台方面，四个区域的志愿服务组织基本设立了自己的网络平台，比例均超过85.0%。其中教育机构（如学校、幼儿园）区域的志愿服务组织网络平台建设的比例高达91.8%，是四个区域中最高的。

但是，比较四个活动区域志愿服务组织的架构建设发现，四个区域志愿服务组织在成立理事会、监事会、成立党组织的比例都比较低。如37.6%的城市社区志愿服务组织设有理事会，24.6%的社会福利机构志愿服务组织设有监事会，20.9%的农村志愿服务组织设立了党组织。

表4　不同活动区域志愿服务组织运行制度建设

		城市社区	农村(包括城乡结合部)	教育机构(如学校、幼儿园)	社会福利机构(如养老院、医院等)
是否设有理事会	计数(个)	64	32	49	46
	百分比(%)	37.6	47.8	50.0	39.0
是否设有监事会	计数(个)	47	19	30	29
	百分比(%)	27.6	28.4	30.6	24.6
是否制定章程	计数(个)	129	57	78	92
	百分比(%)	75.9	85.1	79.6	78.0

		城市社区	农村(包括城乡接合部)	教育机构(如学校、幼儿园)	社会福利机构(如养老院、医院等)
是否有自己固定使命的陈述	计数(个)	130	52	74	89
	百分比(%)	76.5	77.6	75.5	75.4
是否有例会制度	计数(个)	132	55	83	98
	百分比(%)	77.6	82.1	84.7	83.1
是否有自己的网络平台(官网、微博、微信等)	计数(个)	150	59	90	103
	百分比(%)	88.2	88.1	91.8	87.3
是否成立党组织(党委、总支、支部)	计数(个)	43	14	30	32
	百分比(%)	25.3	20.9	30.6	27.1

5. 各活动区域志愿服务组织专职工作人员和志愿者人数分布不均

对比城市社区、农村、教育机构、社会福利机构四个活动区域的志愿服务组织的工作人员数量发现,四个活动区域的志愿服务组织的工作人员数量基本相同,平均为 100 人。而专职人员数量则有显著的差异,专职人员数量最高的为农村区域的志愿服务组织,平均为 24 人,占工作人员数量的22.2%。而城市社区的志愿服务组织的专职人员的数量平均为 10 人,占工作人员数量的10.2%。两者之间具有明显的差异。

在志愿者人数方面,四个活动区域志愿服务组织的志愿者人数有明显差异,教育机构的志愿服务组织的志愿者数量最多,平均为 6825 人;社会福利机构的志愿服务组织的志愿者数量平均为 6541 人;城市社区的志愿服务组织的志愿者数量平均为 4721 人;而农村(包括城乡接合部)志愿服务组织的志愿数量较少,平均为 2570 人。

各个区域志愿服务组织的志愿者性别的构成,女性志愿者人数稍多于男性志愿者。如城市社区领域志愿服务组织中男性志愿者人数平均为 2470 人,而女性志愿者数量平均为 2682 人;农村(包括城乡接合部)领域志愿服务组织中男性志愿者数量平均为 1214 人,女性志愿者数量平均为 1595 人(见表5)。

表5　各活动区域志愿服务组织的工作人员和志愿者人数

单位：人

	城市社区	农村(包括城乡接合部)	教育机构(如学校、幼儿园)	社会福利机构(如养老院、医院等)
工作人员数量	98	108	103	101
专职人员数量	10	24	21	16
专职人员/工作人员(%)	10.2	22.2	20.4	15.8
志愿者数量：	4721	2570	6825	6541
男性志愿者	2470	1214	3836	3493
女性志愿者	2682	1595	4061	3831

6.各个活动区域志愿服务组织开展活动次数有所差异

各个活动区域志愿服务组织的志愿服务开展情况如何呢？表6显示，四个不同活动区域的志愿服务组织开展志愿服务次数多数集中在16次以上，表明广州不同活动区域志愿服务组织开展志愿服务还是比较活跃的。尤其社会福利机构的志愿服务组织开展16次以上志愿服务的比例是四个区域志愿服务组织中最高的，达到72.5%。相比较而言，教育机构的志愿服务组织开展志愿服务次数相对较低，开展"5次以下""6~10次"的比例相对偏高。但总体而言，各个活动区域志愿服务组织活动开展活动次数虽有所差异，但开展志愿服务情况总体还是比较活跃的（见表6）。

表6　不同区域志愿服务组织活动开展情况

		城市社区	农村(包括城乡接合部)	教育机构(如学校、幼儿园)	社会福利机构(如养老院、医院等)
5次以下	计数(个)	14	5	11	11
	百分比(%)	8.0	7.4	11.0	9.2
6~10次	计数(个)	19	9	13	10
	百分比(%)	10.9	13.2	13.0	8.3
11~15次	计数(个)	25	10	10	12
	百分比(%)	14.3	14.7	10.0	10.0
16次以上	计数(个)	117	44	66	87
	百分比(%)	66.9	64.7	66.0	72.5

7.各活动区域的志愿服务组织的专业技能使用程度一般

据统计，目前广州志愿服务组织的项目活动对专业化技能的需求情况并不高，各个区域的志愿服务组织的专业技能使用程度一般，农村志愿服务组织的专业技能使用情况稍高。

不同活动区域的志愿服务组织在回答"志愿服务项目需要使用某种专业技能的情况"时，44.3%的城市社区志愿服务组织回答是"一般"；40.6%的农村志愿服务组织回答"一般"；38.0%的教育机构回答"一般"；39.7%的社会福利机构志愿服务组织回答"一般"。相比而言，城市社区志愿服务组织的专业技能使用相对高于其他三个领域的机构。数据显示，农村（包括城乡接合部）志愿服务组织使用专业技能"比较多"的比例为27.5%，高于其他三个领域（见表7）。

表7　不同活动领域志愿服务组织专业技能使用情况

			城市社区	农村（包括城乡接合部）	教育机构（如学校、幼儿园）	社会福利机构（如养老院、医院等）
所在志愿服务组织实施的志愿服务项目需要使用某种专业技能的情况	不需要	计数(个)	9	2	10	7
		百分比(%)	5.2	2.9	10.0	5.8
	比较少	计数(个)	47	16	33	40
		百分比(%)	27.0	23.2	33.0	33.1
	一般	计数(个)	77	28	38	48
		百分比(%)	44.3	40.6	38.0	39.7
	比较多	计数(个)	29	19	13	21
		百分比(%)	16.7	27.5	13.0	17.4
	非常多	计数(个)	12	4	6	5
		百分比(%)	6.9	5.8	6.0	4.1

（二）广州志愿服务组织的工作领域

1.广州志愿服务组织的工作领域凸显助老服务、青少年服务、助残服务及社区便民服务

广州志愿服务组织开展志愿服务的主要工作领域包括四个方面：助老服

务、青少年服务、助残服务、社区便民服务。其中比例最高的是助老服务，比例为62.3%，其次是青少年服务，比例为60.6%。而社区便民服务和助残服务占比分别为45.0%和42.0%，排在第三位和第四位。从广州志愿服务组织开展志愿服务的主要领域来看，广州志愿服务组织开展志愿服务的领域主要是围绕社会的弱势群体。相对而言广州志愿服务组织在开展医疗卫生、法律服务、应急救援、扶贫开发等专业技术较强的志愿活动的比例较低（见表8）。

表8 志愿服务组织主要志愿服务工作领域

单位：%

	百分比		百分比
助老服务	62.3	环境保护	13.4
青少年服务	60.6	扶贫开发	5.6
助残服务	42.0	应急救援	3.9
医疗卫生	3.9	文化宣传与网络文明	14.7
法律服务	2.2	其他	11.7
社区便民服务	45.0		

2. 不同工作领域志愿服务组织的差异性

（1）成立的方式

数据显示，助老服务、助残服务、青少年服务三种志愿服务组织由"社会群体自发成立"的比例分别为28.6%、25.8%、19.3%，尤其社区便民服务志愿服务组织的比例更是达到33.0%。青少年服务志愿服务组织"个人自发成立"的比例为23.7%，高于其他服务的志愿服务组织。在"政府部门推动成立"这一项的比例上，四种领域的志愿服务组织的比例均在15.0%左右，相差不大。由此可见，不同领域的志愿服务组织由社会推动成立的比例较大，而政府部门推动的因素相对较低，但也是志愿服务组织成立一个不可忽略的因素（见表9）。

（2）各工作领域的志愿服务组织运行制度较为完善

数据显示，各个领域的志愿服务组织在制定章程、例会制度及网络平台等方面建设较为完善。尤其在网络平台建设方面，88.5%的助老服务志愿服

表9 不同领域的志愿服务组织成立的方式

		助老服务	青少年服务	助残服务	社区便民服务
政府部门推动成立	计数(个)	25	21	14	18
	百分比(%)	17.9	15.6	15.1	17.5
政府部门倡议,企业自愿成立	计数(个)	10	9	4	10
	百分比(%)	7.1	6.7	4.3	9.7
个人自发成立	计数(个)	24	32	16	18
	百分比(%)	17.1	23.7	17.2	17.5
社会群体自发成立	计数(个)	40	26	24	34
	百分比(%)	28.6	19.3	25.8	33.0
其他	计数(个)	41	47	35	23
	百分比(%)	29.3	34.8	37.6	22.3

务组织、90.4%的青少年服务志愿服务组织、91.5%的助残服务志愿服务组织、81.6%的社区便民服务志愿服务组织已建立网络平台,比例高于其他方面的建设。各个领域的志愿服务组织在制定章程、例会制度方面的建设也较好,比例均超过70.0%。相对来说,各个领域的志愿服务组织在设立理事会、监事会、成立党组织等方面的组织建设相对较低,建设比例基本不超过50.0%。由此可见,各个领域的志愿服务组织某些方面的架构和设施建设比较完善,但有些方面则相对比较薄弱。

表10 不同领域志愿服务组织的架构和设施建设

单位:个

	助老服务	青少年服务	助残服务	社区便民服务
是否设有理事会	59	68	37	34
	42.4%	50.4%	39.4%	34.7%
是否设有监事会	40	43	25	24
	28.8%	31.9%	26.6%	24.5%
是否制定章程	109	111	70	79
	78.4%	82.2%	74.5%	80.6%
是否有自己固定使命的陈述	105	109	68	71
	75.5%	80.7%	72.3%	72.4%
是否有例会制度	112	114	74	72
	80.6%	84.4%	78.7%	73.5%

	助老服务	青少年服务	助残服务	社区便民服务
是否有自己的网络平台（官网、微博、微信等）？	123	122	86	80
	88.5%	90.4%	91.5%	81.6%
是否成立党组织（党委、总支、支部）	38	38	25	22
	27.3%	28.1%	26.6%	22.4%

（3）各工作领域志愿服务组织专职工作人员和志愿者人数分布不均

对比不同领域志愿服务组织的人员构成发现，青少年服务的志愿服务组织的工作人员数量相对较多，平均每个组织的工作人员数量为118人；而社区便民服务志愿服务组织的工作人员平均数量为115人；助老服务工作人员数量为107人；助残服务志愿服务组织的工作人员数量为105人。

青少年服务志愿服务组织专职人员的数量相对较高，平均为18人，占工作人员数量的比例为15.3%，低于助残服务志愿服务组织的比例。而助老服务志愿服务组织的专职人员数量，无论绝对数量还是占工作人员数量的比例都相对较低。

志愿者数量方面，助残服务志愿者的绝对数量较多，平均每个组织为6916人，高于其他三个领域的志愿服务组织的平均数值。而社区便民服务志愿服务组织的志愿者相对较少，平均每个组织志愿者数量为4085人。助老服务志愿服务组织的志愿者的数量平均为5690人。青少年服务志愿服务组织的志愿者的数量平均为4763人。在志愿者性别构成方面，女性志愿者的数量相对高于男性志愿者（见表11）。

表11 不同领域志愿服务组织的工作人员和志愿者数量

单位：人

	助老服务	青少年服务	助残服务	社区便民服务
工作人员数量	107	118	105	115
专职人员数量	11	18	17	14
专职人员／工作人员（％）	10.3	15.3	16.2	12.2
志愿者数量：	5690	4763	6916	4085
男性志愿者	2944	2371	3795	2141
女性志愿者	3270	2745	4234	2267

（4）各个工作领域的志愿服务组织开展活动积极，助残服务更为明显

比较不同领域志愿服务组织志愿服务活动开展情况发现，不同领域志愿服务组织开展活动较为活跃，开展全年活动16次以上的比例均超过65%。相对而言，助残服务志愿服务组织开展活动的活跃度更高，全年开展"16次以上"的比例为74.0%，相对高于助老服务、青少年服务、社区便民服务志愿服务组织的相应比例（见表12）。

表12　不同领域志愿服务组织活动开展次数

		助老服务	青少年服务	助残服务	社区便民服务
5次以下	计数（个）	7	9	4	8
	百分比（%）	4.9	6.5	4.2	7.8
6~10次	计数（个）	17	19	13	14
	百分比（%）	12.0	13.7	13.5	13.6
11~15次	计数（个）	21	19	8	14
	百分比（%）	14.8	13.7	8.3	13.6
16次以上	计数（个）	97	92	71	67
	百分比（%）	68.3	66.2	74.0	65.0

（5）各个领域的志愿服务组织专业技能使用程度一般，社区便民服务领域专业技能使用程度较高

各个领域的志愿服务组织的专业技能使用情况多集中在"一般"。但相比而言，社区便民服务志愿服务组织专业技能"比较多"的比例为19.4%，比例稍高于其他领域的志愿服务组织；使用专业"非常多"的比例为8.7%，比例也高于其他领域的志愿服务组织。所以社区便民服务志愿服务组织的专业技能使用情况要稍高于其他领域的志愿服务组织。其主要原因是社区便民志愿服务组织定期开展为居民维修家电、专业咨询等活动，这些活动需要一定的专业技能（表13）。

表 13　不同领域志愿服务组织专业技能使用情况

			助老服务	青少年服务	助残服务	社区便民服务
您所在志愿服务组织实施的志愿服务项目需要使用某种专业技能的情况	不需要	计数(个)	8	10	6	6
		百分比(%)	5.6	7.2	6.2	5.8
	比较少	计数(个)	39	44	29	26
		百分比(%)	27.1	31.7	29.9	25.2
	一般	计数(个)	67	58	47	42
		百分比(%)	46.5	41.7	48.5	40.8
	比较多	计数(个)	23	21	12	20
		百分比(%)	16.0	15.1	12.4	19.4
	非常多	计数(个)	7	6	3	9
		百分比(%)	4.9	4.3	3.1	8.7

三　广州志愿服务组织领域存在的问题及原因分析

根据上述情况可以发现，目前广州志愿者组织的领域发展存在以下问题，这些问题既有外在性问题，也有内在发展的问题。

（一）广州志愿服务组织活动区域发展还不平衡

除了服务专业机构的志愿服务组织之外，超过七成的志愿服务组织的服务领域集中于城市社区，服务农村（包括城乡接合部）的志愿服务组织为三成。由此看来，广州志愿服务组织服务的领域主要集中在城市社区，而对农村服务的比例相对较低。而从人口构成的角度来看，生活在广州城郊或者农村的群体，尤其是老人和青少年，更需要得到相应的志愿服务。当前中央提出建设新时代社会主义新农村的发展战略，因此广州志愿服务组织的发展应当平衡城乡发展，引导志愿服务投入新时代新农村建设之中。

（二）广州志愿服务组织在不同活动区域和不同工作领域的专职人员与志愿者数量构成上还不均衡

通过比较发现，不同领域（领域）的志愿服务组织的专职人员人员及志愿者数量构成不均衡。农村（包括城乡接合部）志愿服务组织专职人员的数量相对较多，但是志愿者数量远远低于其他领域的志愿组织。而助残服务志愿服务组织的工作人员相对较少，但是志愿者数量高于其他志愿服务组织。志愿组织人员构成的差异，在一定程度上体现了广州志愿服务整体发展具有一定不均衡性。

（三）广州志愿服务组织在不同工作领域的专业化水平还比较低

通过分析发现，目前广州志愿服务组织在开展活动时的专业技能使用率较低，专业技能使用程度多集中在"一般"。虽有个别领域的专业技能使用稍多，但相差并不大。其主要原因：一方面是因为组织的专业技能发展还没有完善，另一方面，广州的志愿服务主要集中在助老服务、青少年服务、助残服务、社区便民服务等方面，专业技能要求相对较低，而医疗卫生、法律服务、应急救援、扶贫开发等专业化志愿服务的组织所占比例相对较低，医疗卫生、法律服务、应急救援等方面的志愿服务都是专业性较强的服务，需要专业的志愿者参与，目前有一定的发展瓶颈。广州作为一线城市，为进一步提升广州的志愿服务水平，除了常规性的群体志愿服务之外，广州的志愿服务还需要发展专业性更高的志愿服务。

（四）广州志愿服务组织在各个方面的组织建设有待完善

目前，大部分广州志愿服务组织制定了组织章程，设定了组织制度，并设立组织的网络平台。但是在其他方面，如成立理事会、监事会、党组织等方面的比例还是较低。部分领域志愿服务组织，如青少年服务志愿服务组织的组织建设程度较高，但总体而言志愿服务组织的组织水平还是较低。为进一步推动广州志愿服务的发展，有必要进一步推动加强志愿服务组织的组织建设，促进志愿服务组织运作更加规范、更有效率。

四　拓展广州志愿服务组织活动区域和工作领域的建议

（一）继续探索摸清广州志愿服务组织的领域

调研发现，全国志愿服务组织的领域研究还不够深入，志愿服务组织的广泛性、交叉性和模糊性还没有得到清晰梳理。广州志愿服务事业一直走在全国前列，如能在志愿服务组织领域研究中继续深化研究，有望加深对广州志愿服务事业的全局把握，精准把握广州志愿服务的纵深、优势和短板，从而加快把广州志愿服务事业推向更好更快的发展。

（二）进一步推动广州市郊区、城乡接合部和农村的志愿服务发展

广州志愿服务组织在城市各区分布上出现区域发展不均衡状况，中心城区广州志愿服务能深入社区的志愿服务机构较多，并能获得较好深入社区的发展机会，而在非中心城市区域落地和开展服务的组织则较少，志愿服务呈现区域发展不均衡状况。建议广州志愿服务进一步加强区域均衡发展，着重推动志愿服务组织到市郊各区城乡接合部和农村中开展志愿服务，将广州志愿服务与新时代社会主义新农村建设相结合。

（三）通过加强志愿服务人才链接及培训，理顺专业化人才匹配服务工作路径机制

各类志愿服务组织的专业化水平发展存在不均衡状况，对志愿者专业化技能要求较高的志愿服务组织的扩大发展产生了制约，各领域志愿服务组织在专业志愿者招募及培训等环节遇到限制性门槛。促进广州志愿服务各领域走上专业化发展的路径，还应为之配备专业化的志愿者人才招募路径、人才储备池子及专业化人才培训机制，通过加强志愿服务人才链接及培训，理顺专业化人才匹配服务工作路径机制。培育志愿服务人才还应深入志愿服务前线，了解前线志愿服务的实际需求，加强人才培育与人才需求的有效对接。

（四）以组织建设凝聚提升广州志愿服务组织全领域思想与实践

各领域广州志愿服务组织在党建和团建上比例还不高，还应进一步推动志愿服务组织加强组织建设。党建和团建有利于凝聚志愿服务全领域将共建共治共享的社会治理理念与志愿服务的思想内核有机统一起来，增强新时代

广州志愿服务组织全领域的理念提升,增强志愿服务组织对社会主义核心价值观的理解、贯彻和行动实践。

参考文献

［1］汪彩霞、谭建光:《改革开放40年与志愿服务组织的发展变迁》,《青年探索》2017年第5期。

［2］袁伟强:《完善我国志愿服务运行机制研究》,上海交通大学,2008。

［3］Coase,R. H. ,The Nature of The Firm,*Economica*,n. s. ,4(1937a).

B.7
广州志愿服务组织制度化建设状况

吴冬华*

摘　要： 在全国志愿服务发展进入日益规范化、制度化阶段，广州志愿服务组织有着良性运行的制度环境、高效有序的志愿者注册机制、日益规范的内部组织管理体制、不断完善的志愿激励制度等优势。与此同时，随着国务院《志愿服务条例》的颁布实施，广州志愿服务组织制度化工作面临着更多机遇与挑战，如何从建立健全工作管理机制、完善志愿服务组织的注册管理机制、加强志愿服务组织能力建设等方面破解命题，并进一步创新当前广州志愿服务组织的制度化建设。

关键词： 广州　志愿服务组织　制度化

党的十九大报告提出了"推进诚信建设和志愿服务制度化，强化社会责任意识、规划意识、奉献意识"。志愿服务制度化将是志愿服务事业下一个阶段重点突破、全面推动的创新方向。未来在推进志愿服务发展过程中，如何有效发挥制度的引导、规范和促进作用，从而推动志愿服务事业规范有序、长效稳定的发展成为重中之重。

2018年是国务院《志愿服务条例》实施的开局之年。而早在2016年，

---

* 吴冬华，广州市团校、广州志愿者学院研究中心主任，助理研究员，研究方向为青年现象与青年工作。

由宣传部、中央文明办、民政部、教育部、财政部、全国总工会、共青团中央和全国妇联联合印发的《关于支持和发展志愿服务组织的意见》，就从顶层的制度设计上对志愿服务组织建设提出了具体意见与细则要求。这些频繁出台的全国纲领性文件和法规条例，无不表明，我国志愿服务组织的必然发展路径是规范化、制度化、专业化建设。为此，在中国特色社会主义新时代，面对新形势、新要求、新期待，广州志愿服务组织将继续传承先行先试的理念与精神，勇于创新，为全国志愿服务事业的制度化深入、持续发展谱写新的篇章。

康芒斯认为，制度是指在社会或群体生活中逐渐形成的、调节规范其中各行动主体之间互动关系和互动行为的社会规则或规范，其中包括强制性规范和非强制性规范、正式规则和非正式规则、显规则和潜规则①。制度化发展往往是行为具有"合法性"的前提和基础，也是该种行为获得大众普遍尊重、认可和倡导的重要依据。志愿服务作为一种不求物质回报的行为，虽然脱离不了行为个体的爱心、激情与高尚品行，但是在现实生活中受制于个体自身条件和外部环境的制约，志愿服务组织往往难以持续、稳定发展，因此，需要合理的制度安排作为必要的保障。本研究主要以广州志愿服务组织制度展开研究，通过收集、梳理历年来广州乃至广东志愿服务的各种政策、制度文本，在政策层面解读广州志愿服务组织的制度环境及保障体系等宏观内容，从组织层面探析注册制度、培训制度、资金保障和财务管理制度、志愿者的权益保障和激励制度等具体内容，以定性研究为主、定量研究为辅，试图多维度、全方位地呈现广州志愿服务组织制度的发展演变脉络及现状。

一 广州志愿服务组织发展现状与特征

推动志愿服务组织制度化建设，既是顺应时代发展需求，又是促进自身

---

① 康芒斯：《制度经济学》，商务印书馆，1997，第81页。

发展壮大的必然要求。志愿服务组织的制度化建设是个动态的、循序渐进的过程。加强志愿服务组织的制度化建设，一方面，要有良好的制度环境、合理的制度安排来确保志愿服务组织在追求实现组织目标行为时得到有效规范与制约，同时保持组织良性运行、可持续发展的状态；另一方面，制度化也应包括志愿服务组织的各项行为能够得到全社会的共同理解和认可。齐美尔认为信任是很重要的社会综合力量。志愿服务组织的公信力反映了其在社会中的形象、影响力、号召力和权威性，是志愿服务组织可持续发展的"生命线"[①]。为此，提高志愿服务组织的社会公信力理应成为加强志愿服务组织制度化建设的关键一环。就广州当前志愿服务组织的发展现状而言，主要有以下几个显著特征。

（一）高位运行的良好制度环境让广州志愿服务组织具有先发优势

加强对志愿服务的制度环境建设，是志愿服务进入公众视野、实现其作用并显示其成熟的重要标志。作为改革开放的前沿和当代志愿服务的发祥地，广州的志愿服务制度化建设起步较早，在制定或执行志愿服务方面的法律法规、规章条例等内容一直领先于其他区域。根据中国青年志愿者协会副会长谭建光教授的总结，广东推进志愿服务制度化建设具有"四个率先"的做法，即率先推进了志愿服务的法律建设、政策建设、规章建设、细则建设，既为全国志愿服务事业做出了大胆创新性尝试，又为广州志愿服务组织发展创设了良好的制度环境。广东省人大于 1999 年审议通过全国第一个地方性志愿者法规——《广东省青年志愿服务条例》，首次从法律层面界定了志愿服务的定义，以及志愿者、志愿组织、志愿活动等内容。事实上，早在1997 年广州市人民政府印发《广州市社区服务工作 1997～1999 年发展规划》，提出了"深入开展志愿互助服务活动，逐步实现志愿互助服务的制度化、规范化、专业化的任务和目标。要求到 1998 年，95% 以上的街道、居

---

① 高小枚：《山东社会科学》，《论志愿服务组织发展的制度环境》2015 年第 5 期。

委会要建立起社区服务志愿者组织"，这为广州志愿服务的规划性发展提供了政策依据。从 2009 年开始，广州志愿服务政策法规体系不断完善，先后出台《广州市志愿服务条例》《关于进一步发展广州志愿服务事业的意见》《促进新型城市化发展建设广州"志愿之城"工作实施方案》《广州市志愿服务时间管理办法》《广州市志愿服务激励指南》等，尤其是 2009 年 3 月 5 日颁布实施的《广州市志愿服务条例》，首次从政府层面明确要求广州市、区（县级市）两级人民政府将志愿服务事业纳入国民经济和社会发展规划，全面、系统强化广州志愿服务的机制保障。目前，全国人大颁布的《慈善法》、中央八部委联合发布的《关于支持和发展志愿服务组织的意见》以及国务院颁布的《志愿服务条例》，这些全国性的法律法规及规章制度为广州志愿服务的推广和发展提供了切实有效的保障并解除后顾之忧。调研中，不少志愿服务组织对广州志愿服务发展的良性运行环境有着高度的认同，认为各种法律法规和规章制度的发布实施为志愿服务组织的规范运作提供了依据。

（二）高效有序的志愿者注册机制确保广州志愿服务组织规范运作

组织成员是组织存在与发展的前提，个体要想加入某个组织必须具备一定的条件，履行一定的程序。这样不仅可以强化确认参与者对组织的认同感，而且可以明确组织与成员的关系、各自的权利义务以及社会组织的边界，同时可以强化参与者对组织的归属感，有利于社会组织对参与者的有效管理[①]。建立和完善志愿者组织和志愿者的注册管理是推动志愿服务组织制度化发展的重要举措。从 2003 年以来，广州采取一系列措施全面推进志愿者注册登记工作，大力推动志愿服务组织的规范化发展。2003 年，广州市青年志愿者行动指导中心正式成立，标志着全市志愿者组织工作在规划、管理、指导、考核有了机制依据。同时，广州青年志愿者协会

---

① 李芹：《社会学概论》，山东大学出版社，1999，第 78 页。

研发了志愿者注册登记电子管理系统，开通了全市志愿者登记管理的专门网站，为志愿者网上注册、信息反馈、活动交流等提供平台。2011 年全国首创的"志愿时"系统作为志愿服务综合管理平台系统，实现了对志愿服务招募、培训、运行、管理、交流、研讨、维系、激励、保障等信息化管理流程。依托"志愿时"系统，全面优化志愿服务管理流程，进一步建立健全全市统一规范的志愿者注册登记、招募培训、服务记录等制度。截至 2017 年 2 月，在"志愿时"平台登记的志愿服务组织达 9924 个，注册志愿者总数逾 137 万人，注册志愿者（义工）占常住人口的比例已达 15%，人均服务时间超过 16 小时。为统一规范管理全省志愿者登记注册机制，广东志愿者信息管理服务平台即"i 志愿"在 2018 年全面推行使用，广州"志愿时"系统的相关数据逐步转入"i 志愿"平台中。此次调研发现，对于志愿服务组织而言，它们积极推动实现志愿者的身份合法化，问卷调查显示，86.5% 的被调查组织很乐于帮助志愿者注册。访谈调研中，很多志愿服务组织表示，广州有这么一支庞大而稳定的志愿者队伍是得益于长期以来运行有序的注册机制，这一点对于组织长远发展而言尤为重要。

（三）日益规范化的组织内部管理为广州志愿者组织规模发展提供了保障

志愿者组织管理是一个非常系统的综合工程。从志愿服务事业发展的现实路径来看，唯有严格规范的志愿者组织管理体系，才能让志愿者积极、长期地参与到志愿服务中并实现志愿者角色的制度化，从而有效地推动志愿服务事业的深入发展。

1. 治理、组织结构与志愿者组织的规模、等级密切相关

作为一种非营利组织，志愿者组织在治理、组织架构上与政府、企业均有所不同，当前广州绝大部分志愿者组织，无论是否注册，其治理结构都与非营利组织的内部架构设置比较接近。从 2013 年起，广州志愿者组织在管理架构上大胆突破、创新，以广州志愿驿站联合会的成立为标志，借鉴现代

公司法人治理模式，采用理事会、监事会、执委会"三会合一"的法人治理模式，这三会是互相制衡、互相监察、相互透明的，通过让志愿者以理事、委员、监事等不同身份参与志愿驿站管理，有机地将资源方、督导方、执行方三方整合。这种治理结构上的创新尝试是广州志愿者组织迈向专业化与规范化的重要里程碑。

此次调查显示，设立理事会、监事会的志愿者组织远不到一半（见图1），但制定章程、例会制度的志愿组织均超过七成，可见，虽然绝大部分志愿者组织原则上需要具备完整的组织架构，但在实际运作中尚未能实现。此外，不同年限、评估等级水平的志愿者组织，其治理架构设置不尽相同。从被访谈的二十多家组织机构来看，成立8年及以上的志愿者组织通常有着较为系统的组织架构，而且评估等级越高的志愿者组织其治理架构也越完善。如某志愿者组织，其负责人就提及"社会机构治理很需要理事会做管理，监事会有律师、财务等，每个季度开一次理事会，会上由全职做工作答辩，理事会答辩过程还做直播，我们是一种半开放性的理事会，现在每年的12月会做信息公开日"。而有几个义工队或者志愿者组织被评为5A级社会组织①，它们有着丰富和健全的组织制度，包括组织管理文件、车辆管理制度、活动场所管理制度、协会章程、会员部工作制度、人事管理制度、文员管理条例、公章管理制度、监事会工作制度、信息工作平台管理制度、考勤制度、档案管理制度、秘书处工作制度、重大活动备案制度、志愿者管理办法与工作制度等。

2. 注重志愿服务项目体系的开发规划

有效开发规划并一以贯之运作的志愿服务项目是吸引并凝聚志愿者的根本源泉。一个成功的志愿服务项目或者活动，需要充分考虑志愿者所在位置是否与其兴趣、能力相匹配、相一致，形成志愿者乐意接受并积极长期参与的机制。为此，项目的开发、规划必须有组织、有计划、有保障地进行，也

---

① 社会组织等级是由民政部出台的《社会组织评估管理办法》中关于社会组织的等级评定标准，社会组织评估共设五个等级，获得4A以上评估等级的社会组织可以简化年度检查程序。

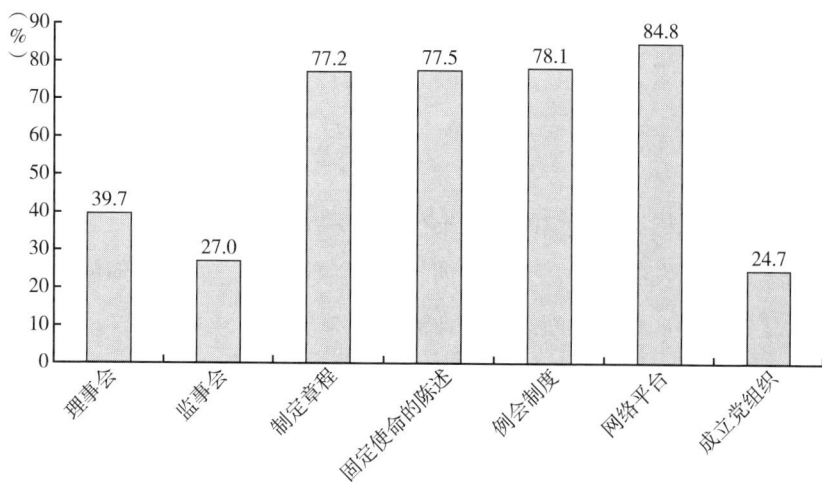

图1 志愿服务组织的架构和设施建设情况

是志愿者组织在加强组织内部管理时重点考虑的范畴及内容。首先，恒常开展的志愿服务成为广州志愿者组织设计规划项目首要考虑部分，既能吸引并固定一批忠诚的志愿者，又能实现该志愿者组织的使命愿景，因此，志愿者组织负责人在设计规划服务项目时会优先考虑。问卷调查显示，94.7%的志愿者组织有着稳定的志愿服务领域。而且很多目前稍有规模并具有影响力的志愿者组织，都会有一个持续运作的品牌项目，像蓝信封给留守儿童写信，齐志助学等具有特色又坚持多年的项目，一直生命力旺盛，经久不衰。其次，强调"志愿者感受"的服务项目也是志愿者组织项目持续运作的重要法宝。对于有着远景发展目标的志愿者组织，在开发服务项目时越来越重视志愿者个体感受，甚至有些组织还摆在首位加以考虑。一些有着10年及以上发展历程的志愿者组织，对此颇多感慨，在访谈中就提道，"志愿者参与过程是开心的，而不只是站在现场。我们有个反馈表，根据志愿者的反馈表来确定未来开展项目，现在考虑制定志愿服务的规则，要体现对志愿者的充分尊重，服务合适、合理"。

3. 强化对志愿者的系统培训尤其是岗前培训

对志愿者培训是志愿服务组织加强内部管理的一项重要制度，不仅能提升志愿者综合素质和专业技能，而且是实现志愿服务组织规范化发展的必然要求。广州志愿者的培训从较早开始就受到政府与组织层面的高度重视，2010年10月成立的全国首家由政府主导兴办的志愿者学校——广州志愿者学院，就是一所专门培养各类志愿者骨干、传授志愿服务通识知识与专业知识的正规培训机构，目前学院研发推行一套系统的层级化的志愿服务岗位能力培训体系，开发编写了一系列培训教材，为全国的志愿者培训模式提供先例与示范。除了从政府层面规范培训流程，对于志愿组织而言，培训志愿者已经成为一项固定的日常工作，并成为组织管理制度不可或缺的内容。根据本课题2017年开展的问卷调查，97.4%的志愿组织会对志愿者进行上岗前培训，65.4%的组织在不断加强志愿者的培训，42.5%的组织还将为志愿者提供"培训机会"作为一种激励机制，比例仅次于授予荣誉证书（67.1%）。在培训内容选择上，志愿服务基础知识占82.3%、通用技能占76.1%、专业技能占65.5%。成立较长时间的组织一般拥有较为成熟的培训体系，比如，某个成立8年的志愿服务组织，既有单次活动前的基础性培训，负责讲解志愿者概念、原则、权利与义务、机构介绍，每月一次；又有具体领域的进阶性培训；还有面向骨干、资深志愿者的高阶段培训。除了线下体验式、互动性较强的培训，网络在线培训也日益普及。广州志愿者学院设置了志愿服务岗位能力在线培训系统，原有的"志愿时"系统也是一个层级化、模块化的志愿者在线培训平台，而且志愿组织本身紧跟网络社会的步伐，借助各种媒体资源，丰富培训内容与载体，为志愿者提供多元化的培训课程，比如，"同理心、情绪管理都是通过线上进行培训的"，"现在很多培训课程都是在网上完成，很受青年人的欢迎"。

（四）不断完善志愿者制度化激励机制

尽管志愿者的角色从属于志愿组织，并且容易受到志愿组织制度要求的限制，但是对大多数人来说志愿者只是一个短暂的角色。确保志愿服务的持久性，提升志愿者的忠诚度，社会激励制度是一种必不可少的制度选择。激励制度是指促使每个志愿服务个体能努力去实现组织的目标并通过努力所带来的结果，能够满足个人需要的规则设计①。近年来，广州志愿服务事业不断深化发展，与此同时深入探索并完善志愿者的激励制度。2009 年《广州志愿服务条例》就明确提出，"国家机关招考公务员、国有企事业单位招聘人员、高等院校录取新生时，在同等条件下优先录用、聘用和录取有志愿服务经历者"，更进一步，2012 年《中共广州市委广州市人民政府关于创新社会管理加强社会建设》提出，"建立健全以志愿时为核心标准的激励政策，把开展志愿服务活动作为文明创建的重要内容，鼓励机关、企事业单位、院校逐步把志愿服务经历作为招录、评优、评先、晋级的优先条件"。同时，2017 年出台的《广州市志愿服务激励指南》，将学生参加志愿服务情况纳入评优评奖、升学就业等考察评价体系。此外，对于服务达到一定时数的志愿者给予不同级别奖励表彰，也是各种志愿者组织手册的必备内容。比如启智服务总队志愿者手册对星级会员评定办法、志愿者年度评奖办法都有具体入微的实行办法。这些关于激励志愿服务的做法与措施，不仅有效巩固了志愿服务组织专业助人的公益机构地位，而且明确了志愿者角色具有专业化和职业化的特征，志愿者与经济从业人员、行政管理者一样，都是社会建设和社会治理的从业人员，从而赋予志愿组织同经济组织、政治组织一样的社会功能。

就组织本身而言，广州志愿服务组织高度重视志愿者激励制度的建设，本课题调研发现，89.1% 的组织会定期根据志愿者的表现给予表彰。当前志愿组织推行的激励机制主要包括以下几项内容（见图 2）：1. 回馈激励制度。如志愿服务时间"储蓄制度"，为每位志愿者设计志愿服务的"特殊账户"，将服务时数存入"银行"，以此作为获得相应奖励或在需要服务时（如年老时）优先获取志愿服务的依据。相应奖励具体包括升学、入职面试加分、职业晋升、积分入户、培训深造等福利。2. 精神奖励方式。这是最常见的激励方式，根据志愿者的服务时间长短或者事迹，用口头表扬、典型报道、荣誉证书或开表彰会等方式，给予志愿者荣誉。3. 物

---

① 胡蓉：《我国志愿者的激励机制探讨》，《成都教育学院学报》2006 年第 1 期。

质奖励。物质奖励一般是获得机构的纪念小礼品，街道居委、企业、基金会捐助的物品等。

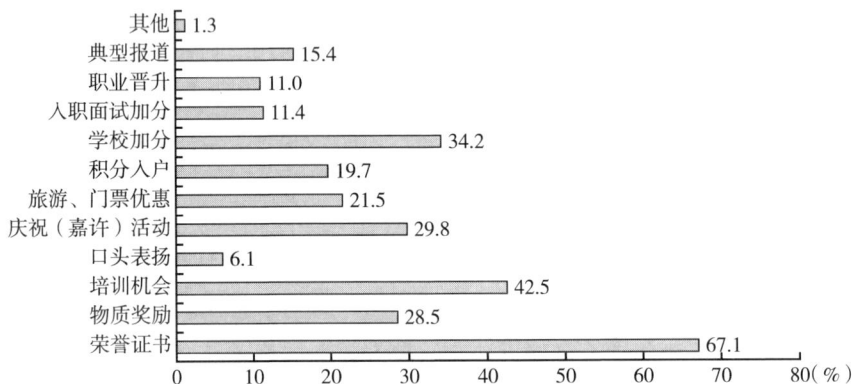

图2 "根据贵组织的经验，下列哪些措施对志愿者的激励更为有效？（限选三项）"的问卷调查统计

二 广州志愿服务组织发展存在的问题及其原因探析

当前，广州志愿组织发展的基本形势和运行态势总体是好的，市民参与志愿服务的热情高、时间长、动力足的基本特征仍然保持不变，广州志愿组织的制度先发优势与创新内驱力仍在发挥作用。但随着我国志愿服务行业的制度化与规范化的最新要求，志愿者队伍的不断壮大，必然需要广州志愿服务组织应势而变。然而，在现实运行中，志愿组织的制度化困境依旧存在，如何应对这些困难已经成为志愿组织工作者以及政策制定者、执行者亟待解决的问题。

（一）注册管理机制尚未完善

《志愿服务条例》对志愿服务的基本原则、管理体制、权益保障、促进措施等做了全面规定，对志愿服务行业具体的管理措施、活动的运行方式、志愿者的具体管理和权益保障等做出了详细规范。在《志愿服务条例》第四十四条中明确提出"志愿服务组织是指依法成立，以开展志愿服务为宗旨的非营利性组织"，《广州市志愿服务条例》中也提出"志愿服务组织是指依法登记，从事志愿服务的非营利性社会组织"。换言之，志愿服务组织应当具备法人身份。目前我国志愿服务组织制定了一系列相关的规章条例，如《社会团体登记管理条例》《民办非企业单位登记管理暂行条例》《基金会管理条例》等，逐渐形成了"归口登记，双重负责，分级管理"的管理制度。但此次调研显示，当前广州志愿服务组织的注册管理机制有待进一步完善，一些志愿服务组织没有进行任何登记。究其原因，客观上是由于原有的严苛的登记制度大大提升了志愿服务组织准入门槛，志愿服务组织增速缓慢；主观上则是因为部分志愿者组织的负责人认为志愿组织的本质在于奉献爱心、无偿服务，不需要依法注册成立。也有一些组织担心登记注册之后会为组织发展造成条条框框，不利于组织的弹性发展。不重视志愿服务组织注册管理，从根本上来说，会直接影响志愿者参加志愿行动、提供志愿服务的合法性前提。

（二）资金保障及财务管理制度有待进一步规范

资金短缺一直是我国志愿服务组织进一步发展的主要障碍。根据本次调查，志愿服务组织认为开展志愿服务最主要的困难是经费保障不足，占被调查组织的 50.4%，排在第一位（见图 3）。被访谈调研的二十多家志愿服务组织，超过一半的组织都认为面临着经费短缺的困境，这表明广州志愿服务组织的筹资制度存在不少问题。这主要在于，目前我国志愿者组织的资金大部分来源于政府，渠道单一，而社会捐赠、个体捐助的规模与氛围并没有形成气候。为此，如何通过合理的制度设计与安排，如"财政拨款 + 基金赞助 + 社会捐款"的资金筹措，切实有效解决志愿服务组织的发展动力不足问题，是推动当下志愿服务组织制度化、规范化发展的头等大事。

其他 2.2
缺乏针对志愿者的激励和表彰机制 27.7
服务需求和供给不能及时对接 31.7
志愿者责任与权益保障不力 21.4
志愿者组织不能有效开展工作 12.1
志愿者参与渠道不畅、频率不高 25.9
经费保障不足 50.4
志愿者组织少 8.0
人们对志愿服务不够了解 34.8
舆论引导宣传不到位 25.4
得不到社会认同 13.4
政府重视程度不够 15.6

0   10   20   30   40   50   60（%）

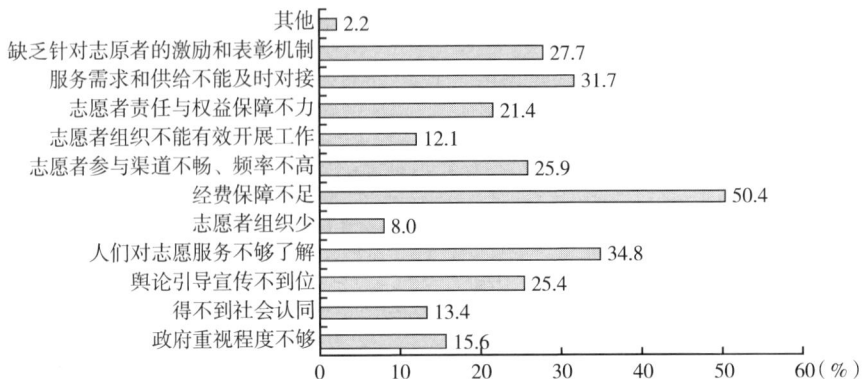

图3 "贵组织认为目前开展志愿服务面临的最主要困难有哪些?
（限选三项）"问卷调查统计

财务管理涉及财务预算、风险管理、资金筹集、审计制度、监督制度以及资金的可持续性等。访谈发现，大部分未注册的志愿服务组织或者不少已注册的组织并不重视财务制度的规范和有效性、财务制度的员工参与性、财务透明度等，主要是因为缺乏相关财务知识的培训。而已经注册的志愿服务组织提及风险管控问题，普遍认为组织运营的风险较大。还有比例不少的志愿组织对于如何购买政府服务、获取政府支持、实现资金的可持续性存在认知短板，无从获取相关信息并链接资源，导致出现资金保障不足的困境。

（三）志愿者权益保障制度的建设有待加强

建立健全志愿者权益保障制度，是激励志愿者参与志愿活动的最基本的保障制度，也是志愿服务事业制度化发展的核心和关键。立法是保障志愿者权益的基石，也是最根本的制度安排。目前，我国还没有设立一部专门面向志愿者、志愿服务组织的法律。在地方志愿服务立法中，《广州市志愿服务条例》对提供志愿服务的志愿者购买保险做了相关规定，详细规定了志愿服务组织与志愿者必须签订协议的情形及协议内容。同时规定在抢险救灾或大型活动中，需为志愿者购买人身意外伤害险，但现有法律并没有强制志愿服务组织为志愿者提供保险。调查显示，在问及志愿服务组织如何管理志愿者时，在一系列管理制度当中，选择"实施志愿者晋级和保障制度"比例最少，仅占25.4%。缺少必要的志愿者权益保障制度，直接导致志愿者权益在受到损害时，不能明确志愿者与志愿服务组织各自所承担的责任，在赔偿、补偿等问题上无法达成协议，同时，在志愿活动中，志愿者有可能对服务对象产生侵权、侵害行为，由于现有法律也缺乏相关规定，为此，志愿者对服务对象造成伤害无论是有意还是无意的，都必须承担责任。这既不利于组织的制度化发展，又打击志愿者参与服务的积极性。

此外，虽然广州志愿服务激励措施在不断完善，但是相对组织近几年的增速，显然，现有的激励机制远远未能满足需求。在问到志愿服务组织在志愿者管理工作中所面临的最主要问题时，32.5%的组织负责人选择了"志愿者的激励措施少"，排在第三位。从访谈中也发现，不少志愿服务组织激励制度中所规定的激励内容单一、方法机械，主要采取以精神激励为主的传统激励方式，缺少多种形式的激励方式。

（四）组织管理能力与管理架构有待进一步完善

由于广州志愿服务组织类型多样，所处发展阶段不同步，发展水平有快有慢，既有纯草根、纯民间运作的组织，又有政府官方背景的志愿服务组织，既有国际性的志愿服务组织，又有由公益人发起，并成立机构，进而建立志愿服务组织的情形，因此，广州志愿服务组织的工作规范性尚有许多进步空间。本次调查显示，69.5%的组织认为自己有着规范的制度，21.5%的组织还在筹划中，9%的组织仍然没有形成制度，志愿组织工作的规范化管理任重而道远。不少志愿服务组织缺乏相应的工作守则和行为规范，没有成文制度，大多靠约定俗成。对于组织要达至的目标缺乏具体的评估标准，同时，组织对于志愿者的管理本身也比较简单粗放，缺乏科学的管理流程，职责权限不清晰，服务时数记录不规范，随意性很大，管理效率很低，严重影响和制约志愿服务工作的有效运作。在问到志愿服务组织哪方面的能力最重要时，其中排在首位的是"日常运作组织管理的能力"，占56.3%，志愿服务组织对组织管理能力建设的重视程度在一定程度上反映了这种能力正是当前志愿服务组织最亟待提升的能力（见图4）。

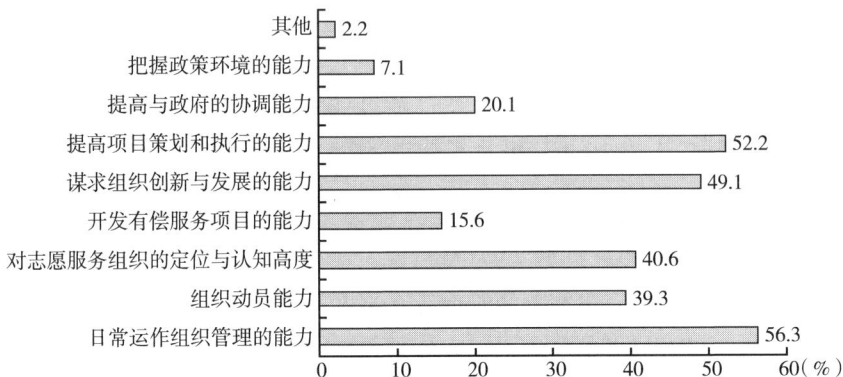

其他 2.2
把握政策环境的能力 7.1
提高与政府的协调能力 20.1
提高项目策划和执行的能力 52.2
谋求组织创新与发展的能力 49.1
开发有偿服务项目的能力 15.6
对志愿服务组织的定位与认知高度 40.6
组织动员能力 39.3
日常运作组织管理的能力 56.3

图4 "您认为以下哪几个方面管理能力对于贵组织是最重要的？
（限选三项）"问卷调查统计

此外，调查显示，接受本次调查的志愿服务组织成立理事会的占39.7%、成立监事会的仅占27.0%（见图1），这表明大部分志愿服务组织的架构设置不符合现代社会组织法人治理结构管理的要求，长远来讲，既不利于志愿服务作为行业的自律发展，更难以实现志愿服务事业的制度化、规范化和专业化的发展。可见，尽管广州志愿服务组织理念超前，在实践方面领先全国，但在组织管理上还不够统一和规范。

三 广州志愿服务组织制度建设的对策、建议

我国《志愿服务条例》的颁布实施标志着我国的志愿服务从此开启了制度化和规范化之路，党的十九大进一步对"推进志愿服务制度化"提出新的要求。志愿服务的制度化可以说是众望所归，那么如何实现志愿服务的制度化呢？具体的举措涵盖范围很广，包括健全志愿服务组织的工作管理机制、完善志愿服务组织的注册管理机制、加强志愿服务组织能力建设等具体的规范志愿服务组织发展的举措。

（一）建立健全工作管理机制

2018 年，我国的志愿服务事业进入全新的发展轨道，志愿服务制度化将是下一个阶段重点推动的制度创新方向。志愿服务组织的工作管理机制也将进入一个崭新的发展阶段，按照建立现代社会组织体制的要求不断完善，包括对组织工作机制、行政管理架构、财务管理、志愿者管理等各个领域均须再上新台阶。必须同等重视组织内与组织外的协调性工作，做到"事事有人管，人人都有事"的工作局面。在组织管理中，由于志愿服务的特性，既要建立规范性制度，但又不能强制性执行；合理执行制度并辅之以人性；当人性不可控之时，用制度来弥补。此外，需要建立健全四大方面的工作管理制度。首先，完善志愿者招募注册制度，基于不同服务领域、不同年龄阶段的志愿者需求，准确快速发布志愿者招募信息，推动志愿者注册制度的规范有序运行。其次，规范志愿者培训管理机制，针对不同志愿服务项目的具体要求，为志愿者提供基本知识和专业技能培训。再次，完善行政与财务管理制度，强化高质量、有针对性的专业知识与技术培训，简化财务报账和审批流程，建立畅通的财务管理制度。最后，健全志愿者权益保障机制，在操作层面上进一步完善志愿者的星级认定制度、嘉许制度和回馈制度，制定出台政策将各类从业资格证书的考取、发放与参加志愿服务时长相挂钩。同时依据不同志愿者的不同服务动机，采取形式多样、灵活多变的激励方法，将志愿者的积极性保护好、发挥好。

（二）构建分层分类的注册管理制度

《志愿服务条例》对志愿服务组织的概念界定强调组织的法人身份地位与权利义务，因此，在科学分类和分层基础上建立注册管理制度是志愿服务组织制度化的严峻挑战。在建立志愿服务组织的注册管理机制方面可以参考借鉴英国对社会慈善组织的认定、登记和监管制度，根据当前志愿服务组织自身发展状况，构建"备案注册—登记认可—公益认定"

三层准入制度①，推动建立多元化的管理体系。对于未符合登记条件的志愿服务组织，可以采取备案注册的方式，并接受相应的监管和监督。对于满足特定条件的志愿服务组织，其注册管理做法有两种，一是执行登记认可制度，对符合注册条件的组织进行登记认可，并享有法人组织所应享受的法律保障、相应的政策待遇等，同时接受严格的社会监管、监督。二是进一步实行严格的公益法人认定制度，对于认定成为公益法人的志愿服务组织，在享受财政、税收等政策层面的最大优惠待遇的同时，实施更加严格、规范的社会监管、监督。通过分层分类建构志愿服务组织的注册管理制度，既有利于解决志愿服务组织合法性的问题，规范组织的制度化管理，又能为志愿服务组织的持续性、规范性发展创建有序、高效运作的制度环境。

（三）加强志愿服务组织能力建设

受发展阶段所限，广州志愿服务组织在总体水平上还存在组织管理能力、项目策划和执行、组织创新发展能力不强的迫切问题，只有真正提升志愿服务组织的自身能力，才能真正实现志愿组织发展的专业化和制度化。首先，提升志愿服务组织从业人员的能力，着力培养一批具有社会责任感、熟悉现代社会组织管理知识、有着丰富管理经验的志愿服务组织管理人才，通过定期培训，将长期参与志愿服务、熟练掌握服务知识和岗位技能的志愿者骨干巩固好，维系好。其次，提升志愿服务组织的公信力和社会影响力。公信力和社会影响力是志愿服务组织的生命力表征，也是实现志愿服务组织制度化发展的重要保障，直接表现为志愿服务组织可以在多大程度上获得政府、志愿者、社会公众、资助方、服务对象以及第三方机构的信任和支持，因此，要加强志愿服务组织公信力建设，促进志愿服务运营管理机制的透明化，提升志愿服务组织的社会影响力。此外，在聚焦解决志愿组织经费不足、资金筹集等重点困难时，要着力发挥志愿服务组织的多方合作能力，争

---

① 陈华：《吸纳与合作：非政府组织与中国社会管理》，社会科学文献出版社，2011。

取政府、企业和其他社会力量的支持和参与，形成党委领导、政府主导、社会协同、公众参与的工作格局，确保志愿服务组织工作的顺利开展。

（四）拓展志愿服务制度化发展新格局

进入中国特色社会主义新时代，志愿服务俨然成为加强社会治理、提升城市文明、维护社会秩序的重要载体，也是彰显社会责任意识和奉献意识的实践之举。广州是中国改革开放的前沿阵地，也是内地志愿服务的发源地之一，创造了多个志愿服务"全国第一"，如何结合新要求、新趋势、新期待，持续发挥广州志愿服务事业在全国示范引领作用，成为志愿服务组织重点探索、部署的工作。因此，要坚持新发展理念，深化改革开放，这也是全面建成小康社会、加快建设社会主义现代化新征程的题中之意。为此，要切实推进广州志愿服务制度化建设进程，要大力拓展志愿服务制度化发展新格局，最重要的是打造一个志愿服务"人人可为、处处可为、时时可为"的"志愿者之城"，以人民群众的获得感、安全感、幸福感为出发点，结合岭南志愿服务特色与优势，开展"志愿者之城"的顶层设计及整体规划，做好全市志愿服务的统筹性指导安排，促进志愿服务组织规范管理，通过优化招募注册机制、打造线上线下培训机制、突出志愿服务供需对接机制、构建服务评估机制等完善志愿服务运行机制；通过进一步加强党员志愿服务队伍、专业志愿服务队伍、"志愿者＋社工队伍"三大队伍建设来有效解决志愿服务组织志愿者流动快的痼疾，全方位优化志愿服务组织的能力建设，为广州志愿服务事业的发展提供"一站式"保障，真正将广州建成"一起来，更精彩"的"志愿者之城"。

总体而言，相比国外志愿服务的普及情况与志愿服务组织的制度化水平，目前广州志愿服务发展尚处于初级阶段，志愿服务的概念仍未遍及大众的生活。但随着党的十九大报告提出的"推进诚信建设和志愿服务制度化"，《志愿服务条例》的全面实施，志愿服务将不断走向制度化、规范化、专业化、常态化。届时会有越来越多的民众参与到社会志愿活动中来。当每个人都愿意贡献自己的力量为弱势群体、为大家所共同生活的社会尽微薄之力，那么共建共治共享的社会治理格局便能早日形成。社会从个体的志愿服务中受益，个人从志愿服务中得到内在情感满足与公民道德提升。

参考文献

［1］中共广州市委、广州市人民政府：《关于进一步发展广州志愿服务事业的意见》（穗字〔2011〕23号），2011年12月4日。

［2］王焕清、魏国华：《志愿行动与文明社会建设》，人民出版社，2012。

［3］魏国华、张强：《广州志愿服务发展报告（2014）》，社会科学文献出版社，2014。

［4］〔美〕马克·A. 缪其克，约翰·威尔逊：《志愿者》，中国人民大学出版社，2012。

［5］谭建光：《中国广东志愿服务发展报告》，广东人民出版社，2005。

［6］朱建刚：《行动的力量》，商务印书局，2008。

［7］徐柳：《我国志愿者组织发展的现状、问题与对策》，《学术研究》2008年第5期。

［8］高小枚：《论志愿服务组织发展的制度环境》，《山东社会科学》2015年第5期。

［9］周湘宁：《我国志愿服务制度完善研究》，湖南大学硕士学位论文，2014。

［10］中山大学中国公益慈善研究院：《第二届志愿服务广交会青年社会组织评估报告》，2013。

［11］谭建光：《新时代要大力推进志愿服务的制度化》，中国青年志愿者网，2017年11月1日，http://www.zgzyz.org.cn/content/2017 – 11/01/content _ 16645288. htm。

［12］《制度化与常态化志愿服务的"广州经验"》，中国文明网，2016年5月23日，http://www.wenming.cn/syjj/dfcz/gd/201605/t20160523_ 3376022. shtml。

［13］《广州志愿服务探索"四化"发展新路》，《中国青年报》，2017年3月13日，http://news.163.com/17/0313/06/CFCTITQB00018AOP.html。

广州志愿服务组织专业化建设状况

巫长林[*]

摘　要： 新时代对志愿服务的专业化发展提出了新要求，广州志愿组织专业化建设之路不断前行。广州志愿组织负责人对所在组织专业化发展程度的评价较高，围绕专业志愿服务组织发展状况、专业人才建设状况、专业培训状况、专业督导状况、专业评估状况等五个维度阐述分析志愿组织的专业化建设状况。针对志愿组织存在的专业特色缺乏、专业人才供需匹配度不高、志愿者流动性快等问题，提出了相应的对策建议。

关键词： 专业化　专业技能　专业人才　专业特长

一　导论

新时代对志愿服务的专业化发展提出了新要求，党的十九大报告中明确提出，要推进志愿服务制度化。2017年颁布实施的《志愿服务条例》鼓励发展专业志愿服务，《条例》明确规定："志愿服务组织安排志愿者参与的志愿服务活动需要专门知识、技能的，应当对志愿者开展相关培训。开展专业志愿服务活动，应当执行国家或者行业组织制定的标准和规程。法律、行政法规对开展志愿服务活动有职业资格要求的，志愿者应当依法取得相应的资格。国家鼓励和支持国家机关、企业事业单位、人民团体、社会组织等成

---

[*] 巫长林，广州市团校助理研究员。研究方向：青年志愿组织、共青团工作。

立志愿服务队伍开展专业志愿服务活动,鼓励和支持具备专业知识、技能的志愿者提供专业志愿服务。"2016 年印发的《关于支持和发展志愿服务组织的意见》中要求:"国家机关、群团组织、企事业单位、其他社会组织和基层群众性自治组织要积极支持本单位、本社区的专业人才加入志愿服务组织,开展志愿服务活动,不断优化志愿者队伍结构。志愿服务组织要注重招募、使用专业志愿者,建立健全志愿者日常管理培训制度,对于专业性要求高的志愿服务项目,要强化专业知识和技能培训,不断提高志愿者能力素质。"发展志愿服务事业,满足人民群众日益增长的志愿服务需求,对志愿服务组织的专业化建设提出了新要求。新时代广州志愿服务组织专业化建设的研究分析具有重要的现实意义,也是广州志愿组织发展过程中面临的新考验。

志愿服务事业的专业化发展是伴随着大众化发展而起步的,志愿服务的"专业化"与"大众化"是容易引起人们争论的话题。专业化与大众化不是"非此即彼"的关系,而是相互补充和促进的关系。专业化侧重的是服务的专业化程度,更多地强调高质量的服务水平,发展专业志愿服务组织或队伍;大众化侧重的是志愿服务参与的广泛性,更多地强调志愿者群体来源的群众性,建立人人可以参与志愿服务的机制。专业化与大众化参与志愿服务的理念是相容的,专业化要求的是人人更加专业地参与志愿服务,与志愿服务人人可为并不排斥,专业化反而是希望能够激发和调动人们参与志愿服务的热情,吸引更多的人参与到志愿服务事业中来。

本文对志愿服务组织专业化的概念界定。结合已有的研究和本次课题实地调研所得,本文认为志愿服务组织专业化建设的组织类型包括两大类,一类是普通志愿服务组织,另一类是专业志愿服务组织。志愿服务组织专业化建设主要包括四个方面:一是组织管理的专业化,表现为组织架构健全、组织运行制度化、常态化开展专业培训;二是志愿者队伍的专业化,表现为专业志愿服务精神、专业志愿者、专业服务技能/职业证书/从业资格证;三是志愿服务内容的专业化,表现为从事专业领域志愿服务、专门/专注从事某一领域、有一定服务经验和积累;四是志愿服务项目的专业化，表现为项目策划专业化、项目实施专业化、项目评估专业化（见表1）。

表1　志愿组织专业化建设的指标体系

专业化维度	元素
组织管理的专业化	组织架构健全
	组织运行制度化
	常态化开展专业培训
志愿者队伍的专业化	专业志愿服务精神
	专业志愿者
	专业服务技能/职业证书/从业资格证
志愿服务内容的专业化	从事专业领域志愿服务
	专门/专注从事某一领域
	有一定服务经验、积累
志愿服务项目的专业化	项目策划专业化
	项目实施专业化
	项目评估专业化

二　广州志愿服务组织专业化建设的基本现状

志愿组织负责人对专业化建设的认知。在本次调研访谈中我们设置了"您怎么理解志愿服务专业化"这一问题，通过访谈我们了解到志愿组织负责人对专业化的看法主要有以下三点：一是志愿服务专业化是什么以及如何实现专业化还在实践中摸索，没有比较统一的答案，但对于为什么专业化，即专业化的必要性达成共识。二是专业化要分领域，可以是专门做某一领域，在各自细分具体领域，慢慢变专业；也可能是所从事的志愿服务领域本身就是专业领域，比如义诊、助学、大型赛会救援服务。三是专业化从狭义而言就是运用专业的知识、专业的技能做比较专业的志愿服务。因此，志愿组织首先自身要专业化、擅长什么，其次要有专业的经验输出，最后是专业身份和地位要得到行业和社会的认可。

志愿组织专业化建设状况，本次问卷调查数据显示，占50.2%的志愿组织定位是专业领域的服务组织，占69.5%的志愿组织拥有规范的制度，占56.3%的志愿组织拥有一套成熟的组织管理经验，占49.1%的志愿组织有为志愿者提供专门领域的专业技能培训，占38%的志愿组织建立了可以发挥志愿者专业技能的机制，占54.3%的志愿组织拥有策划实施志愿活动的专业化方案，占52.1%的志愿组织对志愿服务项目或者活动有建立评反馈机制，占34.7%的志愿组织有邀请或者聘请专业督导（见表2）。

表2 志愿组织专业化建设状况

单位：%

专业化内容	是	筹划中	否
（1）志愿组织定位是专门（专业）领域的服务组织	50.2	17.2	32.6
（2）志愿组织拥有规范的制度	69.5	21.5	9.0
（3）志愿组织拥有一套成熟的组织管理经验	56.3	32.9	10.8
（4）志愿组织为志愿者提供专门领域的专业技能培训	49.1	30.7	20.2
（5）志愿组织建立了可以发挥志愿者专业技能的机制	38.0	33.9	28.1
（6）志愿组织拥有策划实施志愿活动的专业化方案	54.3	29.4	16.3
（7）志愿组织对志愿服务项目或者活动有建立评估反馈机制	52.1	29.2	18.7
（8）志愿组织有邀请或者聘请专业督导	34.7	26.0	39.3

（一）专业志愿服务组织发展状况

王忠平提出"志愿服务从纵向可以分为三类，'基础志愿服务'、'技能志愿服务'和'专业志愿服务'。'基础志愿服务'是指提供聊天、陪伴等一些基础性服务；'技能志愿服务'是指用技能提供服务，比如IT、法务、财务等；'专业志愿服务'是指更多提供一个整体的解决方案，针对一些社会问题提出解决方案，专业志愿服务发展会更加全面、系统"[1]。据最新统计数据，广州组建了4364支党政机关和事业单位党员志愿服务

---

① 《"专业化"成志愿服务进阶目标》，《公益时报》2017年9月22日。

队及网络文明志愿服务队（含总队、支队、大队、队和分队等），220 多支企业、行业志愿服务队，1900 支市属高校、专职技校（院）、中小学校学生志愿服务队，27 支行业性志愿服务队，28 支常态化志愿服务总队和 115 支助残志愿服务队，并完善志愿者培训体系，促进队伍的专业化发展。①

志愿组织负责人的专业化理念。专业化的服务理念对于打造专业化的志愿组织具有非常重要的意义，只有服务理念做到专业化，才能切实保障志愿服务效果。专业化建设是志愿组织未来发展的有利竞争因素，也是志愿组织可持续发展的重要保障。当前志愿组织负责人对专业化的理解和重视程度是参差不齐的，有的志愿组织负责人非常重视专业化建设，并着手提升组织的专业化水平，有的志愿组织负责人则忽略了对志愿服务的专业化建设。

本课题问卷调查数据显示，志愿组织负责人对所在组织专业化发展程度的评价较高，占 4.5% 的负责人认为自己组织的专业化程度"非常高"，占 38.6% 的负责人认为自己组织的专业化程度"比较高"，占 48.0% 的负责人认为自己组织的专业化程度"一般"，占 8.5% 的负责人认为自己组织的专业化程度"比较低"，占 0.4% 的负责人认为自己组织的专业化程度"非常低"（见表 3）。

进一步区分不同功能的志愿组织评价，传播型志愿组织（文化、媒体志愿组织等）专业化程度自我评价最高，占 64.2% 的传播型志愿组织自我评价专业化比较高；其次，是实施型志愿组织（协会、总队、团队），占 41.5% 的实施型志愿组织自我评价专业化比较高；自我评价专业化程度比较低的是统筹型志愿服务组织（市、区志愿者联合会）和支持型志愿服务组织（研究会、培训组织、促进组织等），分别占 5.9% 和 16.7%。

进一步区分不同组织形态的志愿组织，社区志愿服务组织的专业化程度自我评价最高，占 48.6% 的社区组织自认为是比较专业的；其次，是高校

---

① 何道岚、穗文明：《全国推广"社工 + 志愿者"的广州经验》，《信息时报》2018 年 3 月 6 日。

志愿组织，占36.2%的高校组织自认为是比较专业的；专业化程度自我评价较低的是农村志愿组织和企业志愿组织，分别占33.39%和6.7%。

表3 志愿组织自我评价专业化发展程度

单位：%

自我评价		非常高	比较高	一般	比较低	非常低
所有组织总体评价		4.5	38.6	48.0	8.5	0.4
按功能划分的志愿组织	统筹型	0	52.9	41.2	5.9	0
	支持型	0	0	83.3	16.7	0
	传播型	7.1	57.1	35.7	0	0
	实施型	4.9	36.6	48.2	10.4	0
依据组织形态区分	社区	3.9	44.7	47.6	3.9	0
	农村	0	33.3	33.3	33.3	0
	高校	5.6	30.6	48.6	13.9	1.4
	企业	0	26.7	66.7	6.7	0

（二）志愿服务组织专业人才建设状况

专业人才建设主要是指专业志愿者的培养和使用。什么是专业志愿者，综合志愿组织负责人的看法，我们可以知道，一是在志愿服务领域具有专业精神；二是做的志愿服务工作专业，有接受过专门的培训，具备一定的专业技能、素质；三是有一定的志愿服务积累、沉淀、经验、经历；四是在本职工作领域里从事相关志愿服务为专业，其他领域则为不专业；五是对于志愿组织管理者，还包括管理能力的专业。

1. 专业人才队伍状况

本课题问卷调查数据显示，平均而言，志愿组织招募的志愿者中，专业技能人士占30.93%，非专业技能人士占69.07%；本次调查的志愿组织中，占8.8%的志愿组织的志愿者中没有专业技能人士，占5.9%的志愿组织的志愿者全部是由专业技能人士构成，占85.3%的志愿组织则有部分专业技能人士参与。

专业志愿者是志愿者队伍的有机组成部分。当前志愿组织的专业化人才队伍有三大类状况：一是专业化程度较高的，由专业志愿者组建专业支队，专门做比较专业的志愿服务项目和服务；二是专业化程度较低的，没有组建专业支队，但有专业志愿者参与比较专业的志愿服务项目和服务；三是还没有有意识地建设或者强调专业志愿者的，在志愿服务队伍组建和开展志愿服务过程中还没有区分出专业志愿者，对专业志愿者的认知模糊。

2. 专业人才优势发挥状况

如何调动和充分发挥专业志愿者的特长，对提升志愿服务质量具有显著的影响。刘丹提出，"专业志愿服务是拥有专业知识和技术能力的人士利用自己的时间、专业技能、智慧经验和社会资源，向公益慈善机构、弱势群体或社会组织所提供的无偿专业服务"[①]。专业志愿者的特长，一般来说可以细分为四种：一是由在职工作岗位塑造而成的工作特长，例如律师职业对法律问题的精通、医生职业对医疗方面的擅长、理发师职业对于理发工作的熟练等；二是由个人兴趣爱好培养而成的爱好特长，例如有些志愿者爱好唱歌、跳舞、书法写作等；三是由学习专业培养而成的专业特长，主要是指大学所学专业培养的特长，例如师范生擅长于义教、支教领域的志愿服务，医学院学生擅长医疗救援领域的志愿服务等；四是经过志愿组织的专业培训形成志愿服务某一领域特长，例如志愿者参加应急救援类的志愿组织，志愿组织会对志愿者培训专门的应急救援知识，在长期志愿实践的基础之上，从而掌握了应急救援的能力。

第一类是由在职工作岗位塑造而成工作特长的志愿者情况，例如君诺公益有律师志愿者，可以发挥律师特长。母乳爱志愿服务队目前持证的志愿者大约占 1/15，发挥了他们在母乳喂养专业服务领域的特长，最突出的专业证书是 IBCLC（国际认证哺乳顾问，是最高级的母乳指导证书），团队有近20位志愿者考取了这个国际认证的证书。

第二类是由个人兴趣爱好培养而成爱好特长的志愿者情况，例如生命

---

① 刘丹：《公共图书馆专业志愿服务应用构想》，《图书馆建设》2017 年第 9 期，第 90 ~ 94页。

之光癌症康复协会义工队的活动站每周组织一次活动，在活动中发现人才，吸收到义工协会；每个活动站有文件夹，每年组织一次总结会，也会推荐人才。红棉暖心服务队在志愿服务过程中，不断挖掘和发现志愿者的专业才能和爱好，例如会唱歌、跳舞的，调动他们积极性，给予他们展示平台，同时带给服务对象美好的志愿服务感受。

第三类是由学习专业培养而成的专业特长的志愿者情况，例如广州铁路职业技术学院家电义务维修协会主要提供小家电义务维修专业服务，由于成员均为学生，在维修实践时也是一种学习的过程，故会有家电维修的"老师傅"给予他们实际服务上的指点，在社区开展服务时，也往往会有"老师傅"一同前往；金丝带特殊儿童家长互助中心开展志愿服务时可以发挥医护专业特长。

第四类是由志愿组织的专业培训形成志愿服务某一领域特长，例如《广州市文化馆注册文化志愿者章程》提出，定期邀请专家学者、专业社工、志愿者骨干等相关人员为注册文化志愿者开展培训，以提升文化志愿者的服务水平及专业技能。专业培训是指针对文化志愿者，根据服务岗位的专业要求，使其掌握相关专业知识和技能的培训，如各类艺术培训、文物知识培训、导览讲解培训等。越秀区暐杰志愿服务工作中心负责人指出，他们的志愿者要有67个小时的培训，主要在周六日，培训考试合格才能加入。他们培训的内容和培训课程比较专业化，课程有心态课、实务等。考试的内容涵盖专业服务知识、急救技能、实操考试。此外还有专门领域的培训。同时，负责人认为志愿者还要不断地接受培训，专业志愿服务要不断更新，与国际接轨。

（三）志愿服务组织专业培训状况

专业培训是指针对所招募的志愿者，根据服务岗位的专业技能和素质要求，有针对性地让其掌握相关专业知识和技能的培训，如急救知识培训、心理咨询培训、助残培训等。黎嘉辉等提出"专业化的志愿服务包含两个方面：一个是志愿服务内容的专业化；另一个是志愿者的专业化。专业化志愿服务与一般性志愿服务的差异主要体现在服务的过程上，在专业化志愿服务中，志愿者需要拥有和利用更多的专业知识与技能，去解决活动中遇到的问题"①。

1. 从事专门领域志愿组织普遍开展专门领域技能培训

志愿组织普遍都有开展专门领域的志愿服务。例如母乳爱志愿服务队专门领域的志愿服务是母乳喂养和科学育儿指导；尚丙辉社会工作服务中心负责人指出老人、社区、流浪人群都是他们志愿服务分队的专门领域；海珠区蓝信封留守儿童关爱中心的专门领域就是陪伴留守儿童健康快乐成长；金丝带特殊儿童家长互助中心专注做癌症儿童的游戏陪伴。这些有开展专门领域志愿服务的组织普遍都有开展专门领域技能的培训，让志愿者掌握基本的志愿服务技能。

张科等提出，"志愿服务按照服务过程和内容可分为非专业化服务和专业化服务两种，非专业化服务是指技术含量较低的一般性服务活动；专业化服务是指具有某项专业知识技能或获得专业资格的人士提供的服务"②。本次问卷调查数据显示，当前多数志愿服务项目需要使用到某一专业技能，其中，6.1%的项目"非常多"地用到专业技能，17.0%的项目"比较多"地用到专业技能，41.0%的项目用到专业技能的程度"一般"，28.8%的项目用到专业技能的程度"比较少"，7.1%的项目"不需要"用到专业技能（见表4）。

进一步区分不同服务内容的项目，医疗卫生服务需要用到专业技能可能性最高，占75%；其次是应急救援服务，用到专业技能可能性为44.4%；比较少用到专业技能的服务内容是环境保护项目和法律服务项目，可能是环境保护和法律服务项目作为比较专业的项目，但目前专业技能的使用程度较低或使用的意识较弱。

---

① 黎嘉辉、邓树添、杨晓洁、张敏：《广州高校开展专业化志愿服务的现状与建议》，《广东青年职业学院学报》2016年第2期，第57~61页。

② 张科、彭巧胤：《高校青年志愿服务专业化研究》，《中国青年研究》2010年第2期，第43~46页。

表4　实施的志愿服务项目需要使用专业技能情况

单位：%

是否需要专业技能		比较少	一般	比较多	非常多
所有志愿服务项目总体		28.8	41.0	17.0	6.1
主要服务内容划分的项目	助老服务	27.1	46.5	16.0	4.9
	青少年服务	31.7	41.7	15.1	4.3
	助残服务	29.9	48.5	12.4	3.1
	医疗卫生	0	25.0	37.5	37.5
	法律服务	60.0	20.0	20.0	0
	社区便民服务	25.2	40.8	19.4	8.7
	环境保护	26.7	43.3	13.3	0
	扶贫开发	15.4	53.8	30.8	0
	应急救援	11.1	22.2	33.3	11.1
	文化宣传与网络文明	29.4	41.2	17.6	5.9

2. 专业培训是参与志愿服务的必要条件

参加专业化培训是许多志愿组织的志愿者参与志愿服务的必要条件，没有参加培训或者参加培训考核不合格，是无法参与志愿服务项目的。本次调研访谈中有些志愿组织负责人指出，绝不能让不经他们专门培训的志愿者参与，专门培训是由于志愿服务项目的专业性要求较高，也是保证服务质量，提升服务对象满意度的必然要求。有些志愿组织还会制定专门的培训手册，以供入门志愿者学习。例如广州铁路职业技术学院家电义务维修协会负责人指出，协会非常有整理知识、提炼经验的意识，小家电的维修操作性手册是由成员们自己编撰的，内容翔实，实操性强，对于新加入的成员，会提供专门的培训。

3. 专业培训的内容针对性强

专业培训的内容针对性强，专业化程度较高。例如南山志愿服务队的培训，有项目的培训，有医院志愿服务队的培训，有包括上岗前的培训，有更加专业的志愿服务项目的培训，也有组织志愿者参加广州志愿者学院的培训，在广州志愿者学院主要是通识性培训，包括志愿精神、新媒体、项目策划、资源链接等。海珠区蓝信封留守儿童关爱中心的专业培训还是比较系统的，同理心、情绪管理都是通过线上进行培训的。普爱普工英义工队的培训系统化，有单次活动前的培训；有基础性的培训，讲解义工概念、原则、权利与义务、机构介绍；有进阶培训，有具体领域的培训，例如助残的义工，介绍残障人士的特点，服务过程中的注意事项；有高阶段培训，面向骨干、资深义工。调查发现，各类志愿组织都会邀请相关专家、老师讲课，内容为专门服务领域的专业知识、服务技能、相关政策解读、心理困惑解答等。

（四）志愿服务组织专业督导状况

志愿服务组织的督导状况主要有两种情况，一是志愿服务组织督导，二是志愿服务项目督导。志愿服务组织的督导相对比较少，所调查志愿组织中将近一半志愿组织目前没有聘请专业督导，有督导的志愿组织一般是比较成熟的志愿组织或者是依托社工机构的志愿组织；志愿服务项目督导是比较多的，由于许多志愿服务组织承接了政府购买项目或者社会化项目，这些项目的招投标中会要求聘请专业督导，以提升服务项目的服务质量。

1. 志愿服务组织督导状况

志愿组织的督导是对组织的发展进行专业的监督指导。例如齐志社会工作服务中心聘请香港督导，对于机构的社工和员工进行专门的督导培训。海珠区蓝信封留守儿童关爱中心在督导方面还是比较多的，总共 8 个督导，6 个教授加两个博士，一个季度一次。逢源长者义工队则由家综社工作为义工队伍的督导进行专业指导。

2. 志愿服务项目督导状况

志愿服务的项目督导是比较普遍的，志愿组织实施的重点项目或者品牌项目一般都会聘请专业的督导。例如越秀区暐杰志愿服务工作中心虽没有聘请志愿组织督导，主要依靠学习香港医疗队的经验，但志愿服务项目有督导，这些都是购买方第三方的督导。南山志愿服务队有专业的督导，督导项目策划、项目可行性、项目实施和评估，项目化的管理需要有督导，督导通常都有专业的背景。

本次问卷调查数据显示，大部分志愿组织都有实施专业的志愿服务项目，总体而言，26.9%的志愿组织没有实施专业的志愿服务项目，48.9%的志愿组织实施1~2个专业项目，14.5%的志愿组织实施3~4个专业项目，9.7%的志愿组织实施5个及以上项目。

进一步区分不同功能的志愿组织实施专业项目情况，实施项目比较多的是传播型和支持型志愿组织，比较少的是统筹型和实施型志愿组织。30.9%的实施型志愿组织（协会、总队、团队）没有实施专业项目，21.1%的统筹型志愿服务组织（市、区志愿者联合会）没有实施专业项目，16.7%的支持型志愿服务组织（研究会、培训组织、促进组织等）没有实施专业项目，13.3%传播型志愿组织（文化、媒体志愿组织等）没有实施专业项目。

进一步区分不同组织形态的志愿组织实施专业项目情况，实施项目比较多的是社区志愿组织和企业志愿组织，比较少的是高校志愿组织和农村志愿组织，66.7%的农村志愿组织没有实施专业项目，34.2%的高校志愿组织没有实施专业项目，31.2%的企业志愿组织没有实施专业项目，21.0%的社区志愿组织没有实施专业项目（见表5）。

表5　志愿组织实施专业志愿服务项目状况

单位：%

专业项目数量		没有	1~2个项目	3~4个项目	5个及以上项目
所有组织总体		26.9	48.9	14.5	9.7
按功能划分的志愿组织	统筹型	21.1	36.8	21.1	21.1
	支持型	16.7	33.3	50.0	0
	传播型	13.3	53.3	20.0	13.3
	实施型	30.9	47.9	12.7	8.5
依据组织形态区分	社区	21.0	48.6	18.1	12.4
	农村	66.7	33.3	0	0
	高校	34.2	47.9	13.7	4.1
	企业	31.2	50.0	12.5	6.2

（五）志愿服务组织专业评估状况

专业评估是志愿服务组织专业化发展的必然要求，广州志愿组织有序推动建立专业评估机制，甚至成立了相关志愿服务研究机构，加强志愿服务评估研究。本次问卷调查结果显示，52.1%的志愿组织对志愿服务项目或者活动有建立评估反馈机制，29.2%的志愿组织的评估反馈机制在筹划中，18.7%的志愿组织没有建立评估反馈机制。志愿组织的专业评估主要是由第三方评估或者是项目委托方组织的项目评估，专业评估对于志愿组织的长远发展具有重要影响，有的志愿组织负责人指出在发展过程中遇到的最大难题之一是项目的发展策略，其中就包括怎样科学地开展项目评估。

本次调研访谈中发现，当前有些志愿服务组织的专业评估是做得比较健全的，例如中山大学青年志愿者协会建立了志愿服务评估体系。志愿服务项目的实施效果和宣传效应，志愿服务对青年学生的成长成才促进机制，志愿服务的对象评价等，是促进志愿服务工作提升的评估指标。他们正在构建"以评促建"的志愿服务评估体系，努力实现志愿服务更加科学合理。南山志愿服务队由专业的督导对志愿服务项目进行评估。海珠区蓝信封留守儿童关爱中心在评估方面做得比较突出，志愿者培训效果的评估是通过填写反馈单来了解。

三 广州志愿服务组织专业化建设
存在的问题及其原因分析

（一）志愿组织专业化程度有待提升，志愿服务项目专业特色比较欠缺

本次调研访谈发现，当前广州志愿组织的专业化程度不高，专业水平还有待提升，各志愿组织间的专业化发展程度不平衡。随着专业志愿服

务的不断深入发展，专业服务队伍正在成长，对志愿服务的要求更加严苛，这对传统的志愿组织提出了很大的挑战。开展的志愿服务项目专业特色比较欠缺，品牌项目的专业化元素较少，项目的可持续性较弱。在志愿服务项目的策划、实施过程中，发挥专业志愿者才能的机制没有很好地建立起来，项目的层次性较低，专业化的含量较低，导致项目的竞争力和可持续性压力较大。

（二）专业人才供需匹配度不高，志愿服务专业人才市场有待开拓

专业化要能与需求对接，发挥专业所长，让专业的人做专业的事。当前许多志愿者觉得志愿服务与自己具有的专业技能不挂钩、不相关，没有什么直接的关系，不能发挥自己的专业优势。沈杰指出，"志愿服务专业化的特点已经越来越强，首先要对需求有了解，事业做强做大要有持续性；第一步要调查需求，第二步要有特色定位，第三要专业运作"①。志愿服务专业人才方面面临的主要矛盾是志愿服务事业对专业化的需求不断增长与专业人才的技能供给之间的不平衡不充分，服务对象渴望有专业化的志愿服务提供者，专业志愿者也渴望一展自己专业化身手，但缺乏志愿服务专业人才市场或者说专业志愿服务需求与专业志愿服务供给之间的对接机制。因此，要提升专业人才供需匹配度，搭建志愿服务专业人才或专业技能市场。

（三）志愿者流动性快，专业素质积淀难

专业化需要专业人才支撑，志愿者不断流动和变化，志愿组织服务工作很难开展；同时，因为流动率过高，变化过快，志愿精神的传承和志愿技巧的传递比较慢，心血来潮式地做志愿服务的情况已经不适应新时代志愿服务发展的需求。谭建光指出，"伴随志愿事业的发展繁荣，人民群众对于志愿

---

① 《志愿服务成为人们内在需求》，《南方日报》2013 年 4 月 2 日。

服务的需求多样化、灵活化，越来越要求志愿者的服务提高专业能力、具有专业水平，在大众参与、普遍发展的志愿活动基础之上，关键是提高各类志愿组织的专业服务能力"[1]。志愿者流动性快，有些是志愿者工作、居住地等变化导致的客观流动，有的是志愿服务内容缺乏吸引力或者志愿服务项目终止等因素导致被动式流动，也有小部分志愿者是由于想体验丰富多彩的志愿活动而不断地流动。志愿者的流动，对于志愿组织的发展和志愿者专业领域的成长是有一定损害的，志愿服务专业素质的形成需要长时间的积累、培训和感悟，过于频繁的流动导致志愿组织的招募和培训成本上升，志愿组织的专业化发展较慢。

四 促进广州志愿服务组织专业化建设的对策建议

志愿服务组织的未来是朝着专业化方向的潮流发展，专业化是未来志愿组织的重要竞争力。但是，我们也不是一味地强调专业化，每个志愿组织、每项志愿服务项目是否都需要专业化？这是值得每个从事志愿服务事业的人去思考的问题；专业化与人人参与志愿服务的理念是相容的，专业化要求的是人人更加专业地参与志愿服务，因此，在强调专业化建设的同时，也要适当地防止专业化强调过度之害。

（一）广州志愿服务组织专业化建设的未来发展趋势

1. 志愿服务领域的专业化越来越细分，志愿服务项目专业化凸显

未来志愿组织总体方向是朝着专业化方向发展，志愿服务领域方向越来越精细化，转介志愿服务会逐渐增多，志愿服务组织在主要服务领域之外的其他领域做大了，就分出去。志愿组织遇到跨领域服务，如果专业不对口，就转介服务，由更专业人员去做。志愿服务项目化，服务项目专业化发展。志愿组织积极推动志愿服务项目的专业化，注重志愿服务效果的深入化和精

---

[1] 谭建光：《志愿服务：理念与行动》，人民出版社，2014，第43页。

准性，整合资源孵化更多能够精准服务的志愿服务项目。有的志愿组织则以"服务基地＋服务项目"的机制保证志愿服务专业化，志愿组织与服务基地建立相对固定的服务关系，合理设置志愿服务内容和服务项目，增强服务的针对性和有效性。

2.志愿者朝着专业型志愿者发展，志愿服务技能水平逐渐提升

志愿服务的专业化需要志愿者具备能够胜任志愿服务的能力和技能。广州拥有浓厚的志愿土壤，人们参与志愿服务的积极性高。志愿者们朝着专业型志愿者发展，成为拥有技术含量、专业素养的人才，能够为服务对象提供更专业、针对性强的志愿服务，例如法律、心理、医疗、食品安全等方面的专业技能志愿人才。社会对专业型志愿者的岗位需求越来越多，他们的出现，大大提升了志愿服务专业形象和水平。通过发挥专业型志愿者优势和专业技能，能够为社会提供更高质量、更专业的志愿服务。本次访谈调查中发现，各志愿组织都比较重视专门人才的培养，积极吸引、培育、激励各类专门人才，甚至有的志愿服务组织将未来规划为"专才化发展""专才志愿团体打造"这一方向。随着广州志愿服务事业的稳步发展，志愿者专业素质的提升，志愿服务对象对专业志愿服务的需求逐渐增加，志愿者对自身专业技能运用到志愿服务中的意愿更加强烈，志愿组织给予志愿者发挥专业技能的平台和空间也会越来越广阔。志愿者参加的培训次数增多，基于对自身专业技能提升而自主参训的志愿者也不断增加。

3.专业化志愿服务队伍逐渐庞大，"社工＋志愿者"协作机制逐渐推广

伴随广州志愿者之城的建设，志愿服务事业的迅速发展，越来越多的人参与到志愿服务事业中来，志愿服务队伍发展壮大，各领域的专业化志愿服务队伍也蓬勃发展。志愿组织专业化的动力与压力来源于志愿组织间的竞争，本次调研访谈的志愿组织负责人指出，随着专业志愿服务的不断深入发展，其他类似的专业服务队伍正在成长起来，对相关服务更加严苛，从这个角度而言，困难就是对负责人所在志愿组织很大的挑战。2016年印发的《关于支持和发展志愿服务组织的意见》中要求：

推广"社会工作者 + 志愿者"协作机制。广州率先梳理出"社工 + 志愿者"工作模式，这一模式逐渐推广到全省、全国各个地区。以社工机构为依托的志愿组织是推动"社会工作者 + 志愿者"协作机制的主要力量，这是因为这些志愿组织拥有社工背景，具有专职的社工人才，由专门负责志愿服务的社工招募组建志愿服务队伍。本次调研访谈的志愿组织负责人提出当前志愿组织专业化发展方向是社工专业知识和志愿者爱心服务相结合，专业化发展途径，一是社工 + 志愿者，例如长者社工 + 志愿者；二是专业机构介入，但容易形成造血闭环，例如社会组织、社会企业。

（二）广州志愿服务组织专业化建设的对策建议

1. 建立志愿者人员和志愿服务档案，发掘培育专才志愿者

人才是志愿服务事业的第一资源，要充分利用专业志愿者人才资源。对志愿者进行动态管理和服务，建立专业志愿者人才库。运用互联网信息技术，搭建志愿者人员和服务档案，根据志愿者填写档案的材料，依据他们特长，挖掘专业人才，发挥他们的特长。在开展志愿服务事业过程中，搭建专业人才成长平台，培养志愿者的专业服务技能，在服务中发现人才、培养人才，发展壮大志愿服务事业专才志愿者。

2. 强化志愿服务专业培训，建设高素质专业化志愿者队伍

推广以"师父带徒弟"的模式，传承志愿服务领域的工匠精神。以老带新的"师父带徒弟"的模式，是志愿组织开展专业志愿服务项目中常见的途径。通过经验丰富的志愿者带领新的志愿者，经过一定的时间周期，新的志愿者能够很好地传承志愿服务的技能和经验。构建专业化培训体系，探索志愿者培训专业化、制度化、标准化，建立标准化的专业化岗位培训体系。围绕体系，建立一支专业化的志愿服务师资队伍，研究出版培训教材，建立多元化的教学基地，充分运用互联网资源，着力提升志愿组织和志愿者的专业化水平。

3. 建立志愿组织专业化指标体系，创新志愿组织专业化评估机制

当前志愿服务组织专业化道路处在探索中前行，对于专业化的理念和认知还停留在比较浅的层面，对于什么是专业化、专业化的表现有哪些、怎么评价志愿组织是否专业等基础性问题，学术界和志愿服务实务界都还没有取得比较统一认可的答案。为推进志愿服务更加专业化，需要建立一套志愿组织专业化指标体系，创新志愿组织专业化评估机制。由志愿服务组织协会建立与志愿服务事业发展相适应的制度化专业评估机制，推进志愿服务事业的可持续性发展，提升志愿服务事业的专业化水平。

参考文献

［1］张明敏：《"专业化"成志愿服务进阶目标》，《公益时报》2017 年 9 月 22 日。

［2］何道岚、穗文明：《全国推广"社工 + 志愿者"的广州经验》，《信息时报》2018 年 3 月 6 日。

［3］刘丹：《公共图书馆专业志愿服务应用构想》，《图书馆建设》2017 年第 9 期。

［4］黎嘉辉、邓树添、杨晓洁、张敏：《广州高校开展专业化志愿服务的现状与建议》，《广东青年职业学院学报》2016 年第 2 期。

［5］张科、彭巧胤：《高校青年志愿服务专业化研究》，《中国青年研究》2010 年第 2 期。

［6］向杰：《志愿服务成为人们内在需求》，《南方日报》2013 年 4 月 2 日。

［7］谭建光：《志愿服务：理念与行动》，人民出版社，2014。

B.9
广州志愿服务组织支持体系研究

李超海*

摘 要： 志愿服务组织的稳健运行需要有持续的组织支持体系，而组织支持体系要发挥作用，需要积极嵌入政策制度、市场力量、民众需求，形成基于合作主义的政府、市场、志愿服务组织和市民之间的联动合作体系。从志愿服务组织的资源供给来看，以广州公益创投为代表的"政府＋市场＋社会"三方同步联动的专业化资源动员体系基本建立；从志愿服务组织的日常运作来看，社工＋义工＋志愿者联动、社区＋学校＋社会组织联动、政府＋社会组织联动的多层次配套体系基本建立；从志愿服务组织的支撑环境来看，社会组织跟政府、企业、服务者之间的嵌入性的合作关系基本建立。

关键词： 志愿服务组织 支持体系 嵌入性 广州

　　随着中国经济社会发展进入新阶段，社会主要矛盾已转为人民追求美好生活与社会发展不充分不平衡之间的供需关系。针对社会主要矛盾的新转变和新发展，广州市志愿服务组织及时转变思路、调整策略、改进服务，更好地发挥和调动政府、市场、社会和居民的合力，构建具有新动能、新优势和新机制的志愿服务支持体系。

---

* 李超海，社会学博士，广东省社会科学院副研究员。

一 导论

如图 1 所示，按照组织运行的一般逻辑和志愿服务组织支持体系的特殊逻辑，可以从"动力源—动力转化—动力交互—动力反馈与优化"刻画出志愿服务组织运行的过程、结果和机制，从而建构出志愿服务组织支持体系运行的基本框架。

动力源是指支撑志愿服务组织发展的动力类型，一般包括四种类型的动力，即社会需求动力、政府治理动力、个体需求动力和组织发展动力。这四种动力的合力共同建构出了志愿服务组织支持体系的原动力。动力源是静态区分的动力类型，通常会经过动力转化环节来发挥作用，从动力转化来看，志愿服务需要转化为居民对美好生活的满足，志愿服务组织规范化、专业化能力的体现，政府不断优化社会秩序的治理能力的提升，企业追求社会责任能力的提高。四种不同的动力转化目标，构成了社会良性运行和协调发展的基础，也构成了社会和谐有序的前提条件。在动力转化过程中，会出现动力交互，即群众需求、组织供给、政府主导、市场力量、技术变革、社会信任等主体都会影响志愿服务支持体系的运行，也会影响志愿服务支持体系的发展路径。理论上来看，志愿服务的供给与需求关系是主轴，志愿服务组织需要提供优质服务满足居民的需求，但是这一供需关系受到多方面因素的影响，会形成不同组合、不动模式的动力交互关系。

动力反馈与优化，志愿服务组织的支持体系不是一个静态的闭环关系，而是一个动态博弈的开放体系。作为被志愿服务组织的成员，可能也是社区某一专项志愿服务的受众；作为专业化、规范会的志愿服务，可能也是政府治理的主要组成部分。因此，志愿服务的支持体系是一个开放的系统，存在着服务与治理的同步发展，也存在着服务与治理的动态替换，但本质上是支持体系的自我强化和不断优化。

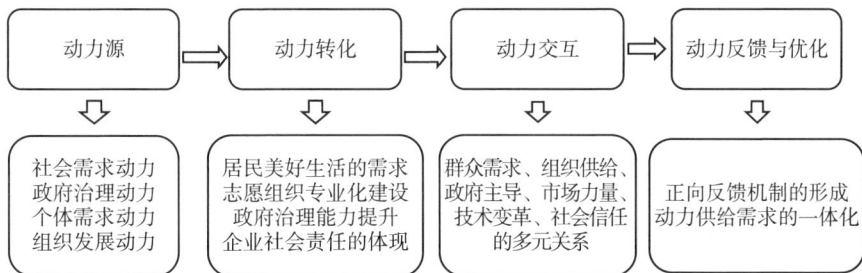

图1　志愿服务组织支持体系的动力逻辑过程

二　广州志愿服务组织支持体系的基本现状及特征

基于动力逻辑和分析维度，可以发现，政府、市场、组织和需求的交互融合构成了广州志愿服务组织支持体系的初始动力，回应型政府、改革型制度、公益型企业、专业型组织和良好的市民群体，共同形塑和催生了广州志愿服务组织支持体系的良性运行和协调发展。

（一）政府有作为：懂服务的供给型政府

广州市志愿服务组织发展迅速，志愿服务活动逐渐平民化，呈现出组织形态多样、组织活动多元和服务对象全覆盖的基本特征。就志愿服务活动的类型来看，有党政部门组织开展的活动，有专业志愿服务组织和社团组织的活动，有营利性企业组织的非营利性的活动，有各级各类学校组织的活动，也有宗教机构和慈善团体组织的活动。就服务对象来看，实现了户籍人口和流动人口的全包含，做到了生老病死残、吃穿住用行等领域的全覆盖，满足了从主流人群到边缘人群的多样需求。其中，各级党委政府为志愿服务组织的生存提供了资源，为志愿服务组织的发展创造了空间，为志愿服务组织的专业化和规范化指出了方向。

一是善用政策，敢用政策，为志愿服务组织提供合法性保障。广州志愿服务组织数量多、志愿服务专业性强、志愿服务文化发达，离不开政府的制度保障和政策支持，尤其离不开政府角色和职能的转变。一定程度上来看，广州市政府实现了向供给型政府的转型，政府的职能是追求在社会公平基础上满足民众的志愿服务诉求，通过供给侧的改革和创新，充分激活志愿服务的社会保护功能，通过第三方、个性化的志愿服务供给来满足不同需求。在管理机制上，强调整体的社会公平，充分尊重城乡差距、阶层差异和需求层次，推动志愿服务的差异化针对性供给，不断提高志愿服务的服务效率和民众认同度。2013 年 10 月广州市民政局联合市财政局出台的《广州市社会组织公益创投项目管理办法》，按照"扶老、助残、救孤、济困"的宗旨推动公益创投项目不断持续发展。在具体实践过程中，不同于其他城市政府全额资助的原则，广州公益创投设定"政府资助金不能超过项目总预算的 60%且总资助金额不超过 30 万元"，为政府整合多方资源、调动多方力量和凝聚多方人力创造了良好的政策平台，为广州公益创投项目可持续发展奠定了坚实基础。除了项目规则充分体现了政府善用政策、敢于创新外，在项目类型上也能有效回应民众的需求和诉求。以 2017 年第四届广州市社会组织公益创投活动为例，在获得资助的 165 个公益创投项目中，为老服务类 63 个，助残服务类 14 个，青少年服务类 35 个，救助帮困类 16 个，其他公益类 37个，资助项目服务覆盖了全市 11 个区。养老服务项目占全部资助项目的38.2%，这与广州市老龄化程度较高和老年人口较多的现实需求是一致的，据广州市老龄委统计结果，2016 年广州市老年人口占户籍人口的比重达到了 17.76%（见图 2）。

在具体运行过程中，政府从供给侧改革着手，及时将社会管理、社会服务等方面的职能转移给志愿服务组织，通过"源头"管理、政策引导推动志愿服务组织和民众志愿服务需求之间的精准对接。其一，做到了尊重市场和消费规律，市场化程度不同，消费水平不一样，区位特征不同，消费需求不一致，志愿服务的供给就存在差异，日常管理中充分考虑区位、市场等宏观变量的影响，更好地发挥市场的配置作用，减少行政配置的信息不对称。其二，尊重个性化需求和维护个体尊严，政府基于志愿服务组织的绩效，而非基于等级或身份，作为资源分配、政策支持的依据，尤其注重利用受众的评

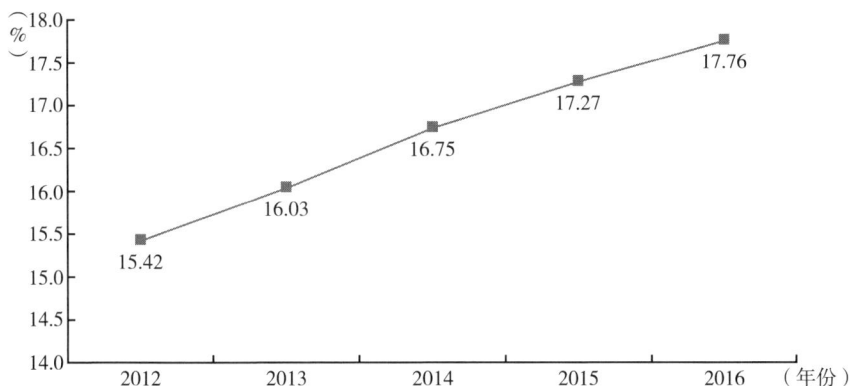

图2　2012～2016年广州市60岁及以上老年人口占户籍人口的比重情况

价、大数据和调查相结合的识别技术，来引导适合民众需要和实际需求的志愿服务项目发展，最大限度地保障志愿服务资源分配与民众的个性化需求相匹配。实地走访结果表明，广州市志愿服务组织开展的主要服务跟大多数民众的需求基本匹配，助老服务、青少年服务、社区便民服务、弱势帮扶服务、农民工子女照顾服务等，基本回应了老年人、青少年、社区日常需求和弱势群体等主要社会群体的民生诉求。

二是顺应形势，勇于改革，为志愿服务组织开拓发展空间。志愿服务的宗旨和使命不会发生变化，但是服务主题、活动设置等需要适应社会发展的变迁和民众需求的变化。广州市政府高度重视志愿服务的改革和创新，做到了既要投入资源支持志愿服务组织的发展，同时又不断激活志愿服务组织的活力，做到了发展和保护并重。当然，志愿服务不仅仅只是"花钱"和"分钱"，志愿服务的基本功能是保护和保障，但也存在独特的发展功能，志愿服务文化、志愿服务精神就是志愿服务的发展性功能，在调节社会矛盾、调和社会秩序和缓解社会矛盾的同时，为进一步的改革发展提供动力支撑。总之，离开志愿服务的发展性功能，就会陷入"福利主义陷阱"和"资源短缺困境"。广州市志愿服务交易会就是激活和提升志愿服务组织和志愿服务的发展性功能的重要体现，通过充分尊重要素市场的分配规律，充分放大志愿服务组织的社会效益和提升志愿服务活动的专业能力，就可以推动公平合理的社会秩序转变为新时代改革开放发展的新动力。以2016年广州市志交会为例，积极适应移动互联网社会发展的新态势，打造"网上志交会"，既可以检验和提升项目的自主宣传和自我造血能力，也为市民提供一个开放便捷的平台去了解和参与志愿服务，提升服务项目的民众知晓率；实施"互联网+"融入志愿服务，可以充分调动广大志愿者积极利用互联网开展项目、优化服务、参与活动，依托互联网便捷、高效的传播特性创新服务方式，提高服务效能，传播志愿文化。

在政府积极改革服务模式、提升服务便利性的同时，还不断推进志愿服务组织的平台孵化。2018年在全市开展的志愿服务组织调查问卷显示，从被调查志愿服务组织成立的原因来看，14.9%的志愿服务组织是由政府部门推动成立，7.9%的志愿服务组织是经政府部门倡议由于企业自愿成立，即在成立的志愿服务组织中，有22.8%的志愿服务组织的成立跟政府推动有关（见图3）。

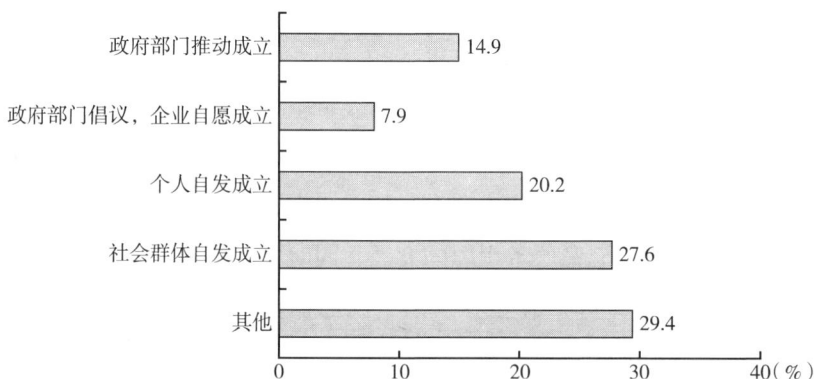

图3 志愿服务组织成立的原因

三是强化扶持，科学干预，为志愿服务组织提供资源保障。2009年广州市志愿者交易会，为广州志愿服务组织支持体系走向全社会创造了良好根基，也影响了全中国的志愿服务；2014年至今连续五届广州市公益传统项目，为广州市志愿服务有效连接资源提供了机会空间。以2017年第四届广州市社会组织公益创投活动为例，在获得资助的 165 个公益创投项目中，为老服务类 63 个，助残服务类 14 个，青少年服务类 35 个，救助帮困类 16 个，其他公益类 37 个，资助项目服务覆盖了全市 11 个区。从项目总数来看，2014 年广州市公益创投资助项目政府 100 个，政府资助金额为 1500 万元；2015 年资助项目为 115 个，政府资助金额为 1500 万元；2016 年资助项目为 154 个，政府资助金额为 1850 万元；2017 年为 165 个，政府资助金额为 2240 万元。四届公益创投项目合计资助项目为 534 个，政府合计资助总额为 7090 万元，每个项目平均资助额为 13.28 万元。可见，无论是志愿者交易会还是公益创投，都是政府有效扶持、合理干预社会组织，尤其是志愿服务组织的重要体现，同时也为志愿服务组织提供了有效的资源保障。与此同时，通过探索建立登记管理机关评估、资助方评估、服务对象评估和自评有机结合的志愿服务组织综合评价体系，逐步引入第三方评估机制，定期对志愿服务组织的基础条件、内部治理、工作绩效和社会评价等进行跟踪评估，将评估情况作为政府购买社会服务、社会各界资助以及落实相关优惠政策的重要依据。完善志愿服务组织信息公示、异常名录管理制度，推进志愿服务组织诚信建设，将志愿服务组织信用情况纳入社会组织诚信指标体系，将相关信息交换到广东省公共信用信息管理系统。建立健全志愿服务组织退出机制，对业务活动与志愿服务宗旨、性质严重不符的组织予以退出。

此外，调查结果也表明，32.3% 的志愿服务组织的资金主要来源于政府支持，包括政府购买、委托、资助等形式。这表明，有将近 1/3 的志愿服务组织的资金是来源于政府资助（见图 4）。

四是政社合作，良性互动，为志愿服务组织排忧解难。志愿者队伍的发展壮大，需要在实践中不断扩展志愿服务的社会功能，在服务的同时实现广大志愿者自我价值的挖掘和提升，做到党委政府、志愿服务组织和志愿者的协同。其一，要扩大志愿者在志愿服务中的参与度，从项目设计、实施到最后的评估，都要提升志愿者的参与度。其二，通过项目本身展现志愿服务的社会价值，倡导全社会对群体形成独立、积极、有能的新形象。其三，坚持"党政关注、社会急需、志愿者能为"的工作方针，注重挖掘和保护群

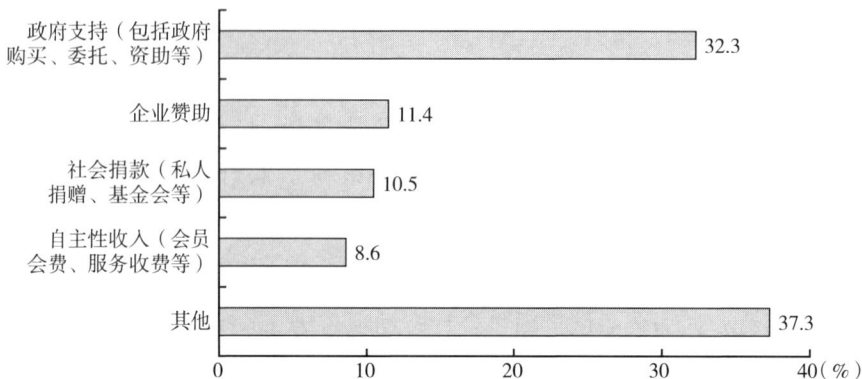

图4 志愿服务组织的资金最主要来源

体所拥有的传统文化因素的价值，通过志愿服务将其传承和发展下去。其四，支持和鼓励志愿服务组织走进社区，了解和征集群众需求，结合自身能力特点，有针对性地做好志愿服务规划，设计服务项目，开展服务活动，使服务对象终身受益。利用信息技术手段，公开服务项目、服务特长和服务时间等信息，建立健全志愿服务组织"菜单式"服务目录，及时匹配志愿服务供给与需求。根据广东省志愿者平台"i志愿"的最新数据，截至2017年7月底，广州地区常住人口为1350万余人，注册志愿者人数为175万余人，注册志愿者人数占常住人口总数的12.96%，即每10位常住人口中，至少有一位是注册志愿者。其中中共党员志愿者6万余人，共青团员65万余人，党团员志愿者人数占注册志愿者总人数的40.57%，这表明广州市注册志愿者队伍中，党团员比例超过四成，充分发挥了党团员的先锋模范作用，也充分激活了党员干部的引领示范作用。

与此同时，要强化志愿服务组织内部的建设，提升志愿服务组织服务大局、服务政府的能力。引导志愿服务组织依据章程建立健全内部管理制度，完善民主选举、民主决策、民主监督、诚信自律和廉洁从业机制，推动建立公开、透明、高效的志愿服务组织管理机制模式，主动接受登记管理机关监督管理和社会监督，努力提升志愿服务组织的社会公信力。坚持党建带群建，具备条件的志愿服务组织应设立党群组织，充分发挥党组织的政治核心作用和群众组织的纽带桥梁作用，保证志愿服务组织的政治方向；暂不具备条件的，要明确责任单位知道志愿服务组织开展活动、发挥作用提供必要支持。在各类公益创投活动中，对建立党群组织的志愿服务组织服务项目应给予优先考虑。积极探索通过志愿服务交流会、志愿服务项目大赛等有效举措，指导志愿服务组织牢固树立项目意识、品牌意识，不断提升战略谋划、项目运作和宣传推广能力，通过优秀的服务项目和服务品牌争取各方资源，吸引资助者。支持志愿服务组织通过承接公共服务项目、积极参加公益创业和公益创投、争取政府补贴与社会捐赠等多种途径，妥善解决志愿服务运营成本问题，为组织持续发展提供动力。

此外，调查结果也表明，志愿服务组织跟政府之间的联系十分密切，互动也比较多。10.7%的志愿服务组织表示平均每星期跟政府部门联系一次，18.2%的志愿服务组织表示平均每月会跟政府部门联系一次（见图5）。

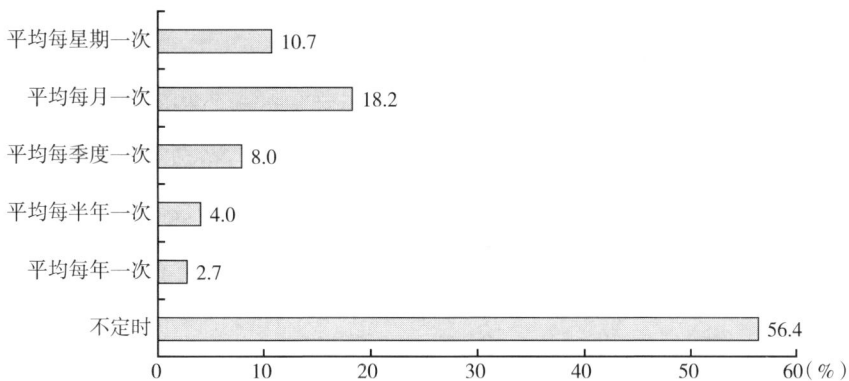

图5 志愿组织跟政府部门的联系频率

（二）市场有支持：承担社会责任的企业组织

随着越来越多的企业重视社会责任，或捐款，或建立志愿服务团队，或举办主题志愿服务活动等就变得越来越普及。访谈结果表明，达能中国从2010年开始开展员工志愿者服务，截至2017年6月底，达能中国累计超过8000志愿服务人次，贡献约24000服务小时。自2016年开始，达能中国将每年 6 月设定为达能全球志愿者月，邀请全球的 10 万达能人参与到当地的环境、社会议题当中来，通过自身行动践行社会责任和达能宣言。可见，通过参与志愿服务、慈善活动，以达能公司为代表的国际性和本土性企业，越来越愿意将志愿服务打造成为企业的文化品牌和社会责任名片。

一是企业配合投入巨量资金支持公益慈善活动。相关资料表明，2014年、2015 年广州市成功举办两届社会组织公益创投活动，政府实际累计投入资助资金 3000 万元，撬动社会配套资金达 2200 万元，其中社会配套资金主要来自企业商家，政府资金撬动市场资金的比例为 1∶0.73，即政府每投入 1 元钱，企业商家会配套投入 0.73 元。市场资源的注入，一定程度上来看是发挥了杠杆效应，志愿服务的资源动员能力放大了一倍。此外，随着公益创投项目不断完善和品牌不断提升，越来越多的企业、基金会、媒体等单位被吸纳进广州公益创投活动，通过捐资配套，实现了政府、企业、社会组织一起助力公益慈善活动，期望形成"政府 + 企业 + 社会组织"联手推动广州公益慈善事业健康发展的良好局面。

二是"慈善为民"的理念，"羊城慈善为民"行动的开展，全面提升了广州现代慈善事业发展水平。通过深化体制机制改革，特别是在引入市场机制方面，广州将通过创新慈善商业运作模式、鼓励发展慈善信托，完善企业（个人）捐赠持续增值机制、构建"微慈善"规范运作机制、提升"慈善 + 互联网"水平等，充分激活了民间慈善的力量，有效调动了企业参与志愿服务的积极性，极大地拓展了志愿服务的市场资源。

（三）志愿组织有能力：有专业行动的非营利组织

一是志愿者队伍不断扩大，专业化能力不断增强。志愿者的人数不断增加，服务时间不断延长，服务能力得到了有效提升。广州市志愿时登记在册的数据显示，2017 年全市共有志愿者 761458 人，服务次数为 109138 次。与此同时，志愿服务组织内部管理制度的专业化水不断提高。2017 年对广州全市志愿服务组织的问卷调查结果显示，72.6% 的组织实施了服务时间记录制度，71.8% 的组织实施了登记注册制度，64.5% 的组织开展了加强志愿者之间的团队管理，63.7%的组织强化了对志愿者的培训，37.6%的组织建立了完整的志愿者档案，24.8%的组织实施了志愿者晋级和保障制度。专业化的管理、培训和督导，使得广州志愿服务组织的团队建设、员工能力、服务水平、专业技能等方面具有明显优势（见图6）。

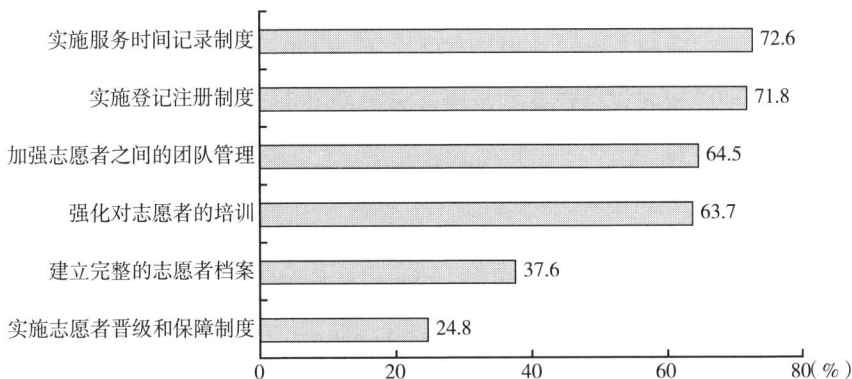

图6 广州志愿服务组织内部专业化管理情况

二是志愿服务组织的资源动员能力不断提高，精准服务受众的水平不断提升。调查结果表明，帮扶弱势和便民生活是大多数志愿服务组织的主要工作内容。其中，62.1%的志愿服务组织的服务内容以助老服务为主，60.3%的志愿服务组织以青少年服务为主，41.8%的志愿服务组织以助残服务为主，44.8%的志愿服务组织以社区便民服务为主（见图7）。

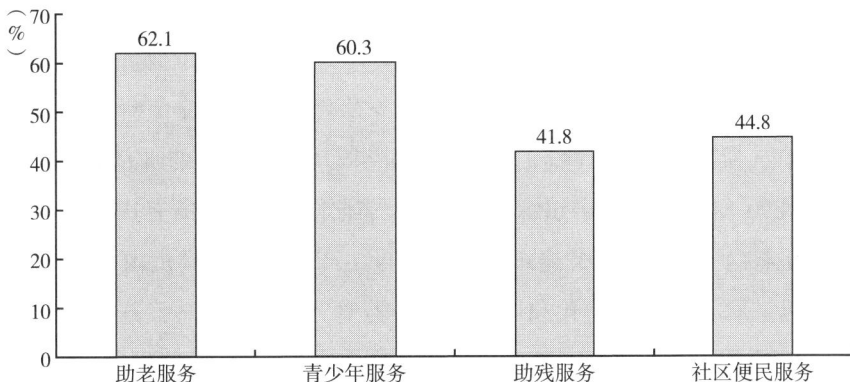

图7 广州志愿服务组织的主要服务内容

三是志愿服务组织面向社区、扎根基层、服务公益的价值取向嵌入民众需求，获得了可持续发展动力。不同于直面消费者，追求市场效益的公司，大多数志愿服务组织直面社区民众，以发展社区公共服务、社会公益事业为基本追求。调查结果显示，76.6%的志愿服务组织开展志愿服务的主要扎根城市社区；52.4%的志愿服务组织主要扎根社会福利机构，如养老院、医院等；43.7%的志愿服务组织扎根教育机构，如学校、幼儿园；30.3%的志愿服务组织主要扎根农村，包括城乡接合部（见图8）。

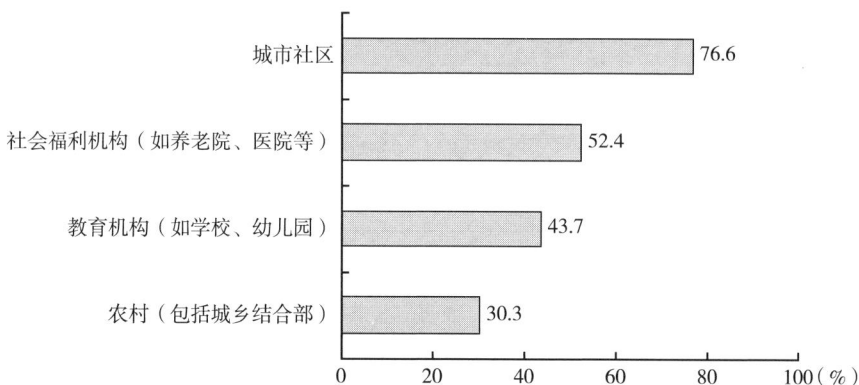

图8　志愿服务组织的主要服务领域

四是志愿服务组织全行业链基本形成，支持型志愿服务组织（公益机构等）不断涌现。广州志愿服务组织全行业链不仅基本形成，而且涌现出了以公益机构、公益研究院等支持型的志愿服务组织，志愿服务组织生态圈日趋完善。当前，广州志愿服务组织的生态圈体系的专业化、职业化、社会化水平不断提高，既有主题型志愿服务社会组织也有综合型志愿服务组织，既有扎根社区的事务性志愿服务也有从事宏观理论分析的研究性志愿服务组织，既有一般性志愿服务组织也有支持型志愿服务组织，既有扶持型志愿服务组织也有内生型志愿服务组织。其中，自主产生的支持型机构，是广州志愿服务生态体系中自主孵化和培育出的新类型，代表了志愿服务组织生态圈不断自我完善、自我进化的新阶段，也是广州市志愿服务组织有能力的重要体现。

（四）民众有需求：寻求美好生活的市民群体

随着经济结构不断优化升级，社会发展由要素驱动和投资驱动向创新驱动转变，人们的心态和需求也发生了明显转变。其中的一个显著转变就是，不同阶层、群体对于志愿服务的心态差异十分明显，流动人口关注自己的子女能否入学，普通民众关注教育技能和教育回报，中上阶层关注的是个性化教育和通识教育，现有的志愿服务虽然能够满足基础的需求，但无法保证能够满足不同人群的多样化需求。

因此，民众心态成为影响志愿服务组织开展服务活动的重要因素。国外在推行公共治理、制定公共政策的过程中引进心态分析日趋成熟，只有充分尊重民众心态、认真分析民众心态的公共政策和公共行政才更具针对性和人性化。

三 广州志愿服务组织支持体系存在的问题及原因分析

公益慈善是志愿服务组织的生命线，正因为这一生命线的存在，使得志愿服务组织不能产生经济效益，进而制约了志愿服务者的进一步发展。总体来看，当前志愿服务组织支持体系中面临的问题主要有以下三种。

（一）普遍信任机制难以建立，增加了志愿服务组织的运行成本，即降低了志愿服务组织的效率

在机构访谈过程中，有被访者就谈到"社会舆论表现为支持和不支持各对半，支持的方面表现为社会的理解度、包容度变高了"，并且一旦社会信任提升，志愿服务组织运行就显得较为顺畅，"近几年志愿服务随着社会认可度的增加，志愿服务的难度变小了，明显体现在，进驻部分社区开展服务不像原先那么艰难"。因此，志愿服务组织的支持体系的不足，一定程度上跟整个社会的信任水平是密切相关的，一旦能够实现普

遍信任，那么志愿服务组织开展各项活动的难度就会大大降低，志愿服务的效率就会大大提升，志愿服务组织运行的成本和难度也相应地会降低。

（二）法律支持需要进一步优化，法律支持的有效性还有待提高

在机构访谈过程中，有志愿服务组织就反映"政府政策有一定的支持，但是目前有些政策让我们比较尴尬。比如，法律责任的认定问题，在开展志愿服务活动时：一些社团加入义工联，其目的是推销商铺；也有一些社会组织想借助义工联的平台开展募捐活动；还有部分人穿着志愿者的衣服欺骗"。诸如此类的法律困境问题，志愿服务组织的政策边界问题，目前并没有相应的制度设计和政策法规予以应对，增加了志愿服务组织的法律风险、社会风险。

（三）多元兼容的支持体系尚未建立，制约了志愿服务的自主性

有机构在访谈过程中就表示"凡是政府支持力度较大的红头文件，通常都能够顺利落实"，这对于很多志愿服务组织开展志愿服务活动是有力的支持，但也存在着当"社会认同认知度，爱心企业的关注、媒体的关注度不够时，志愿服务组织获得的外部支持较少，就只能通过内部力量去推动"，这就使得很多志愿服务组织容易犯"政府依赖"症，而自身对于拓展市场资源，扎根社区服务，培育组织品牌的积极性就会下降。

此外，凡事靠政府，使得很多志愿服务组织的活动同质化、重复性特别严重，并且在活动时间安排、活动环节推进也都"趋同"，这不利于志愿服务组织的自主性和内生性发挥，也不利于广州志愿服务组织的独立性培育。

四 推进广州志愿服务组织支持体系不断
发展壮大的对策建议

志愿服务组织作为广州"志愿社会"和"慈善名城"的重要活动主体，

其良性运行和有序发展，离不开政府的行政支持，也离不开自身的专业化运作，更离不开市场的资源捐赠、市民社会的需求和参与。一定程度来看，政府、市场、志愿服务组织和市民需求之间的交互关系和叠加效应，共同维持了广州志愿服务组织的稳健运行。

从合作主义理论视角来看，广州志愿服务组织、政府、市场和市民之间形成了基于合作主义、共生主义为基本立场的志愿服务组织体系。广州志愿服务组织，通过亲政府，跟政府合作，获得制度认可、法律支持和政策扶持，提升自身的合法性；通过亲市场，跟企业、商家合作，获得经济资源、物质支持和品牌适应，提升自身的专业化服务能力和运行效率；通过亲服务者，跟社区、社团和消费合作，获得舆论支持、声誉评价和口碑认可，提升自身的受众支持和社会评价；通过亲志愿者，提升志愿者的专业技能、职业素养、服务能力，维系志愿服务组织稳健运行的内生动力。

一是要优化广州志愿服务组织的支持体系，提升广州志愿服务组织的发展动力。积极建立政府、市场、志愿服务组织和市民之间的联动，为志愿服务的精准对接创造条件。政策制度要为志愿服务组织的改革和发展创造空间，不断通过制度变革和政策完善，顺应志愿服务组织的发展变迁和发展需求；志愿服务组织要积极对接政策制度、市场资源和民众需求，积极利用政策空间、市场资源不断推动专业化服务，满足民众对美好社会生活的需求；民众要在志愿服务的被服务者和服务者之间有效转变，通过接收志愿服务感受社会温暖，同时在志愿服务组织的引导和培训下成为志愿服务的提供者，成为志愿社会、志愿城市的支持性力量。

二是通过创新发展激活志愿服务发展活力，通过共享发展满足人民群众对志愿服务的需求。要积极推动理念创新、制度创新、技术创新、金融创新，为新时代志愿服务组织的资金募集、资源动员提供便利，尤其要提升志愿服务组织对金融市场的利用能力；要不断推动志愿服务的供给侧改革，建立现代化、国际化和创新型志愿服务体系，针对不同层次社会群体、不同类型社会人群，提供多层次、多样性的志愿服务。要努力适应新时代社会矛盾的新变化，不断提高志愿服务的服务标准和服务能力，保障人民群众的志愿服务权益，满足不同阶层、不同群体的文化多元性需求。

三是要通过开放发展提升志愿服务的开放水平和国际化水平。积极利用粤港澳大湾区的区位优势，将广州市打造成为粤港澳大湾区志愿服务交流、合作的关键节点，积极配合国家、省的要求和部署，推动志愿服务输出和志愿服务共同体建设。可以借助"一带一路"的战略部署，推动广州志愿服务在"一带一路"沿线国家和地区的落地和发展，通过志愿服务输出加强广州跟"一带一路"国家和地区的社会交流和文化交流。

四是不断完善专业化、规范化、品牌化的志愿服务支持体系，筑牢志愿服务组织稳健发展的保障机制。积极推动建立"志愿社会"，打造"志愿文化"，关键在于建立专业化、规范化和品牌化的志愿服务机制。要不断强化志愿服务组织的资源对接机制，提升志愿服务组织开展专业服务、组织建设、社区营造等方面的资源动员能力。要不断强化激励约束，改进用人导向，将志愿服务建设效果纳入基层干部的考核评价和监督管理，纳入各级党政领导班子和部门的政绩考评体系，列入文明社区家庭、文明城市县区创建的考核指标和测评体系，发挥考核指挥棒作用。要不断拓宽社会融资渠道，为志愿服务组织提供资金支持，要推动志愿服务组织扶持政策的供给侧改革，为志愿服务组织提供精准的政策支持。

五是打造需求导向、多方合作和社会联动的志愿服务组织，推动志愿服务组织成为社区交往和基层治理的合作平台。要结合群众的现实需求，打造志愿服务组织作为社区交往和基层治理的合作平台，充分发挥志愿服务组织覆盖范围广、扎根社区密切联系群众的比较优势，建立"渗透式"的志愿服务新机制。从人民群众的生活实际出发，结合现实中每一个具体而微的场景，结合身边每一个具体可感的"故事"，因地制宜，因材施教，针对具体问题指方向，理解人民群众在具体情境中的个体需求和社会需求，不断提升志愿服务组织服务群众的精准性和有效供给。充分发挥志愿服务组织作为精准扶贫的治理平台，将志愿服务同不断解决、满足群众的现实困难和需要结合起来，多为群众办实事、做好事，多为群众解决困难、补足短板，多为贫困群众解决眼前困难、提供长远之策，努力维护好群众的基本权益。

六是要不断加强志愿服务组织支持体系的法制化建设。要推动建立专项基金提升志愿服务组织的生存能力，通过政府资金调拨和民间筹资相结合，为志愿服务组织提供风险预防基金；通过政府财政支持、社会捐赠、基金收益、资助以及其他合法收入等为志愿服务设立专项救助与发展基金，为志愿服务组织提供社会保障基金。不断优化志愿服务组织资金筹集渠道，鼓励政府志愿服务事业经费列入政府年度财政预算，鼓励多途径、多渠道开放企业集资和捐资参与志愿服务，鼓励通过社会融资、项目招揽等方式筹集社会资金。要建立包括党委牵头，政府、人大、法制办、法院、检察院等部门参与的工作联席会议制度，充分发挥各相关职能部门的作用，协调配合，形成声势，凝聚合力，打造志愿服务组织专业化的支持体系。

参考文献

[1] 徐莉：《非政府组织与社会支持体系的构建——以艾滋病防治领域为例》，中国社会科学出版社，2012。
[2] 惠霞、董志峰、张举国、高克祥、鲁晓妮：《社会组织获得社会支持的发展研究》，《社会工作与管理》2017 年第 11 期。
[3] 谭建光、朱莉玲：《广东省社会志愿服务体系建设分析》，《广东青年干部学院学报》2008 年第 3 期。
[4] 肖金明、龙晓杰：《志愿服务立法基本概念分析——侧重于志愿服务、志愿者与志愿服务组织概念界定》，《浙江学刊》2011 年第 7 期。

B.10
广州志愿服务组织的特色分析

雷杰　陈玉莹*

摘　要：　新时代下，广州志愿服务组织呈现了组织类型多样化、运行管理制度化、服务内容精细化、资源渠道多元化、队伍培训专业化这五大特色。但是，志愿服务组织对志愿者的激励机制和评估措施有待完善；与社工机构的社志联动机制需要优化；管理与服务的信息化水平必须提升。建议广州从顶层设计着手，完善对各类志愿服务组织的孵化、培育与支持的体系；从机制建设着手，加强对社志联动常态化发展模式的建设和保障；从人才培育着手，深化对人才专业化培训和服务信息化创新的机制，不断推动广州志愿服务组织的健康发展。

关键词：　志愿服务　志愿服务组织　社会治理

党的十九大报告指出，"中国特色社会主义进入新时代，我国社会主要矛盾已经转化为人民日益增长的美好生活需要和不平衡不充分的发展之间的矛盾"。我国社会主要矛盾的变化，对党和国家的治理提出了更高的要求。为回应新时代社会发展的新需求，党中央提出，要完善党委领导、政府负

* 雷杰，中山大学社会工作专业副教授、硕士生导师，中山大学社会工作教育与研究中心副主任，研究方向为社会工作专业化、社会救助、儿童保护；陈玉莹，中山大学 2017 级社会工作硕士研究生，中山大学社会工作教育与研究中心研究助理，研究方向为青少年社会工作。

责、社会协同、公众参与、法治保障的社会治理体制，打造共建共治共享的社会治理格局。发展志愿服务组织，毋庸置疑成为新时代下创新社会治理的重要路径之一。

广州自 1987 年开通了全国第一条志愿服务热线电话——"中学生心声热线"以来，至今已有 30 年以上的志愿服务发展经验。根据广东省志愿者平台"i 志愿"的统计数据显示：截至 2017 年，广州市共有注册志愿服务组织 10060 个，注册志愿者 208 万余人。"i 志愿"平台统计发布的志愿服务活动累计 109138 次，累计服务时间达到 3218 万余小时（广东省志愿者平台，2018）。在这三十年的时间里，广州的志愿服务组织在数量上和规模上得到了长足的发展，服务于扶贫济困、敬老扶幼助残、助医助学和大型社会活动等各个领域，成为创新社会治理一股源源不断的坚实的力量。那么，广州的志愿服务组织具有哪些特色？面临哪些挑战？未来的重点发展方向如何？本文将对上述三个问题进行一一分析，以期对广州志愿服务组织参与新时代下社会治理创新有所贡献。

一 广州志愿服务组织的特色表现

（一）组织类型多样化

在志愿服务组织的类型划分方面，国内已有一些学者进行了研究。陈天祥、徐于琳（2011）将我国的志愿服务组织划分为三类，一是受政府直接控制的官办志愿组织；二是获得合法地位的草根志愿组织；三是未登记注册的非正式草根志愿组织。罗敏、胡礼鹏（2016）的划分有所不同，她将志愿服务组织划分为以下三类：第一类是带有官方性质的组织，由党政机关、群团组织主办，组织人员有固定编制；第二类是纯草根性质组织，大部分是在民政系统注册的民办组织，其中包括部分未注册的自组织；第三类是高等学校的大学生志愿服务组织，指的是由高校团委领导的，学生自愿参加的学生社团性质的志愿服务组织。

综合上述两种划分方法,本文将广州志愿服务组织按照组织背景以及是否登记注册这两个标准进行划分,主要分为以下八类,并且各类志愿服务组织都拥有自身的特色。

第一类是由党政部门主办的官方志愿服务组织,例如广州市青年志愿者协会、海珠区青年志愿者协会。该类官方志愿服务组织由于拥有官方的背景,社会信任度更高,协调事项更加容易,并且有政府的经费支持,也有固定编制的人员进行运营和管理工作;但同时也面临官方背景的弊端,例如组织自身的造血能力不强,存在资源依赖的情况等。

第二类是高校团委指导的大学生志愿服务组织,例如华南师范大学青年志愿者协会、广州铁路职业技术学院家电义务维修协会。该类高校志愿服务组织的成员为高校学生,由学校老师负责管理与指导工作。其优势在于高校学生有热情、有活力,并且希望通过志愿服务的方式,将专业知识学以致用;同时高校团委也会对其提供资金支持和资源,例如安排家电义务维修协会成员参加暑期"三下乡"、到乡村提供家电维修服务。其不足之处在于:组织负责人在团队带领上更多的是专注于专业技能提升上,对于协会的发展规划未能有更多的想法,对志愿服务规划的宏观把握能力不足。

第三类是带有国际志愿服务组织背景的,在广州地区设立的分支志愿服务组织,例如广东狮子会、广州 YMCA。该类国际性的志愿服务组织,拥有国际性社会服务团体的特点和优势,能够引进西方成熟的发展经验和模式,制度建设和支持体系较为完善。例如广州 YMCA 自 2010 年始,定期于寒暑期开展中外青少年交流营,通过团队训练、文化体验和社会服务参与,促使双方青年在快乐中收获成长与感悟。该类组织需要注意的是志愿服务的本土化与意识形态的立场问题,要结合本土的志愿服务需求来设置志愿服务项目,而不能完全照搬原有的一套;同时要注重意识形态问题的把控,坚持正确的政治方向,坚持政治原则。

第四类是企业背景的,由企业组织发起的企业员工志愿服务组织,例如达能中国志愿者团队。该类组织的优势在于企业的组织号召能力较强,通过志愿服务践行企业的社会责任,并且能够结合企业自身的特长进行服务,逐步摸索企业志愿服务组织的发展路径。保利物业首创公益驿站，将社区治安岗亭打造成社区志愿服务阵地，24 小时提供志愿服务，累计建立公益驿站100 个，为社区居民及员工提供志愿服务报名、咨询、紧急救护、便民服务。2017 年，达能中国围绕环境自然、营养健康、社会关爱三大主题，超过 900 名员工参与了在全国多个城市举办的 23 场线下志愿者活动，惠及多个当地社区，包括为贫困妈妈举办的营养讲座，为心智障碍人士及贫困重病儿童筹款的公益跑、公益骑行以及各类环境保护活动等。

第五类是由志愿服务领域的模范人物发起的个人魅力型的志愿服务组织，例如南山志愿服务队、赵广军生命热线协会志愿服务队。该类志愿服务组织的发起人或负责人的道德形象发挥着很大的示范作用，具有强烈的精神号召作用。例如，作为广州青年志愿者形象大使的中国工程院院士钟南山结合自己的工作，在医学领域里开展志愿活动，如参与义诊，开办疾病预防讲座，并致力于改善社区医疗建设的硬件设备、人才培养和医疗人员待遇等问题。南山志愿服务队是以钟南山院士名字命名成立的，由钟南山院士亲自担任名誉队长，在"志愿精神"及"奉献、开拓、钻研、合群"的南山风格指引下，以提高"周边社区居民健康意识，扶助弱势群体"为宗旨，以高尚的医德及精湛的技术帮助人民群众。但同时，该类组织面临的问题则是如何将人们对于模范人物的向往转化成为志愿服务的动力，并将这种动力持续下去。

第六类是由社会工作服务组织发起的志愿服务团队，例如逢源长者义工队。该类志愿服务团队能够很好地对"社工＋志愿者"的模式进行实践探索，并且通常是以社区为服务阵地，能够发挥社工的专业优势，对社区居民的需求进行调查和把握，再通过组织志愿服务活动，将居民的力量凝聚起来，实现居民的社区自治和社会治理的创新。该类组织面临的一个普遍性的困难在于如何能够有效地激发社区居民参与志愿服务的热情，并且维持服务团队的凝聚力。有组织负责人在访谈中反映，受到社会氛围影响，现在一些人参与志愿服务动机不纯，活跃度降低，这迫使部分组织开展志愿服务会给予礼物，用物质吸引人参加志愿服务活动。

第七类是公益性社会组织，主要包括除上述类型以外的、已登记注册的社会团体、基金会和民办非企业单位。例如广东省生命之光癌症康复协会义工队、广州市番禺区明月关助服务中心。该类社会组织逐步成为公共服务的提供者，并且呈专业化的趋势发展。例如番禺区明月关助服务中心是一家主要致力于心态培训、志愿者培训、残疾人及亲友服务、培养健全人及残疾人志愿者讲师的公益性机构，主要业务范围是心理干预与培训，是国内首家专业致力于残疾人心灵成长培训的民办非企业机构。

第八类是未登记注册的民间草根志愿服务组织，例如福缘公益之爱心义剪队。该团队以会员形式在义工联进行备案，但未在民政局进行正式组织注册登记。访谈资料显示，该类民间草根志愿服务组织面临的最大困难是资金短缺的问题。这些组织大部分的运作资金是自筹而得，只有极少数属于政府资助（如共青团省委员会的益苗计划）。

综上所述，按照组织背景以及是否登记注册这两个标准进行划分，可将广州志愿服务组织划分为八种类别。相比起三十年前单单依靠共青团推动志愿服务组织，如今的志愿服务组织可谓"百花齐放"。志愿服务组织种类多样化，有助于覆盖更广范围、更多领域的服务群体，进而帮助改善更广大人民群众的生活水平，推进全面实现小康社会的进程。

（二）运行管理制度化

志愿服务组织必须解决如何进行组织管理的问题。在访谈和问卷调研过程中，研究团队发现广州志愿服务组织在组织管理方面逐步向制度化方向发展，主要分为两个层面：一是组织对内的管理制度，如行政管理制度、财务管理制度、章程、业务操作流程等；二是组织对外的管理制度，如志愿者管理制度、激励评估制度等。一般来说，志愿服务组织在制度建设方面需要经历一个逐步完善的过程。例如，启智志愿服务总队负责人在访谈中谈道："服务队伍忽略了组织内部建设，仅仅依靠服务活动凝聚志愿者，久而久之就缺乏吸引力，造成志愿者流失严重。后来，针对志愿者的生活需求和成长需要，启智队建立组织一系列的志愿者管理制度、会员激励制度，和内部的关怀、帮助、提升机制，营造'志愿者家园'的环境与氛围。"

本课题调研团队抽取了 253 个广州市各类志愿服务组织开展了问卷调查，回收有效问卷 236 份，回收率为 93.28%。调查结果显示，在广州志愿服务组织对志愿者进行管理的制度方面[①]，有168 个的组织实施了登记注册制度、170 个组织实施了服务时间记录制度、有149 个组织强化对志愿者的培训、151 个组织加强了志愿者之间的团队管理，另有 88 个组织建立了完整的志愿者档案，仅有 58 个实施了志愿者晋级和保障制度，如图 1 所示。

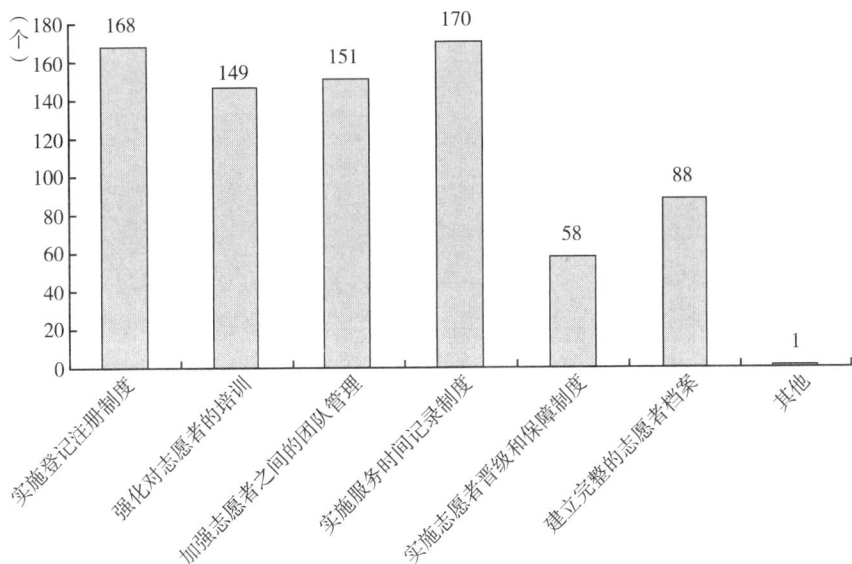

图1 广州志愿服务组织对志愿者实施的管理制度情况统计

可以看出，广州市不少志愿服务组织已经迈开了组织管理制度化的步伐，对志愿者的管理、服务、培训和保障形成了制度化的文件，这对于减少志愿者的流失，巩固志愿组织的建设起着不可忽视的作用。

---

① 此题为多选题。

（三）服务内容精细化

相比以前大而广的服务内容，现在的志愿服务组织的服务内容更加趋向精细化发展。根据问卷调查数据，目前广州志愿服务组织开展志愿服务的主要内容①包括以下 11 种：有 144 个志愿服务组织提供助老志愿服务；有 140 个志愿服务组织提供青少年志愿服务；有 97 个志愿服务组织提供助残志愿服务；有 9 个志愿服务组织提供医疗卫生志愿服务；有 5 个志愿服务组织提供法律志愿服务；有 104 个志愿服务组织提供社区便民志愿服务；有 31 个志愿服务组织提供环境保护志愿服务；有 13 个志愿服务组织提供扶贫开发志愿服务；有 9 个志愿服务组织提供应急救援志愿服务；有 34 个志愿服务组织提供文化宣传与网络文明志愿服务；有 27 个志愿服务组织提供其他志愿服务（如图 2 所示）。

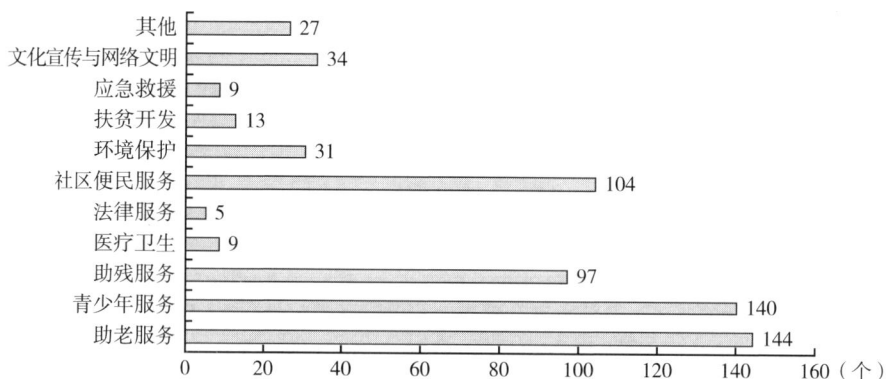

图 2　广州志愿服务组织开展志愿服务的主要内容情况统计

可以看出，目前广州志愿服务组织开展的志愿服务种类丰富，服务对象群体以老年人、青少年、残疾人和社区居民为主，辅之以其他的志愿服务内容（如法律服务、医疗卫生服务等）。

在服务内容精细化方面，一些志愿服务组织由于成立时间较长、服务经

---

① 此题为多选题。

验较为丰富，因此，其服务内容往往涉及许多种类的服务对象群体，而不是单单针对某一类的特殊群体。广州青年志愿者协会启智服务总队正是这样的例子。启智服务总队每周组织志愿者前往福利院、老人院、智障活动中心、残疾人康复中心等机构帮助孤儿、独居老人、弱能人士、残疾人、脑瘫小朋友、下岗贫困家庭等弱势群体。其总注册会员超过80000人，下属专业志愿服务分队达30支，常态化志愿服务项目35个，服务领域覆盖广州全市11个区。

新成立的志愿服务组织往往仅针对某一服务对象提供某种志愿服务，做到服务内容的精细化。例如广州市海珠区蓝信封留守儿童关爱中心以留守儿童为主要服务群体，创新通过书信的志愿服务形式，让留守儿童拥有平等的亲情享受权和情感倾诉机会，陪伴留守儿童健康快乐成长。又如广州市海珠区母乳爱公益服务中心是中国首个倡导母乳喂养、母乳捐赠救治重症患儿、推动公共母婴室建设的公益项目。

（四）资源渠道多元化

根据问卷调查结果显示，目前广州市志愿服务组织的资金来源主要有以下五个渠道：32.3%的志愿服务组织的资金来自政府支持（包括政府购买、委托、资助等）；11.4%的志愿服务组织的资金来自企业资助；10.5%的志愿服务组织的资金来自社会捐款（私人捐赠、基金会等）；8.6%的志愿服务组织的资金来自自主性收入（会员会费、服务收费等）；37.3%的志愿服务组织的资金来自其他收入，如图3所示。

由此可见，广州志愿服务组织的资金来源不仅仅只是依靠政府的资助，而是采取多元化的资金筹集方式，采用寻求企业的赞助和社会的捐赠等多种途径，拓宽资金的渠道和来源，增强组织的造血功能。

具体而言：第一，广州志愿服务组织积极参加志愿服务交流会、志愿服务项目大赛等平台，提升项目的运作和宣传推广能力，努力争取各方资源，吸引资助者。例如华南师范大学青年志愿者协会在2014年启动第一届V公益项目创意大赛，历年来为校内学生提供积极参与公益的平台，对接社会公

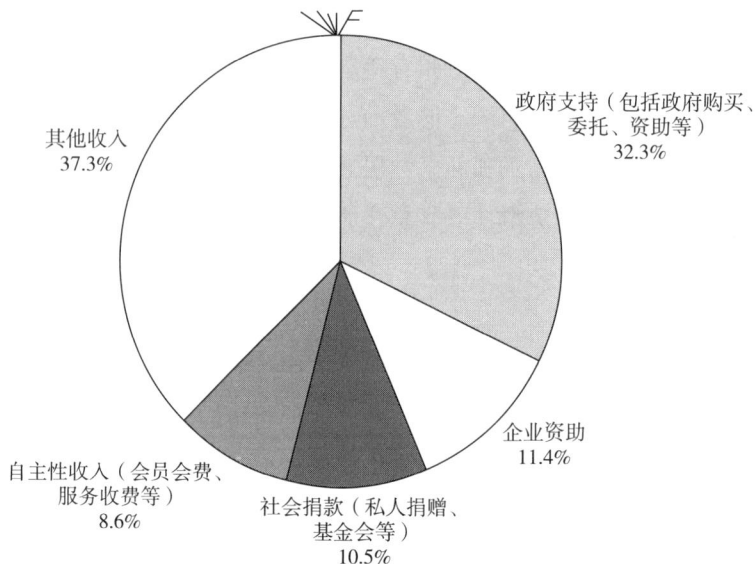

图3 广州市志愿服务组织的资金最主要来源情况统计

益资源，培育更多服务社会的品牌项目。近年来，华南师范大学已有近30个优质项目经过校内培育，成功通过中国志愿服务项目大赛、广东省"益苗计划"、广东青少年网络文明志愿服务项目设计大赛、志愿服务广州交流会、"创益越秀"公益创投等平台，共获资助近60万元。

第二，广州志愿服务组织积极参与国家精准扶贫，整合社会资源，为当地改善条件。例如中山大学研究生支教团紧密围绕精准扶贫、智力援助的需求，结合国家援藏大局，服务于西藏林芝、昌都；结合教育部直属高校对口支援西部连片贫困县区的工作布置，服务于云南凤庆县；反哺中山大学第二故乡，服务于云南澄江县。年均为西部支教服务地整合资源超过100万元，涵盖助学助教、奖学奖教、爱心物资及生活条件或学习条件改善项目。

第三，广州志愿服务组织根据志愿服务的服务内容，积极争取社会资源的捐赠和支持，为志愿服务筹集资源。例如，齐志社会工作服务中心援建了20间公益书屋，其中7间公益书屋分别由晟启能源、唯品会（2间）、鹏林照明、欧斯宝吊顶、广东中农、香港安植集团等企业资助，每一间书屋都配备了崭新的书架和丰富的课外书籍，帮助 3000 多名山区儿童圆了"阅读梦"。

第四，广州志愿服务组织利用组织发起人或负责人的社会身份，吸引媒体资源，增强社会关注度。广州市海珠区母乳爱公益服务中心的发起人徐靓将媒体资源引入到项目和机构的发展当中，成为母乳爱的宣传大使，增强了母乳喂养的宣传度和传播率，营造了推广母乳喂养的精神舆论文化氛围，从而有利于组织进行社会资源的整合。

（五）队伍培训专业化

首先，在提供专业培训的必要性方面，研究团队对于调查对象所在志愿服务组织实施的志愿服务项目是否需要使用某种专业技能进行了统计：有 16 位调查对象所在志愿服务组织实施的志愿服务项目不需要使用某种专业技能，占 7%；有 66 位调查对象所在志愿服务组织实施的志愿服务项目较少需要使用某种专业技能，占 28.8%；有 94 位调查对象所在志愿服务组织实施的志愿服务项目需要使用某种专业技能的情况一般，占 41%；有 39 位调查对象所在志愿服务组织实施的志愿服务项目较多需要使用某种专业技能，占 17%；有 14 位调查对象所在志愿服务组织实施的志愿服务项目需要使用某种专业技能的情况非常多，占 6.1%。不难看出，在绝大部分的志愿服务项目中均需要运用到某种专业的技能，仅有极少部分志愿服务项目不需要运用专业技能。

另外，对于所在志愿服务组织是否有在实施专业（专门领域）的志愿服务项目，统计结果显示：61 个志愿服务组织没有实施专业的志愿服务项目，占 26.9%；111 个志愿服务组织正在实施 1~2 个专业的志愿服务项目，占 48.9%；33 个志愿服务组织正在实施 3~4 个专业的志愿服务项目，占 14.5%；22 个志愿服务组织正在实施 5 个及以上的专业志愿服务项目，占 9.7%。可以看出，极大部分的志愿服务组织所实施的志愿服务项目具有专业性，只有约四分之一的志愿服务组织没有实施专业性的志愿服务项目。因此，结合上述两个方面的数据统计情况可知，在广州绝大部分的志愿服务组织中，有必要实施专业化的志愿服务培训，以提高志愿者和志愿服务组织的专业化水平。

此外，在对志愿服务组织的专业化发展程度的自我评价方面，4.5%的调查对象认为所在的组织专业化发展程度非常高；38.6%的调查对象认为所在的组织专业化发展程度比较高，48%的调查对象认为所在的组织专业化发展程度一般；8.5%的调查对象认为所在的组织专业化发展程度比较低；0.4%的调查对象认为所在的组织专业化发展程度非常低。不难看出，约一半的调查对象认为，其所在的志愿服务组织的专业化发展程度仍有提升的空间。

那么，现阶段广州志愿服务组织为志愿者提供了哪些种类的培训呢？调查资料显示，广州志愿服务组织为志愿者提供的培训①主要包括以下五种：有186个志愿服务组织为志愿者提供志愿服务基础知识的培训；有172个志愿服务组织为志愿者提供志愿服务通用技能的培训；有81个志愿服务组织为志愿者提供个人兴趣、素质提升的课程培训；有148个志愿服务组织为志愿者提供志愿服务专业技能的培训；有7个志愿服务组织为志愿者提供其他培训（如图4所示）。

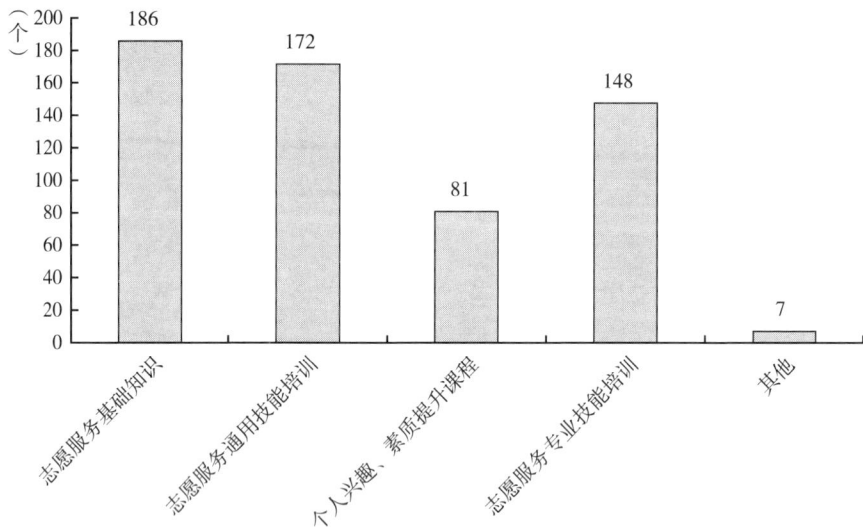

图4 广州志愿服务组织为志愿者提供的培训情况统计

---

① 此题为多选题。

可以看出，广州志愿服务组织为志愿者提供的培训在专业化部分仍有提升的空间，志愿服务基础性知识以及志愿服务的通用技能仍未在志愿者培训中完全普及。建议可以进一步链接广州志愿者学院的培训资源，结合新时代下新媒体等时代特征的发展，更新志愿服务培训的内容，紧随时代的步伐，提升志愿者的专业化水平。

在服务培训的专业化发展方面，不同类型的志愿服务组织有不同的途径和措施。具体来说：第一，对于高校类志愿服务组织而言，高校为其提供了志愿服务智库资源的支持。以中山大学的经验为例，一是筹建志愿服务培训师资库，以中山大学相关研究志愿服务的专家教师为基础，整合广州市志愿者学院及部分基金会、社会服务机构的资源，从理论学习、技能培养、意识建立等层面加强对志愿者骨干的培训。二是整合志愿服务学习图书库，编辑了《大学生社会公益实践导论》，指导学生参与公益实践和志愿服务。三是建设志愿服务实践基地，由校团委牵头，与校区（校园）属地的管理部门建立合作关系，推动志愿服务实践基地的建设。例如在珠海校区，与珠海高新区团工委连续七年开展服务于高新区各社区及街道的"创先争优"公益实践活动等等。

第二，对于医疗救援志愿服务组织来说，志愿服务的专业性是提供服务必要的条件。例如，广州市越秀区暐杰志愿服务工作中心拥有专业应急救援救护培训讲师50多名，配备先进和专业的应急救护设备，与广东省第二人民医院、越秀区中小学生综合实践活动教育基地、派逗蛙水上乐园、广州滴水坊公益基地、广东省立中山图书馆、广州市贸易职业高级中学、广州市越秀区培智学校等多个单位合作，设有多个应急救护志愿者培训实践基地。

第三，对于社工机构背景的志愿服务组织而言，需要向志愿者普及社工的专业知识和志愿者的职责分工，例如社工的价值理念、专业的探访技巧等。以普爱普工英义工队为例，该志愿服务组织将培训划分为不同的层次：一是每月一次的基础性培训，讲解义工概念、原则、权利与义务、机构介绍等；二是进阶培训，有具体领域的培训，如助残的义工，介绍残障人士的特点，服务过程中的注意事项；三是面向骨干、资深义工的高阶培训。

二 广州志愿服务组织面临的问题及其原因分析

（一）志愿服务组织对志愿者的激励机制和评估措施有待完善

20世纪80年代，社会主义市场经济的发展对"学雷锋、做好事"的志愿服务精神造成了较大的冲击，人们开始注重个人利益，逐步淡化了助人的奉献精神。社会观念的转变给志愿服务组织的管理和服务增加了一定程度上的困难。不少访谈对象提及志愿者流失率较高，以及不少志愿者成为"僵尸"队员，志愿服务活动的参与率较低的问题。

为了改善这一现象，广东团省委、广东省发改委、中国人民银行广州分行等54家省直和中央驻粤单位在2016年联合发布了《广东志愿者守信联合激励计划》。在首批激励措施中，党委政府有关单位出台的激励政策共计42条，相关企事业单位和社会组织针对优秀志愿者提供的激励措施共计37条，志愿者将会在教育、就业创业、文化旅游、社会保障、金融等方面获得便利和优惠，个人志愿服务记录在升学、就业、晋升、贷款时将被作为重要参考。五星志愿者更可享受积分入户加分，优先纳入公租房、廉租房保障和经济适用房申请范围等（人民网，2016）。

可以看出，政府及有关单位十分重视对于志愿者的激励工作，已经从顶层设计方面对志愿者的激励措施进行了整体性和全面性的布局，并出台了细致的激励等级及对应的激励措施。但是，在实际情况中，志愿服务组织是提供志愿者激励措施最直接的主体。如果忽略了志愿服务组织对志愿者的激励和评估这一重要组成部分，将会对志愿者的管理和服务造成损失。

在调查过程中发现，志愿服务组织内部对于志愿者的激励和评估措施仍有待完善，一些组织没有制定相关的志愿者激励制度，仅依靠志愿者的服务热情，或利用一些奖品进行物质上的吸引，因此导致了一定程度上的志愿者流失。

（二）志愿服务组织与社工机构的社志联动机制需要优化

在广州市"党委领导、政府负责、社会协同、公众参与"的社会治理创新格局的大背景下，广州的志愿服务组织（志愿者）和专业社工机构（社工）在各自的服务领域都发挥着不可忽视的重要作用，而且二者之间的合作交融越来越紧密。探索社会工作和志愿者协同发展的道路是社会发展的时代要求，也是两者相互促进、优势互补的必经之路。社会工作与志愿服务有着共同的出发点和宗旨，在我国当前加强社会建设和社会管理的时代背景下有着巨大的发展空间和潜力，将成为社会治理创新的有效途径（陈涛等，2012）。

近年来，党和政府积极鼓励"社工＋志愿者"服务模式的探索，并且采用多种措施激发社工与志愿者加强合作的动力。例如在2013年，广东省民政厅、广东团省委、广东省文明办联合出台的《关于推进社会工作者与志愿者联动工作的实施意见》，明确指出要探索建立社工和志愿者优势互补、良性互动的长效机制（广东省民政厅等，2013）。但是，社工机构和志愿服务组织的互动合作也面临着许多困难。谭建光（2014）根据广东省社工与志愿者合作促进会的调查结果指出，社工机构和志愿服务组织可以达到优势互补的效应，社工机构为志愿组织提供专业协调，志愿组织为社工机构提供资源支持。但同时社工和志愿者的合作面临着三大困难，一是政府部门利益分割；二是社会组织职能分离；三是服务人员观念分化。

经过访谈资料的分析，研究者发现在实际的操作层面，社工机构与志愿服务组织的合作仍然有待磨合，社志联动机制仍有待优化。具体来说，一是在管理机制方面，在市级层面缺乏社志联动的政策参考与指引。社工机构由民政局进行管理，志愿服务机构由文明办及团市委进行管理，在管理机制上缺乏统筹协调，导致社工机构和志愿服务组织难以找到政策依据，建立合作关系。

二是在实际操作方面，缺乏社工机构和志愿服务组织信息共享的联动平台。社工机构在日常服务过程中，需要招募志愿者作为人力资源的支持，但却缺乏招募志愿者的信息发布与共享渠道，无法对接到相应的志愿者资源。

（三）志愿服务组织的管理与服务的信息化水平必须提升

志愿服务信息系统是有效管理志愿者、合理配置志愿服务资源、开展志愿服务记录、实现志愿服务信息化的重要技术支撑平台。2015年，民政部发布《志愿服务信息系统基本规范》，将志愿服务过程中涉及的志愿者、志愿团体、志愿服务项目、培训、表彰奖励、志愿服务时间、评价投诉、志愿服务证书等要素在信息系统中进行了整合，首次对志愿服务信息系统的数据采集、功能作用、共享与交换、信息安全等做出统一规范和要求（民政部等，2015）。

2017年，广东省文明办、广东省民政厅、广东团省委和广东省志愿者联合会联合下发《关于统一全省志愿服务信息系统实现数据互联互通的通知》，要求全省统一推广"i志愿"系统及"注册志愿者证"。广东省文明办统筹协调平台在全省的统一宣传推广，广东省民政厅监管指导平台的建设规范和业务开展，广东团省委指导省志愿者联合会做好平台的开发建设、日常运营和升级维护（广东省文明办等，2017）。

然而研究团队在访谈过程中发现，目前"i志愿"平台仍处于推广和普及的初始阶段，就实际问题而言，一是部分志愿服务组织（团队）仍未完全适应对志愿服务信息化管理系统的使用，对志愿者的管理以及志愿活动的发布仍停留在传统的人工登记和宣传手法。二是目前存在多个志愿服务管理系统的整合与信息互通问题，在全省统一推广使用"i志愿"系统的过程中，需要解决已有系统的数据和信息整合互通困难。也有部分志愿服务组织反映，其自主研发的志愿管理系统暂时仍无法接入政府统一推广的"i志愿"系统。由此可见，志愿服务组织的管理与服务的信息化水平仍有待进一步提升。

三 促进广州志愿服务组织进一步发展的建议

针对上述广州志愿服务组织面临的种种问题，研究者提出了以下三个方面的发展对策与建议。

（一）从顶层设计着手，完善对各类志愿服务组织的孵化、培育与支持的体系

上文提及有关志愿服务组织对志愿者的激励和评估措施有待完善的问题，归根结底是各类志愿服务组织的培育和支持体系不足的问题。根据调查数据显示，14%的调查对象希望有关部门能够分类扶持志愿服务组织发展，11.3%的调查对象希望有关部门能够建立完善志愿服务购买机制，10.7%的调查对象希望有关部门能够健全志愿服务组织孵化机制。因此，研究者建议从顶层设计着手，完善对各类志愿服务组织的孵化、培育与支持。

具体来说，一是对志愿服务组织的孵化而言，要积极探索志愿服务组织的孵化模式，形成切实有效的孵化路径，例如项目开发、能力培养、合作交流、业务支持等方面，为成立初期的志愿服务组织保驾护航。此外，对于已有一定发展经验的志愿服务组织，鼓励其总结提炼组织的发展经验，形成可供其他组织学习和推广的志愿服务组织发展模式。

二是对志愿服务组织的培育与支持而言，要不断完善对志愿服务组织的资金保障，继续通过志交会、益苗计划等平台，为志愿服务组织提供资金支持，同时推动政府部门购买志愿服务项目。另外，不断推动志愿服务组织的社会化运营，协助志愿服务组织搭建社会资源的链接平台，逐步建立志愿服务供需有效对接机制和服务长效机制。加强对志愿服务组织的培育与支持，能够促进志愿服务组织在创新社会治理工作中充当更为重要的角色，发挥更为有效的作用。

（二）从机制建设着手，加强对社志联动常态化发展模式的建设和保障的措施

一是要逐步摸索"社会工作机构＋志愿服务组织"的协作机制。想要充分发挥社会工作者在组织策划、项目运作、资源链接等方面的专业优势，发挥志愿者热情高、来源广、肯奉献的人力资源优势，形成社会工作机构和志愿服务组织"优势互补，良性互动"的格局，首先要解决的就是"社会工作机构＋志愿服务组织"协作机制的问题（谭建光，2014）。针对目前缺乏统筹协调机制的现状，可以建立由党政部门、群团组织、社工组织和志愿者组织等组成的社工与志愿者联动指导小组，出台市级层面对于社工机构和志愿服务组织联动的相关政策指引，为社志联动提供政策保障。

二是要推动搭建"社会工作机构＋志愿服务组织"的联动平台。调查数据显示，11.8％的调查对象希望有关部门能够促进志愿服务交流合作。一方面，要不断推动社会工作机构与志愿服务组织的信息共享和资源整合。社工机构能够及时查找相应服务领域的志愿服务组织的资源，招募志愿者参与服务，并与志愿服务组织合作给予志愿者一定的评估与激励。同时，志愿服务组织也能够及时发布志愿服务计划，寻求相应的社工组织的支持和技术指导，实现良性的合作与交流。另一方面，要积极推动社工机构和志愿服务组织学习借鉴海外以及港澳台地区"社志联动"的发展经验，并结合本土的实际情况进行调整与磨合，逐步形成广州本土的社志联动发展经验。

（三）从人才培育着手，深化对人才专业化培训和服务信息化创新的机制

第一，在人才专业化方面，调查数据显示：12.9％的调查对象希望有关部门能够创新志愿服务组织管理人才培养机制。谭建光（2015）认为，志愿服务组织不仅开展服务活动，而且还培养领袖人才，培养未来参与社会治

理的领袖。对于志愿服务人才的专业化培养，可以分为以下两个方面：一方面，依托广州志愿者学院，对基础级、骨干级、领袖级和专业领域的志愿者进行相应级别的岗位能力培训，着力培养一批富于社会责任感、熟悉现代管理知识、拥有丰富管理经验的志愿服务组织管理人才，建设志愿服务的专业人才梯队。另一方面，建立健全志愿服务组织督导管理培训制度，对于专业性要求高的志愿服务项目，要加强专业知识和技能培训，不断提升志愿者的专业水平。

第二，在服务信息化方面，一是要加强对"i志愿"系统的操作使用进行宣传和普及，逐步改变人们对以往人工登记的习惯，让人们感受到"i志愿"系统的便利性和实用性，才能提升"i志愿"系统的使用率，逐步实现志愿服务的信息化管理。二是要解决已有志愿系统的数据整合问题，逐步将现有的系统进行合并，协助部分志愿服务组织将自主研发的系统接入"i志愿"系统，实现志愿者和志愿服务组织的登记注册、志愿活动发布、志愿时数统计等功能的信息化，为志愿服务组织参与社会治理创新提供强大的技术支持。

参考文献

[1] 陈天祥、徐于琳：《游走于国家与社会之间：草根志愿组织的行动策略——以广州启智队为例》，《中山大学学报（社会科学版）》2011年第51期。

[2] 广东省民政厅等：《关于推进社会工作者与志愿者联动工作的实施意见》2013年10月14日。

[3] 广东省文明办等：《关于统一全省志愿服务信息系统实现数据互联互通的通知》2017年6月28日。

[4] 广东省志愿者平台，"i志愿"，http：//www.gdzyz.cn，2018。

[5] 罗敏、胡礼鹏：《组织社会学视角下我国青年志愿服务组织特点研究》，《山东青年政治学院学报》2016年第32期。

[6] 民政部等：《志愿服务信息系统基本规范》2015年9月14日。

[7] 人民网，广东发布志愿者守信联合激励计划，http：//gongyi.people.com.cn/

n1/2016/1205/c151132 – 28924919. html，2016 年 12 月 5 日。

［8］谭建光：《中国社工与志愿者合作的机制创新》，《广东工业大学学报（社会科学版）》2014 年第 14 期。

［9］谭建光：《中国特色的志愿服务理论体系分析》，《青年探索》2015 年第 1 期。

［10］陈涛、巫磊、何志宇、谢景慧：《中国社会工作与志愿服务的发展》，《广东工业大学学报（社会科学版）》2012 年第 12 期。

B.11
广州志愿服务组织发展趋势分析

马 凯 李晓欣 谭建光*

摘　要： 本文在对广州市志愿服务组织的发展进行较为全面、深入研究的基础上，提出广州市志愿服务组织发展呈现出社会化、规范化、专业化、信息化、品牌化、国际化六大趋势。分析认为新时代广州志愿服务组织的功能拓展，将着重围绕推广敬老助老服务、提升青少年成长服务、深化助残志愿服务等十个方面进行社会治理创新，并在此基础上提出相关的政策建议，以期对志愿服务组织发展有促进作用。

关键词： 新时代　志愿服务组织　社会治理

中国特色社会主义新时代，志愿服务组织发展获得全社会的关注和重视，各项志愿服务制度的不断完善，为广州市志愿组织在新时期的转型和发展提供新机遇，也提出新要求。本文期望在对广州市志愿服务组织的发展进行较为全面、深入的研究基础上，把握中国特色社会主义新时代广州志愿服务组织发展的主要趋势，分析新时代广州志

* 马凯，人口学硕士，中级社会工作师，广东青年职业学院青年与社会工作系讲师，主要研究方向为青年人口与社会发展；李晓欣，广东省社工与志愿者合作促进会执行秘书长，主要研究社会工作与志愿服务；谭建光，教授，中国青年志愿者协会副会长，广东省社工与志愿者合作促进会会长，广东青年职业学院志愿服务研究中心主任，主要研究志愿服务与青年发展。

愿服务组织的功能拓展，特别是围绕民生改善、社会治理等方面的功能体现，进而为新时代广州志愿服务组织创新发展提出有意义的对策建议。

一 广州志愿服务组织的发展趋势

广州市志愿服务组织经历从民间发起到群团推动，再到党政统筹支持、社会协同发展的不同阶段。特别是在党的十九大报告提出构建"共建共治共享"社会治理格局的背景下，将坚持党的领导与志愿组织活跃相结合，呈现出社会化、规范化、专业化、信息化、品牌化、国际化六大趋势。

（一）"一核多元、多元共治"背景下的社会化发展趋势

社会化是指志愿服务从政府直接推动的组织活动拓展为众多社团参与、广大公民参与的活动。随着经济社会的不断发展，在中国共产党领导下的社会主义民主制度的进一步完善，人民的权利意识、责任意识日益成熟，有更加强烈的愿望参与到当今社会治理中来。党的十九大报告以及十三届人大一次会议上的《政府工作报告》都把"共建共治共享社会治理格局"作为一个重要部分进行阐述，因此，在党和政府的主导下，广大人民群众将会通过各类社会组织以志愿服务的形式参与到社会治理中来。志愿服务组织的社会化成为必然。但是，结合中国国情和广州特色，志愿服务组织的社会化发展要体现"一核多元、多元共治"的原则，即坚持党的领导，包括党对志愿服务组织发展的统筹和支持，党的宗旨和理念在志愿服务组织的活动中充分体现，并且对"奉献、友爱、互助、进步"的志愿精神发挥指导作用。同时，激励全社会的广泛参与、多元发展，吸引不同阶层、不同年龄人士加入志愿服务组织，发挥骨干作用，从而构建繁荣兴旺的广州志愿服务发展格局。

（二）"政府市场双擎推动"下的规范化发展趋势

新时代志愿服务的制度化建设和规范化发展，成为引起党政重视和社会关注的趋势。广州市作为志愿服务的发源地和先行探索地区，在志愿服务组织的规范化建设中要进一步探索创新，为全国积累经验。亚运会后，广州志愿之城建设推动了志愿服务组织的快速成长和规范化建设。"政府市场双擎推动"促进志愿服务组织规范化发展。广州市采取政府购买服务的方式是支持志愿服务组织发展的一大动力。依据政策法规注册登记的志愿服务组织在竞标政府购买项目过程中获得青睐，更加容易中标，获得政府的经费支持，引导越来越多的民间志愿团体选择在民政部门注册成立志愿服务组织。随着社会组织注册制度改革以及国家相继颁布《慈善法》《志愿服务条例》等法律法规，为志愿服务组织规范性发展提供了法律依据。依法登记注册为志愿服务组织获得的政策保障愈发完善，要求也就愈发严格。

另外，市场化、项目化运作，是促进志愿服务组织走向规范化发展的另一"引擎"。广州市 2011 年启动"志愿服务广州交流会"，各类公益机构、志愿组织需要通过设计和展示具有吸引力的服务项目，获得专家和大众的认可，从而获得工商企业、公益基金的资助。好的项目必然要求由一支规范化的团队来运作，这无形中促使志愿服务组织在关注项目创意的同时，也必须不断提高自身素质走向专业化和规范化的发展道路，以求得到"市场"的认可。本次调查数据表明（见表1），目前广州市志愿服务组织内部制度化程度相对较高。75%以上的组织具有自己的章程、使命愿景的陈述以及网络宣传平台。但是也可以看出，志愿服务组织在法人治理方面存在不小的差距，只有27%的志愿服务组织具备完善的法人组织结构，说明广州志愿服务组织的规范化发展还有待进一步完善。根据国务院《志愿服务条例》对于注册志愿组织和备案志愿团体的规定，广州市要尽快细化对志愿组织和团体的规范管理措施，引导志愿服务组织依法依规建设和发展，并且充分发挥活力、充分发挥服务效能，在组织发展壮大的同时更多、更好地服务社会人群。

表1 "您所在的志愿服务组织是否具备下列条件"问题统计

	百分比(%)	
	是	否
1. 是否设有理事会?	39.7	60.3
2. 是否设有监事会?	27.0	73.0
3. 是否制定章程?	77.2	22.8
4. 贵组织是否有自己固定使命的陈述?	77.5	22.5
5. 贵组织是否有例会制度?	78.1	21.9
6. 贵组织是否有自己的网络平台(官网、微博、微信等)?	84.8	15.2
7. 贵组织是否成立党组织(党委、总支、支部)	24.7	75.3

注:数据来自广州市志愿者学院2017年调查问卷分析。

(三)志愿服务领域细分下的专业化发展趋势

新时代中国社会基本矛盾发生变化,"不平衡"与"不充分"成为主要的矛盾,这对志愿服务组织提出了新要求,不能停留在"一般化"、"浅层次"服务,而是要探索专业化、精准性服务。专业化是志愿服务事业的发展趋势。专业化是指不断拓展专业服务领域、推出专业服务项目和提高专业服务水平,更好地服务社会人群。培育自主型、专业化的志愿者队伍,承担越来越多的社会服务,既提供公民参与社会的渠道,也有效帮助社会人群。《志愿服务条例》(以下简称《条例》)第十六条对志愿服务组织开展志愿专业化志愿服务活动提出专业培训的要求,规定:"志愿服务组织安排志愿者参与的志愿服务活动需要专门知识、技能的,应当对志愿者开展相关培训。"同时还对专业标准进行了界定:"开展专业志愿服务活动,应当执行国家或者行业组织制定的标准和规程。法律、行政法规对开展志愿服务活动有职业资格要求的,志愿者应当依法取得相应的资格。"同时,《条例》第二十三条规定:"国家鼓励和支持国家机关、企业事业单位、人民团体、社会组织等成立志愿服务队伍开展专业志愿服务活动,鼓励和支持具备专业知识、技能的志愿者提供专业志愿服务。"在志愿服务专业化的进程中,广州组建了4364支党政机关和事业单位党员志愿服务队及网络文明志愿服务队,

220 多支企业、行业志愿服务队，1900 支市属高校、专职技校（院）、中小学校学生志愿服务队，27 支行业性志愿服务队，28 支常态化志愿服务总队和 115 支助残志愿服务队，并完善志愿者培训体系，促进队伍的专业化发展。其中组建交通、应急、外事、科普、旅游、气象等 7 支专业型行业志愿服务队伍，凝聚志愿者 11574 人，近一年来提供了 780 场次志愿服务。可以预见，随着广州市经济社会的快速发展，社会问题的复杂程度增加，志愿服务组织走专业化发展道路，提供更具针对性和精准性的志愿服务是必然选择。

（四）移动互联网技术推动下的信息化发展趋势

随着移动互联网技术的普及，社会生活的信息化程度不断加深，志愿服务的信息化成为发展趋势。随着大数据技术的广泛应用，志愿服务工作进入了平台共享、用户共享和服务共享的新常态。早在 2010 年亚运会期间，广州市就开发运用了"志愿时"系统，对志愿者、志愿者组织、志愿服务项目实行在线管理，为志愿者沟通交流、组织管理、志愿时间记录以及激励管理等提供在线平台。"志愿时"系统的开发和运用为志愿服务的大数据开发提供了可能，在很大程度上促进了广州市志愿服务的发展，为市委市政府科学决策提供了数据支持。中山大学学生 2011 年研发的"米公益"App，结合移动互联网，为草根 NGO 搭建共享网络平台。用户只要通过日常锻炼或行为习惯积累虚拟大米，即可兑换由公益机构或基金会提供的公益产品或公益服务，让第三方弱势群体受益，实现了"公益人人可为"的目标。尽管如此，志愿服务在信息化的过程中仍然面临暂时性的问题，比如说各职能部门研发的信息系统各自为政，不能很好对接。现有志愿服务系统存在操作复杂、系统架构不合理的问题，一定程度上阻碍了志愿服务信息化的推进。因此，只有推进"互联网＋"志愿服务平台建设，使志愿者资源、志愿组织资源、互联网资源以及社会志愿服务等资源通过平台实现重新整合，才能实现志愿服务效益最大化。

（五）"社会创新驱动"背景下的品牌化发展趋势

广州市确立的"全球活力城市"和"国际商贸城市"建设定位，对于城市品牌提出更高的要求，对于志愿服务组织的品牌化建设也带来机遇和挑战。品牌是一种识别标志、一种精神象征、一种价值理念，是品质优异的核心体现。品牌化的志愿服务以确定的主题、相对集中的服务对象为特点，以大量的实践经验为基础，在服务开展中依托主体特色，结合社会需求，创新服务形式，丰富服务内容，形成常态服务。志愿服务组织坚持品牌化发展道路，通过社会创新获得政府、市场和社会的认可，品牌化发展有利于组织获得持续的关注、稳定的资金支持和高效的运作机制。根据课题组的调查走访，目前广州市志愿服务组织在积极探索符合自身定位，能够满足服务对象有效需求的社会创新服务，实现项目可持续发展的品牌建设。比如，目前一些志愿服务组织正在开展的"康复巴士""小天使合唱团""爱心晚餐""生命彩虹"等项目，都是根据服务对象的需求，整合资源，逐步打造成群众欢迎、政府认可、市场支持的品牌项目。尽管如此，在品牌打造过程中，广州市志愿服务组织还是存在一定的问题，比如，品牌专业性不强，缺少特色。有些志愿服务组织虽然做了很多事情，社会效果也很好，但是缺乏提炼和宣传，不能形成品牌效应等。为此，要提升志愿服务组织领袖和骨干的品牌意识，配合广州国际城市品牌的建设需要，打造引人注目、赢得赞誉的志愿服务组织品牌。

（六）"深化改革开放"背景下的国际化发展趋势

党的十九大报告提出建设"人类命运共同体"，就对志愿服务组织的国际化发展，以及为世界各国和平发展、民生改善做出贡献等方面，提出更高的要求。作为改革开放前沿、"先行先试"的广州，志愿服务组织就要积极探索国际化路径，为全国提供经验。志愿服务的理念是以志愿求公益。追求社会公益，就是追求人类共同期待的社会价值。志愿服务的国际化，在这个意义上其实就是人类探讨和交流如何最大限度实现社会公益。改革开放40周年，中国经济社会都取得了巨大的成就，中国人民以更加开放的心态参与到国际事务中。作为中国改革开放的前沿，广州市在国际化的进程中不断迈进。亚运会、财富论坛等大型赛会在广州的举办吸引了世界的目光。志愿服务的国际化发展无疑为广州增添了许多亮色。亚运会，一些外国志愿者到广州做义工，我国香港澳门的一些义工团体也加入亚运志愿服务，为亚运会的精彩举办做出了贡献。财富论坛，广州志愿者们提供了优良的服务，打出了广州志愿的名片。广州作为国际化城市，志愿服务天生带有国际化特性。政府购买家综服务，采取"社工＋义工"的模式服务当地社区居民，服务对象包括生活在广州的外国人。广州志愿者驿站国内外人士都可以参与体验，去做志愿服务。在医疗、养老、残障、环境生态保护等具有国际通性的问题领域，广州市志愿服务组织一直在做积极的探索并不断积累经验，为国际性问题的解决提供参考。另外，在国家有关部门的、基金会的支持下，广州志愿者也走出国门为服务外国居民开展志愿活动。在国际化的进程中，广州市志愿服务组织是坚定的局内者，加强志愿服务国际交流，吸收国际上先进的志愿服务理念和技术，不停探索创新志愿服务的新方法，共同推进人类社会进步，是大家共同的责任。

二 广州志愿服务组织功能的深化与拓展

新时代广州志愿服务组织的发展，为建设人民的美好生活、构建共建共治共享的社会格局，做出积极的贡献。为此，通过调查分析广州志愿服务组织的功能拓展，探讨这些组织在社会创新发展中的价值，具有重要意义。

本次调查数据表明（见表2），新时代广州发展和人民生活，对于志愿服务组织的主要功能需求，集中在敬老助老、青少年成长、扶贫助困、社区便民、环境保护等领域。

表 2 "您所在志愿服务组织开展志愿服务的主要内容有"问题统计

服务领域	频数	百分比（％）
助老服务	144	23.5
青少年服务	140	22.8
助残服务	97	15.8
医疗卫生	9	1.5

服务领域	频数	百分比（%）
法律服务	5	0.8
社区便民服务	104	17.0
环境保护	31	5.1
扶贫开发	13	2.1
应急救援	9	1.5
文化宣传与网络文明	34	5.5
其他	27	4.4
总计	613	100.00

注：数据来自广州市志愿者学院 2017 年调查问卷分析。

（一）推广敬老助老服务

《广州市 2015 年全国 1% 人口抽样调查主要数据公报》显示，全市常住人口中，65 岁及以上人口为 106.62 万人，占 7.9%。这意味着广州市户籍人口早已经进入老龄化阶段。中国自古就有敬老助老的优良传统，养老领域也一直以来是志愿服务的重点领域，根据调查（见表 2），广州市志愿服务组织从事助老服务占调查总数的 23.5%。从以往人们学习"雷锋精神"，向养老机构捐献钱物、走访慰问等形式，通过志愿服务组织的不断创新，形式更加多样化。目前敬老助老志愿服务活动主要体现在三个方面：一是通过举办志愿活动，丰富老年的业余生活，为困难老年人送关怀；二是开展以老养老互助活动，通过招募相对年轻有能力的老人，为更大年纪的独居、生活困难、行动困难的老人提供帮扶，并为提供志愿服务老年人给予必要的激励；三是社区居家养老志愿服务，通过整合社区资源，为社区老人提供生活照料服务。《广州市社区居家养老服务实施办法》规定："搭建互助养老平台，支持资助对象选择亲属邻里提供服务，鼓励慈善组织与志愿组织为特殊困难老年人提供志愿服务，鼓励低龄、健康老年人为高龄、失能老年人提供服务。"随着老龄化的进一步发展，未来志愿服务组织在敬老助老功能方面将起到越来越大的作用，通过项目创新和信息技术，为老年人提供更为优质的志愿服务是志愿服务组织继续努力的方向。

（二）提升青少年成长服务

本次调查的数据表明（见表2），22.8%的志愿服务组织从事青少年服务领域，志愿服务组织中50%的志愿者来自学校，以青少年为主。另有调查发现，青少年参与志愿服务能够提升情绪智商，出现问题行为的比率较少，有志愿服务经验的青少年倾向对社会采取更积极的态度，例如社会责任感、对社会的认知，以及技能和决策能力的改善等。因此，积极开展青少年志愿服务，对于青少年的个人成长、青少年价值观念的形成都具有非常重要的意义。通过开展青少年服务，能够有效解决青少年面临的问题和困境，比如，1987年广州开设的第一条"中学生心声热线"陪伴中学生度过那一时期的迷茫和困惑。青少年志愿服务在青少年贫困帮扶，残障、司法矫正、外来流动青少年的社会融入等都有着十分重要的作用。另外，通过吸引青少年参加志愿服务，引导青少年积极参加社会事务，一方面可以提高青少年对社会、国家、国际的认知水平，培养公民责任意识；另一方面能够积极引导青少年牢固树立社会主义核心价值观和对共产主义事业的向心力。因此，志愿服务组织开展提升青少年成长服务要做到"八个坚持"：坚持青年志愿服务的思想引领，坚持青年志愿服务的制度保障，坚持青年志愿服务的组织推动，坚持青年志愿服务的项目运作，坚持青年志愿服务的精准深化，坚持青年志愿服务的时尚营造，坚持青年志愿服务的育人成长，坚持青年志愿服务的理论创新。

（三）深化助残志愿服务

联合国《残疾人权利公约》认为，残疾是一个演变中的概念，残疾是伤残者和阻碍他们在与其他人平等的基础上充分和切实地参与社会的各种态度和环境障碍相互作用所产生的结果。我国历来重视残疾工作，随着残疾人事业的进一步发展，助残志愿服务也从最初的提供福利性物质帮助逐渐向协助残疾人融入社会发展。本次调查的数据表明（见表2），在广州市志愿服务组织提供的服务内容中，助残志愿服务占比15.8%。越来越多的志愿服务组织吸收当前最先进的服务理念，通过行动参与或倡导残疾人回归社会，助残功能从形式上和内容上都逐渐深化。除了对残疾群体给予必要的困难救助外，广州市志愿服务组织开展的助残服务也越来越多关注到残障人士的社会融入、社会功能恢复等工作，如"健康巴士"项目，机构筹资购买并改装适应残疾人的巴士，定期组织行动不便的残障人士外出活动，让他们接触社会，悦纳自我，促进其身心的成长。广州市社区精神康复综合服务中心运用"社工+志愿者"的方式为精神疾病患者提供人性化的服务，促进服务对象回归社会。另外，志愿服务组织也应该根据服务对象的残疾程度，积极吸纳残疾人加入志愿服务中来，实现自身的社会价值。对残疾人来说，无论是志愿服务接受者还是志愿者本身，都有很大的帮助。

（四）延伸医疗卫生服务

医疗卫生服务由于涉及严肃的专业性知识，目前志愿服务组织开展医疗志愿服务存在一定的门槛，本次调查的数据表明（见表2），广州志愿服务组织开展医疗卫生服务只占1.5%，普及程度和推广程度并不高。但随着我国卫生健康事业的发展以及人们对卫生建设认知发生的改变，以及目前我国面临的医疗资源缺乏的问题，使得医务志愿服务能够更好地承担起"非医学诊断和非临床治疗"的相关工作，以更加人性化、个性化的医疗健康服务帮助更多的患者，促进全民卫生健康状况的提高。目前医疗志愿服务可以分为三种类型：第一种类型是由专业医务工作者（医务人员、医学院学生）凭借其专业权威以志愿服务的形式开展的义诊、疾病防治、健康讲座、社会救助等活动。第二种类型是由社会人员，经过岗位培训，在医院内为患者和患者家属开展的协助性和指引性的志愿服务，比如导医导诊，辅助检查，心理抚慰，寻求社会资助以及协助医务社工开展小组、团体工作等服务。第三种类型是患者或患者家属以志愿服务形式开展的互助性的志愿服务，更多的是向患者传递信心，提供支持。未来医务志愿服务的功能发展将在"专业诊断和治疗"外，以人民群众健康为原则，融合医务社会工作的理念，在社会康复、医养结合养老、提升群众卫生健康素养等方面大有作为。

（五）普及法律维权服务

十九大报告提出"加大全民普法力度，建设社会主义法治文化，树立宪法法律至上、法律面前人人平等的法治理念。"《2018 年政府工作报告》提出"完善公共法律服务体系，落实普法责任制。"随着我国依法治国进程的不断推进，人民群众对法律知识普及、法律援助的需求日益增加，普及法律维权服务的志愿活动得到越来越多民众的欢迎。随着越来越多的具有法律专业知识者加入志愿队伍，法律知识普及呈现新常态，法律志愿者开展的公益法律维权活动得到群众的认可，与我国开展的法律援助活动相辅相成，相得益彰。广州市很多律师通过从事法律公益志愿服务，为青少年权益保护、老年人防骗、职工维权、环境保护、社会组织的法律咨询等提供专业的志愿服务，促进人民群众的守法意识和法律维权意识。

（六）活跃社区便民服务

社区志愿服务是我国志愿服务开展较早的领域，通过志愿服务的开展，极大地丰富了社区居民生活，提供了社区便利。目前社区志愿服务主要从四个方面影响社区的发展，为社区居民提供切实的服务内容：一是社区救济志愿服务。主要以帮扶社区内困难群体为主，通过志愿者救济形式，以及融合社工理念开展的确实能够解决困难群体实际困难的无报酬的服务。例如日常的陪伴、赠送慰问品、协助出行等。二是互助性志愿服务。如低龄老年人作为志愿者为高龄老年人提供的服务。三是公共服务型志愿服务。以服务中心、志愿者小屋等形式充分利用社区公共设施从而实现更好地为社区居民提供常态化的服务。四是公民参与型志愿服务。志愿服务通过介入社区实务，引导社区居民关心、关注社区问题，激发社区居民参与意识，发挥社区骨干力量进而依靠社区居民自己的力量解决社区问题。志愿者和志愿服务组织介入社区事务，促进了居民间的相互交流和参与社区事务的热情，逐步深化居民对社区的认同感和归属感，推动中国政治、经济、社会的全面发展。

（七）创新环境保护服务

习近平总书记指出："绿水青山就是金山银山。"建设生态文明也离不开志愿服务组织的参与和贡献。在环境保护领域，志愿服务发挥了重要作用，特别是在水资源保护、野生动植物保育、河道治理、资源回收利用、垃圾分类、环境污染调查和治理研究、环保意识传播、绿色环境营造等方面都开展了积极有效富有创新性的工作实践和探索。比如，流溪河污染防治、垃圾分类宣传、广州市内河道管理、废弃物资源回收、绿色出行等，得到市民的广泛认可和积极支持，提高了市民的环保意识和责任意识。

（八）做好精准扶贫服务

志愿服务对接精准扶贫是我国扶贫攻坚，实现脱贫工作的重要力量和防止帮扶对象返贫的重要保障。近年来，志愿服务针对贫困地区的实际，相继开展了相关扶贫工作，一是教育式扶贫，通过社区教育的方式，促进当地教育、文化、卫生等的发展。比如大学生支教活动、暑期大学生"三下乡"服务，有效提高了落后地区教育水平，促进了教育资源的平衡，通过大学生"三下乡"有效促进当地卫生、科技素养的提高。二是技术扶贫。志愿者们利用自身所掌握的知识，通过互联网技术，通过"互联网＋特色农业"的方式帮助农民售卖农产品增加农民收入，促进农业产业升级。三是发展式扶贫。志愿者在吸收社工理论的同时，不断丰富发展志愿服务理论，在开展志愿服务的过程中积极坚持"助人自助"的原则，更多地需要被帮扶者自身努力，从而实现精准扶贫的目的。比如，"邻里守望志愿服务"计划，以点带面，见微知著的方式帮助服务对象提升生活技能，获得自信和自尊。妇女成长计划、儿童防性侵教育、留守儿童成长计划、环境整治等都是针对农村现实情况，立足本地文化特色开展的志愿服务活动。新时代的志愿服务就是通过精准对接群众需求，提供更加精细有特色、有实效的志愿服务，让更多的人民群众从中受益。

（九）健全应急救援服务

中国幅员辽阔，人口众多，为经济社会发展提供了丰富的人力物资资源的同时，还面临着自然灾害频发、安全生产事故形势严峻的现状。应急救援对保障经济社会稳定发展，保护人民群众生命财产安全意义重大，应急救援志愿队伍建设不可或缺。目前我国应急救援队伍主要包括消防应急志愿队伍、抗震救灾志愿队伍、红十字应急救援队伍，民间应急救灾志愿服务组织也得到快速发展。应急救援的服务领域主要包括：山野救援、城市救援、水域救援、自然灾害救援、安全生产事故救援、意外事故救援和防减灾培训、大型赛事活动的保障等。随着国务院机构调整，组建应急管理部，以及《志愿服务条例》第二十四条规定："发生重大自然灾害、事故灾难和公共卫生事件等突发事件，需要迅速开展救助的，有关人民政府应当建立协调机制，提供需求信息，引导志愿服务组织和志愿者及时有序开展志愿服务活动。志愿服务组织、志愿者开展应对突发事件的志愿服务活动，应当接受有关人民政府设立的应急指挥机构的统一指挥、协调。"我国应急救援法律政策日益完善，但应急救援志愿服务队伍建设还有待进一步完善，民众参与还有待提高。

（十）弘扬文明倡导服务

志愿服务是社会文明进步的重要标志，具有弘扬文明倡导服务的功能。一方面，志愿服务组织通过志愿者向不同群体、组织、社区传播中华文明中的精髓，提高受众的文化素质，以活动弘扬社会主义核心价值观；另一方面，志愿组织的发展过程和服务过程中创造出具有自身特色的志愿文化。志愿文化建设包含志愿文化的形成、塑造、传播等过程，是一种理念的策划和传播，是对社会主义核心价值观的践行和倡导。

伴随广州城市的创新发展和人民生活的改善，对于志愿服务组织的功能需求日益多元化。因此，志愿服务组织要根据中国特色社会主义新时代的需求，积极拓展多种多样的服务形式、服务内容，有效满足人民群众的美好生活向往。

三 推动志愿服务组织进一步发展的建议

中国特色社会主义新时代，"坚持党对一切工作的领导"和"以人民利益为中心"是最基本的原则，也是志愿服务组织发展的基本原则。广州志愿服务组织的发展，一方面要积极争取党的领导、统筹、推动和支持；另一方面要发挥公众参与、灵活创新的特色，不断探索和成长富有"花城魅力"的组织发展模式。为此，课题组提出以下对策建议。

第一，加强各级党组织对志愿服务组织发展的领导和支持。

十九大报告提出要坚持党对一切工作的领导。志愿服务组织通过提供志愿服务为人民解困克难服务群众，符合党全心全意为人民服务的宗旨。党员、公务员以志愿者的身份加入志愿服务组织开展志愿服务活动，密切了党员同人民群众的联系，践行了党从群众中来，到群众中去的工作方法。志愿组织通过活动，化解社会矛盾，促进社会文化进步，在国际上树立良好的国家形象。因此加强各级党组织对志愿服务组织的领导，是志愿服务组织顺利快速发展的根本保障。广州市各级党委要通过制度建设，进一步促进志愿服务组织的发展。一是出台细则，指引志愿服务组织党组织建设，加强志愿服务组织的党建工作指导；二是各级党委要切实把发展志愿服务组织党员纳入工作计划，吸收更多优秀志愿人员入党，发挥模范带头作用；三是积极开发"红色"志愿服务项目，加强志愿服务组织对党的历史、政策的理解把握和宣传；四是引导鼓励政府机关党员志愿服务常态化、组织化建设，切实为人民群众提供具体有效的志愿服务。

第二，加强各级政府对志愿服务志愿组织的支持和保障。

加强各级政府对志愿服务组织发展的扶持和保障，一是要继续完善相关的政策法规，尽快细化对志愿组织和团体的规范管理措施，引导志愿服务组织依法依规建设和发展，并且充分发挥活力、充分发挥服务效能，在组织发展壮大的同时更多更好地服务社会人群；二是要继续创新完善政府购买服务模式，通过资金引导，项目评估引导志愿服务组织规范化、专业化发展，发展志愿服务组织和政府之间相互协调，辅助发展的社会定位，减少行政干预。

第三，加强市、区志愿服务联合会对组织发展的统筹协调。

广州市各级志愿服务联合会要通过自身的资源优势，通过开展志愿者培训、志愿活动组织或策划、志愿者表彰和激励等内容扶持各类区域内志愿服务组织的成长。同时，通过搭建政府、企业、社会组织三方合作平台，整合社会资源，培育志愿组织发展。

第四，加强各类志愿服务组织党团建设工作的创新发展。

志愿服务组织在发展过程中，根据中央关于在社会组织建立党组织、团中央关于在社会组织建立团组织的要求，在各级党组织和团组织的支持下，积极成立机构的党团组织，认真学习党团知识理论，充分发挥党员、团员在组织中的先锋模范作用。通过红色志愿服务，宣传党的政策，团结群众，凝聚人心，打造一批红色志愿服务品牌项目。通过机关党员、团员志愿者与志愿服务组织结对，加强对志愿服务组织党建团建工作的指导和规范。

第五，加强各类志愿服务组织的制度化规范化建设。

随着广州市志愿服务组织规范化程度不断提高，越来越多的志愿服务组织具有自己的章程，并且组织内部的人力资源、财务管理、活动流程等实现制度化，越来越多的志愿服务组织注册成立法人机构。但是，目前仍有一些志愿服务组织不习惯约束，不愿意注册登记。因此，加强志愿服务组织制度化和规范化建设仍然需要政府不断通过完善政策法规和资源配置进行引导，促进志愿服务组织健康发展，服务能力不断提升。

第六，加强各类志愿服务组织领袖人才与骨干人才的培养。

志愿服务组织的发展壮大，人才是关键。加强对志愿服务组织领袖人才和骨干人才培养是志愿服务顺利开展，不断提高服务质量，让服务对象满意的重要保障。一是通过政策资金支持，通过购买项目的方式，分批次选拔各类志愿服务组织的负责人或骨干人才进行深造，不断提高他们的文化能力、理论能力和服务能力；二是通过政策激励，比如把参加志愿活动作为岗位招聘、评先评优的条件，鼓励优秀的市民积极参与志愿服务，成为志愿领袖或骨干。加大广州入户积分中外来人口开展志愿服务的分值比重，引导非户籍人口积极开展志愿服务。

第七，加强"党员＋社工＋志愿者"联动工作，提高志愿服务组织专业水平。

随着越来越多的党员参与到志愿服务中，党员志愿者逐渐成为志愿服务的领导者和骨干力量。另外，随着社工与志愿者之间合作的加深，"社工＋志愿者"联动模式逐渐推广开来，并得到社会的认可。在未来志愿服务组织的发展中，做好党建工作的同时，要充分发挥党员志愿者的带头示范作用，同时还要积极发挥社工党员的专业水平，推动"党员＋社工＋志愿者"联动工作，加强志愿活动的示范性和专业性。

第八，加强志愿服务组织信息网络建设，促进组织资源共建共享。

大力加强互联网＋志愿服务平台建设，做好广州市"志愿时"系统的升级改造。一是以"志愿时"为品牌，着力打造一款符合当下移动互联网要求的新媒体终端产品，优化客户体验，吸引更多的人关注志愿服务，促进志愿服务信息的对接，方便人们随时随地获得志愿服务信息，参与志愿服务活动。二是通过"志愿时"平台的升级改造，规范志愿服务组织管理，为志愿服务组织打造资源共建共享的平台，促进志愿服务组织资源配置效率，打造志愿组织服务特色和专业化水平。三是做好"中国志愿"系统与志愿服务组织自身系统的对接以及与"中国志愿"数据框架的对接，实现信息互通。

第九，加强志愿服务组织理论研究，提供组织创新的科学指导。

志愿服务组织的创新发展离不开志愿服务组织理论的指导。加强志愿服务组织理论研究，广州市要利用好省会中心城市的四大优势，一是要充分利用广州市高校集中的优势，支持和鼓励高校孵化志愿服务组织，借助高校理论水平高的优势，推进志愿服务组织的创新；二是要充分利用广州市各类社科研究机构集中的优势，以课题研究和项目开发的方式提高社会组织理论研究的水平；三是要充分利用广州市志愿服务组织多、基层服务经验足的优势，鼓励各类志愿服务机构在做好实务的同时，注意积累总结服务经验，不断促进组织的规范化、专业化发展；四是要充分利用广州市毗邻港澳的优势，加强与我国香港、澳门以及国际的志愿交流活动，通过"走出去"和"引进来"相结合，积极吸收借鉴我国香港、澳门和国际上成功的经验，通过内化吸收、改造创新的方式为本地化服务。

参考文献

［1］谭建光：《中国志愿者队伍专业化及其政策分析》，《广东青年职业学院学报》2013 年第 3 期。

［2］《志愿服务条例》第十六条和第二十三条。

［3］志愿服务"广州经验"全国推广，http：//news. dayoo. com/guangzhou/201803/06/139995_ 52107178. htm。

［4］宋著立：《高校志愿服务专业化路径探索》，《高校辅导员学刊》2016 年第 6 期。

［5］李蓉、赵康、李晶晶：《大学生志愿服务品牌化探究》，《合作经济与科技》2016 年第 1 期。

［6］郭新保、王育：《试分析志愿服务的国际化发展趋势》，《北京城市学院学报》2013 年第 4 期。

［7］《广州市 2015 年全国 1% 人口抽样调查主要数据公报》，http：//www. gzstats. gov. cn/tjgb/glpcgb/201702/t20170221_ 25655. html。

［8］萧婉玲、姚颂霖：《穗港澳台青少年志愿服务调查研究报告》，《青年探索》2017 年第 4 期。

［9］谭建光：《中国新时代青年志愿服务的发展分析》，《青年学报》2018 年第 1 期。

［10］穆青：《社区志愿服务的类型、内容与形式》，《北京青年政治学院学报》2008 年第 10 期。

［11］郭其云、魏清、刘松、夏一雪：《我国应急救援志愿队伍激励机制研究》，《灾害学》2016 年第 7 期。

［12］邵振刚：《社会建设背景下志愿组织发展的思考——以广州市为例》，《青少年研究与实践》2014 年第 1 期。

B.12
广州志愿服务组织典型案例分析

谢素军*

摘　要：　广州志愿服务发展走在全国的前列，志愿服务组织发展历程具有较强的代表性，围绕志愿者、志愿服务品牌项目、志愿服务事件、核心成员思想意志对志愿服务组织案例进行分析能够折射广州志愿服务组织发展路径和现实生态。基于不同类型组织特征和所推动的服务内容，从包含各个类型的20多个代表性志愿服务组织中选择了九个组织作为典型，并结合新闻报道内容、官方网站介绍、志愿组织专题访谈内容，从不同角度阐述了影响这些组织发展进程的核心影响因素，以期对从整体的学理角度分析广州志愿服务组织发展提供案例参考和明证。

关键词：　志愿服务组织　志愿者　广州　案例

　　开展志愿服务，是创新社会治理的有效途径，是培育和践行社会主义核心价值观的有力抓手，是加强新形势下群众性精神文明建设的生动实践。开展志愿服务的核心在于志愿服务组织，不同的志愿服务组织所开展的志愿服务项目、所表现的成长发展经历，所折射的志愿服务取向千差万别。广州作为改革开放前沿城市和重要国家中心城市，城市志愿服务组织发展一直走在

---

* 谢素军，博士，广州市穗港澳青少年研究所《青年探索》编辑部副主任，主要研究方向为青少年发展、志愿服务发展、社会治理。

全国前列，这些组织发展所谱写的具体案例深刻反映了组织本身的队伍结构、运营模式、功能变迁，以及制度化、专业化、支持体系和发展趋势。本文主要通过对广州20余个代表性志愿服务组织进行实地访谈和为期6个月的实地观察，一是基于组织志愿者构成的数量、队伍的发展速度是否具有代表性；二是基于组织发展的历史及在变迁过程中的典型表现；三是基于组织发展的社会背景及资源整合能力的代表性；四是从志愿者组织的专业性强弱进行区分和选择；五是考虑组织的主管单位对组织的影响和其本身发展问题的普遍性。在综合考虑五个方面的因素基础上，调研组选择性挖掘九个典型案例并予以分析探讨，以期寻找志愿服务组织行为与志愿服务组织发展的逻辑明证。

一 志愿者的乌托邦：政府购买服务带来的契机

（一）案例：启智服务总队

启智可谓广州志愿服务的一张名片，启智的发展历程为这张名片涂上了一层充满神秘感的色彩，而启智的创始人李森无疑是最浓墨重彩的一笔，他于1994年参加工作，2011年辞职成为一名专业志愿者，17年如一日、个人累计志愿服务时间超过3.5万个小时，这依赖的是一种精神的力量。

"评价一个城市的文明程度，并不是看它有多少高楼大厦，而是看它有多少志愿者。"2000年，李森就是为这一非常简洁的句子所打动，成为广州的一名志愿者。他的第一次志愿服务，是探访一名70多岁的中风瘫痪的老太太，老人姓刘，孤居广州，病苦无依。一见而动真情，从此李森就经常上门陪伴，陪她聊天、看电视，为她读报纸。老人流露出来的快乐，让李森心头震动：对普通人而言再容易不过的一次散步，对某些特殊群体，却是如此渴望而不可得。他也深刻地认识到志愿者的价值所在——一个人，可以成为别人的天堂。用更具社会理想色彩的词语，则是"乌托邦"。李森给自己取的另一个名字就是"乌托邦"，在志愿者、社工队伍中，他被称为"乌哥"。

启智的服务对象，主要是独居老人、脑瘫者、智障人群以及流浪露宿者。平心而论，提供服务也许并不需要多少技术能力，但其繁难程度也足以让大部分人打退堂鼓，而李森却像"上瘾"一样乐此不疲。2011 年下半年，李森辞去了广州电信产品经理的工作，专职做志愿者。那本是一份体面的工作，能让人衣食无忧，许多人梦寐以求，而辞职则可能意味着生活无着。事实上辞职后整整一年时间他都没有任何收入，也不敢把此事告诉母亲。李森本人的窘迫和启智服务队的艰难是并存的，双重的压力一度让这个志愿服务组织处于分崩离析的边缘。

但幸运的是，政府的改革措施为启智的发展带来了巨大的契机。2011 年，广州出台《关于加快街道家庭综合服务中心建设的实施办法》，规定全市 132 个街道在 2012 年 6 月前全部建成家庭综合服务中心，按每年 200 万元服务经费的标准，通过政府购买社会服务的方式委托社会组织机构运营。2012 年，广州投入 2.6 亿元全面铺开政府购买服务建设家庭综合服务中心工作。城市对社工服务很重视，李森顺利注册成立了"启智社会工作服务中心"，并承接了天河区石牌街、天河南街家庭综合服务中心项目。

现在，启智社工中心有全职社工 120 多人，实名注册的志愿者 8 万多人。志愿者被分为 36 个分队，由社工带领，每周组织 1000 多人参加 40 多次志愿服务活动。庞大的队伍和频繁的活动，需要有高效的组织方式。李森从第一次参加志愿者活动就意识到其组织难度，而电信业的老本行让他很快找到了改善途径。2001 年，他就自学编程，并拿出自己的积蓄租用网络服务器，建成了华南地区第一个志愿者网站——广州青年网。以网站为依托，发布信息、招募人员以及分享心得，都变得非常简单。一切都很得心应手，启智的"乌托邦"王国就此构建。

（二）点评：特色与经验

启智走向志愿服务处于志愿服务塔式结构的顶端在于两次时代的契机和结构的转变，一是政府购买服务风潮的到来，早已做好志愿服务基础建设的李森顺利登上这条发展的快船，解决了志愿服务组织发展的资金危机；二是利用了互联网浪潮的深入革命，将志愿服务拓展与互联网平台紧密结合，顺应了青年的需求，将组织运营的难度降到最低点；三是伴随组织的快速发展，启智找到了一条解决复杂管理问题的路径：不断建立各领域的志愿服务支队，并鼓励这些支队走向独立发展的道路。值得探讨的则是启智的体量越来越大的同时，其简单粗放的分队管理模式是否还能够支撑志愿者的需求，伴随志愿者对自身价值体现的要求提升，启智仍然要面对科学管理与人文关怀的困境，而李森作为"乌托邦"王国的灵魂人物也不可能永远站在志愿服务队伍的最前列，继任的志愿组织管理者是否能够撑起启智服务总队的大旗，仍需谨慎观察。

二　消亡或凤凰涅槃：组织领袖决定组织未来

（一）案例：蓝信封志愿服务组织

如果说启智是广州草根志愿服务组织发展的典型，那么，蓝信封堪称广州乃至全国志愿服务组织的"白富美"，从构建之初便是以优秀大学生为主体，直至今天，其核心成员多数具有硕士、博士研究生学历，国际名企从业经历且具有行业内的专业知识。

蓝信封的发展同样充满传奇色彩，从满足留守儿童心理倾诉需求出发，通过大学生和留守儿童的一对一写信的书信陪伴的方式，构建志愿者与留守儿童间的长期朋辈心灵交流的平台，引导留守儿童健康快乐地成长，同时关注青年人在参与过程中的自我成长，并倡导社会对留守儿童的正确认识和广泛关注。蓝信封留守儿童书信陪伴项目开展八年，便已经累计为湖南、广东、四川 30 所乡村学校共 4000 名留守儿童提供服务，来往的书信数量超过了 4 万封。蓝信封是首届"益暖中华"全国大学生公益创业大赛的资助项目（由谷歌中国颁发），首届中国青年志愿服务项目大赛银奖（由国家民政部和团中央联合颁发），在 CCTV - 1 新闻联播、湖南卫视《天天向上》、《人民日报》等主流媒体均有报道。

但是，大众并不熟悉的是蓝信封为走向专业化所付出的代价，至少2015年是一个重要的分水岭，那一年，中山大学蓝信封项目负责人周文华整宿整宿彻夜难眠，在广州，除了中山大学外还有数十个高校组建了蓝信封志愿服务组织，这些组织包括华南师范大学、广州大学、广州中医药大学、广东外语外贸大学等代表性高校，它们各自按照自己的管理模式去服务留守儿童，但所有这些组织的服务模式都是围绕"蓝信封"在开展，由于团队理念不同，开展志愿服务的时间不同，方向和重点也不同，因此广州蓝信封志愿服务水平呈现参差不齐的现象。周文华作为一名博士研究生，根据他的专业化认知，深深地觉得如果任由各个高校志愿服务组织零散发展，蓝信封这个品牌终将无法走向专业化，甚至会因为力量的分散和管理的混乱导致蓝信封的污名化。周文华做出了一个大胆的决定，暂停蓝信封的运营，邀约其他高校所有蓝信封组织负责人洽谈，明确提出所有其他蓝信封组织都必须纳入中山大学蓝信封组织统筹管理，也就是说，取消所有蓝信封的零散组织，广州只允许有一个蓝信封，所有以蓝信封名义开展志愿服务的组织都必须接受中山大学蓝信封的统一领导。

同样是开展志愿服务，凭什么别的组织要服从你的安排？那个夏天，周文华遭到来自各个高校10余名蓝信封负责人的"围攻"，唇枪舌剑一整天。那次改革，周文华遭受了巨大的压力，爱心是平等且自由的，自己确实没有理由去把一份份爱心浇灭。但是，从专业化的角度看，从蓝信封的成长壮大角度看，周文华咬紧了牙关，在漫长的一年时间里，他终于还是说服了所有的蓝信封成员，构建了统一的蓝信封志愿服务组织。

至此，蓝信封在周文华的推动下解决了组织内部之忧，开始全力走向志愿服务的特色之路，各个高校分支组织有序，有效地推动项目，使蓝信封的服务内容呈几何倍数增长，参与志愿服务的人数激增，需要经过层层筛选面试才能够正式加入蓝信封。组织在高校成为一张名片，也迅速引起社会、媒体和政府职能部门的关注，但蓝信封仍然坚持低调的志愿服务姿态，纯粹的志愿服务不断获得社会各界的认可。

（二）点评：特色与经验

蓝信封的成功在于统一的组织结构，统一的组织宗旨和志愿服务思想，这迅速推动蓝信封走向专业化和规模化，组织不仅摆脱了管理上的困境，更因为专业化程度高，很快获得阿里巴巴等知名企业的支持，而其周密的管理体系及各学科高素质人才的加入则形成了蓝信封发展的强大知识力量，不同于一般的志愿服务组织，蓝信封通过自身凤凰涅槃般的改革成功将志愿服务上升到科学发展的高度，可以说，蓝信封正在积蓄巨大的力量，具备国际视野、专业视野的管理层一直在寻找最佳的突破口，以期将蓝信封推上志愿服务历史发展的前沿，他们组织结构的优势和功能取向的选择值得大多数志愿服务组织学习借鉴。而需要谨慎面对的则是蓝信封所坚持的以信封推动人文关怀的单一路线是否能够适应互联网时代的发展，其核心价值力量会不会在未来为现实的人文环境所击败。蓝信封需要不断加强管理，适应社会发展。

三 人文精神与社会关怀：企业志愿服务队发展的公益路径

（一）案例：无限极志愿者协会

2016 年 5 月，无限极正式成立志愿者协会，作为广州本土企业，无限极志愿者协会有着明显的志愿服务基因，短短两年内，志愿者人数超过 8000 人。其在组织架构、权力分配以及志愿者管理等方面均做到体系化管理，打造了可持续的社区志愿服务。为了保障志愿服务的常态化和可持续性，无限极经过长期的探索和学习，明确了公司的"思利及人"的核心价值观，审视了现有志愿服务模式出现的参与人数少，活动分散，缺乏规划和管控，社区志愿服务实际效果不明显等问题。最终，建立了一套管理体系，公司将所有志愿者进行统一管理，吸引更多的员工和经销商加入，充分调动全员参与，集中力量创效果，无限极志愿者协会也孕育而生。

在组织架构上，无限极志愿者协会成立理事会，下设秘书处，各地区成立区域志愿者协会，由秘书处负责统筹管理，确保志愿者协会的有序运作；在权力分配上，无限极给予志愿者协会充分授权，志愿者协会可根据公司社会责任战略，在健康促进、扶弱助学、环境保护、社区服务等领域，自主地选择社区志愿服务项目，挑选合适的志愿者，根据项目的特点，制订计划并实施。

在志愿者管理上，无限极志愿者全部在官方认可的志愿云系统注册，志愿服务时间与价值测量，也统一记录在国家认可的志愿云系统中，随时可查，终身记录。无限极根据民政部确定的认定标准对志愿者评级——志愿服务分别累计达到 100 小时、300 小时、600 小时、1000 小时和 1500 小时的志愿者，依次认定为一至五星级志愿者。此外，无限极坚持每年开展优秀志愿者和服务项目的评选和表彰工作，对优秀志愿者和优秀志愿者项目进行褒扬和嘉奖。一系列动作充分调动了志愿者的积极性。截止到 2017 年，无限极全国 30 家省级分公司已全部成立志愿者协会，4445 名行政员工、经销商成为志愿者，共举行 36 场志愿服务活动，累计志愿时超过 5700 小时。

在服务内容上，无极限志愿者协会主要目标是帮助孤寡老人、留守儿童以及其他需要帮助的弱势群体，帮助社区创建和谐邻里关系等。同时，帮助戒毒群体是无限极目前主要开展的志愿服务项目，协会的志愿者调查发现，社区禁毒宣传受人力物力限制，存在"重管理轻服务"的现象，为补充社区服务资源的短缺与断裂，无限极志愿者协会在多个社区深度介入社区开展禁毒工作，在国家禁毒办、中国禁毒基金会开展的以"毒害无情、人间有爱"为主题的"千人关爱工程"公益项目活动中，无限极志愿者协会就主动介入戒毒社区工作站，组织志愿者直接面向基层社区宣传禁毒，普及毒品知识，同时协助社区戒毒社区康复工作。

同时，无限极（中国）一直积极支持教育、扶贫、赈灾。目前，共有 21 所以"无限极"命名的小学在中国内地贫困地区建立。此外,无限极(中国)还积极支援汶川地震灾区、西南旱区、雅安鲁甸地震灾区,并开展思利及人助学圆梦、聋儿救助、健康快车白内障复明手术等助学扶贫项目。2012 年,无限极(中国)捐赠 2000 万元人民币创建"思利及人公益基金会",致力于推动大众健康、扶贫助教、助弱赈灾三方面的公益行动。

(二)点评:特色与经验

无限极志愿者协会的鲜明特色在于其所有成员皆由无限极员工及业务伙伴组成,企业的团队精神深度融入志愿服务精神当中。无限极志愿者协会遵循"思利及人,自愿奉献,构建和谐社区,实现平衡、富足、和谐的健康人生"的志愿使命与普通的志愿服务组织倡导的目标并无二致,但其更专注于"健康促进、扶弱助学、环境保护、社区服务"等服务领域,即无限极有自己明确的目标和界限分明的服务领域,摒弃了一般的志愿服务组织"换个地方放一枪"的弊病,专业性相对凸显。无限极的另一个优势在于企业的稳定性带来了团队的稳定性,通过常年企业志愿服务活动,无限极(中国)积累了一批成熟稳定的志愿者队伍。2015 年企业成立了无限极志愿者协会,在全国有 30 个省/市级志愿者协会,皆由无限极(中国)有限公司员工及业务伙伴志愿者组成。而更大的优势则在于具体志愿服务活动的开展、超强的团队精神和严格的纪律是企业志愿服务团队独有的优势,无论是在广州、惠州建立社区志愿服务队,向基层有效延伸,还是从全国的视野有效组织志愿者支持汶川救援等都彰显了无限极成为"履行社会责任的优秀企业"。最后,除了无限极 21 家分公司成立志愿者协会外,基于企业的服务精神,共有 3119 名经销商也加入了志愿服务组织,这种抛开市场利益的追求,反而用志愿服务精神来凝聚经销商的做法堪称企业志愿服务组织成功发展的典范。当然,企业的本质在于利益的追求,无限极志愿者协会在未来的发展过程中是否会向市场利益低头,仍然需要长期的跟踪和观察。

四 公益性或商业化：发展路线带来的困惑

（一）案例：母乳爱志愿服务队

中国第一个母乳库被倡导建立的同时，徐靓也成为 001 号母乳捐献者，她在媒体界被称为中国母乳捐赠第一人。由她发起的母乳爱公益项目下设母乳爱基金和母乳爱志愿服务队，徐靓本人担任队长，母乳爱致力于推广母乳喂养和捐赠母乳给重症宝宝。2014 年为了帮扶更多的妈妈和重症宝宝，她和团队注册了民办非企母乳爱公益服务中心。自 2013 年至今，徐靓和她的志愿团队策划了 100 多次公益行动，推出了 80 多场内容涵盖科学育儿各个领域的母乳爱公益课堂，几万人进入课堂免费学习。

截止到 2017 年下半年，全国各主要城市有 2000 多名志愿者先后加入服务队，他们包括来自一线的北上广，也涵盖云贵、重庆等内地城市，甚至还有我国港澳地区母亲参与的身影。最远的志愿者来自美国、加拿大、澳大利亚等国家，志愿妈妈捐献了超过 100 万毫升的母乳，救治了数百名重症宝宝，包括广为人知的重度营养不良的小江、混血弃婴小镜子，以及妈妈意外离世遗愿希望母乳喂养的宝宝小信纸都引起了社会各界关注。母乳爱策展的公益主题组照《爱的直播》在中国两大摄影展平遥和连州，广受各界关注和好评。徐靓本人还推出了中国第一首推广母乳喂养的公益歌曲《母乳爱》，2014 年母亲节她制作的中国首部母乳喂养、母乳捐赠的公益音乐微电影《母乳爱》在广州青宫电影城闪亮首映。

近年来，联合国儿童基金会"母爱 10 平方"特邀徐靓作为特别推广大使，母乳爱志愿服务队联手联合国儿童基金会在广州建立了数十间"母爱 10 平方"（母乳喂养室），很好地解决了妈妈在喂母乳过程中遇到的安全和尊严等问题，仅仅在 2014 年母亲节那天，徐靓带领她的志愿服务团队以母乳爱的名义走向街头，吸引了 20 家地处商业旺地的志愿驿站穿上志愿新装，成为"母爱 10 平方"的创新试点，广州由此拥有了一张全新的志愿服务名片。

她策划的广州首次"母乳快闪"呼吁大家重视母乳喂养引起社会关注，她还将母乳流动车开进了社区，让妈妈捐母乳像献血一样方便；母乳爱志愿服务站在江南中街、建设街等多个地方设立，为街坊送去免费的母乳喂养咨询。

但是，母乳爱志愿服务队就此停留在母乳喂养的层次吗？许多母婴产品商家看上了这支队伍的影响力，甚或看上了徐靓和她的服务队潜藏的经济爆发力，提出多种合作方式，包括收购志愿服务队、品牌合作、个人包装、资金支持与商业产品输出等。确实，母乳爱在发展过程中最大的缺口就是资金，队伍需要购买一些必需的母婴产品才能存储、贡献母乳；队伍开展的公益活动越多，产生的日常开销就越大。母乳爱志愿服务队看似服务内容简单，但需要非常高的安全防护意识，而这一切都必须有资金和人力的支撑。面对商家的赞助和承诺，徐靓也曾动心，或许，母乳爱志愿服务队可以借着37度母乳的品牌实现品牌推销甚至构建属于自己的品牌，母婴的市场潜力那么大，为什么不走一条商业化发展的道路呢？

徐靓和她的志愿服务队选择了放弃，她们拒绝了商业化的运营模式，毅然选择了艰难的公益发展道路，她们希望将母乳爱打造成为一个纯粹的、不受任何外界污染的志愿服务品牌，唯有如此才能放心地去为母婴服务，为社会服务。2013年5月20日在广州成立的母乳爱志愿服务队，由处于哺乳期的妈妈和来自各行各业的支持母乳喂养的热心人士组成。官方数据介绍，仅仅两年，母乳爱志愿服务队就拥有800多位海内外的志愿妈妈，已有557位妈妈合计捐赠63.5万毫升母乳，总捐赠次数达3045次，免费救治了142位重症孩子。

母乳爱志愿服务队很快获得广泛传播和社会认可，2014年该组织获得由新浪微博、微电台和中国之声联合颁发的"声动中国2013年度最佳广播公益奖"，2014年3月25日徐靓成为中国之声当天的"最美新闻人"，2014年徐靓制作的母乳爱特别节目获得广东省广播影视奖一等奖、国家卫生计生委宣传司颁发的"健康中国"传播激励计划优秀新闻作品奖，2014年8月徐靓制作的母乳爱公益广告获得中国广播电视协会颁发的公益类广告作品三等奖，2014 年 10 月徐靓制作的中国首部推广母乳喂养的公益音乐微电影《母乳爱》获得安平北大公益传播奖公益广告入围奖。可以确证，母乳爱志愿服务队坚持的公益道路是正确的。

（二）点评：特色与经验

母乳爱志愿服务队最鲜明的特征在于它所追求的人性温暖和对社会浓厚的人文关怀。母乳不仅关系到儿童的健康成长，更关系到家庭的和谐和社会的稳定。母乳一直是社会关注的热点，而母乳爱志愿服务队恰恰将这个热点问题转化为实际行动。谁来提供母乳？为谁提供母乳？提供的母乳是否安全可靠？这支志愿服务队的成立本身就聚焦了整个社会和媒体的眼光，所以，伴随志愿服务队的发展壮大，组织任何或大或小的志愿服务行动都足以衍生源源不断的故事，这是母乳爱独特的优势。而发起人徐靓的明星身份本身也充满着话题，她所带领的母乳爱志愿服务队随之成为热门话题，更多的企业和商家因为这种独特的原因而更加愿意参与和赞助，而难能可贵的是母乳爱守住了志愿服务的精神阵地，并没有融入商业的帝国。在未来，他们或许会遇到经济的、人员的、伦理的困惑，但从志愿服务发展的角度看，母乳爱因为爱而充满着希望。

五 冷漠与热线：专业领域志愿服务的细分优势

（一）案例：赵广军生命热线

赵广军早期就职于广州一家物业管理公司，是一名普通的物管员，1998 年加入了广州青年志愿者协会，成为他人生的转折点。20 多年来，赵广军将"奉献、友爱、互助、进步"八个字牢记于心，这八个字也是他加入志愿服务团队的服务宗旨，在刚刚加入志愿服务队的前几年，便先后拿出十余万元积蓄帮助孤寡老人，也是在那个时候，他坚持服侍和帮助照顾了 66 名孤寡老人。他同时利用业余时间将 1200 多名"问题少年"从危险的边缘拉回爱的世界。然而，做一名普通的志愿者固然值得称赞，但伴随社会的发展，赵广军必须做出一个抉择，找到契合社会需求和自身发展的志愿服务道路。在多年参加的志愿服务过程中，赵广军发现，在社会转型的今天，人们普遍感到压力骤增与无所适从，社会的冷漠导致人们的思想意识和心理问题逐渐增多，广州急需一支开展心理服务的志愿服务队伍。所以，尽管很艰难，但他最终还是选择了在心理咨询的细分领域构建特色志愿服务品牌。

2007 年上半年，由于资金严重不足，志愿服务工作难以维系，但赵广军仍然自费创办了志愿服务心理咨询热线——"生命热线"，其是广东省首支以个人名义命名的志愿服务队伍。随后，赵广军成立了属于自己志愿服务事业的志愿服务工作室，即日开通全国首条由 114 直接转接的心理咨询热线"114——赵广军生命热线"。"生命热线"全年 365 天保持在线畅通，每天早上 9 时到晚上 9 时 30 分，志愿者分三班轮流值守热线。协会目前有 1500 多名志愿者，其中 40% 是离退休人员，30% 是在职人员，30% 是学生。"生命热线"自开通以来，共接听求助电话超过 5.1 万个，接访求助个案超过 1.12 万个。短时间内，这条热线将 200 多名有自杀和报复社会倾向的迷途人员从"悬崖"上成功"抢救"下来，使他们迷途知返，重新做人，使他们能够用积极的人生态度来面对社会生活，其中又有 40 多人加入到志愿者队伍中，以志愿服务开始了新一轮爱心接力行动。细分化的优势就此凸显。

赵广军生命热线志愿服务队有着明显的服务特征，一是用心灵影响心灵，让边缘青少年走上正确的人生轨道。在帮教边缘青少年的过程中，赵广军接触了很多不同的问题青少年，遇到了很多棘手的个案，但每一次他都努力去帮教。二是用"生命"挽救生命，为遭遇困境的人重新点燃生活的勇气。赵广军于 2004 年底在媒体上公布了自己的手机号码，自费开通"生命热线"，专门为生活中遭遇不幸和承受巨大压力的人减压。三是用爱心收获爱心，以无私奉献的精神来实现人生价值。由于常年劳累，饮食起居没有规律，赵广军身患高血压、糖尿病、心肌炎等多种疾病，他自己的身体健康状况也令人担忧。赵广军付出的是辛劳和汗水，收获的是宁静与幸福。他为社会转型时期广州的道德建设与和谐社会建设提供了一个坐标，成为传统美德与时代精神的积极传播者。

此外，赵广军生命热线协会所创办的"幸福广州心理服务与辅导基地"的"幸福聊天室"也备受推崇。"幸福聊天室"重点吸引了具有国家心理咨询师身份的重磅心理专家和心理学教授参与值班，有需要的心理疾病患者可以通过咨询获得免费的服务。赵广军生命热线协会不仅建立了"生命热线"与"幸福聊天室"的公益服务窗口，日常还推出许多公益类的志愿服务行动，包括探访病重孩童、参与贫困山区的公益支持、走进社区与孤寡老人互动并坚持做清洁活动等关爱弱势群体的活动。

当他把志愿服务当成一项事业，而不是一种职业时，他的坚持就获得了永不枯竭的精神动力；当他把志愿服务作为一种内在需要，而不是外在强迫时，他的勤奋努力，实际上把广州人助人为乐的美好道德更加发扬光大了。青年作家刘迪生用了一年的时间，跟踪采访赵广军，并写下《点亮生命——赵广军和他的志愿事业》一书，细化的心理咨询志愿服务正是整个组织发展的核心脉络。

（二）点评：特色与经验

赵广军生命热线的成功并非偶然，它的组织发展不仅顺应了社会需求，更在需求中进行了精准区分。时至今日，赵广军和他的生命热线并未满足于现状，而是依然坚持用组织力量影响、吸引、凝聚社会各界人士加入志愿服务行列，带领的服务队伍名单不断刷新，有在校大学生、社会专业人士、曾经的帮助对象等。他不仅在志愿服务中不断学习充电，提升自我，使自己从最初的业余爱好者成长为这一领域的专业人才，还充分利用自己的知识经验及团队的培训资源，对其他志愿者进行形式多样的专业培训，帮助志愿者在学习中提高，在奉献中成长，在服务中快乐，让团队的力量不断强大，造福更多的社会大众。近年来，赵广军生命热线志愿服务队更是关注和借助直播平台、电台等开展直播互动志愿服务活动，并借助新时代青年喜欢的媒体工具赢得志愿服务事业的再提升。坚持在细分的领域走专业化的道路，是赵广军生命热线成功转型升级的秘诀。

六 名人效应和社会效应：瞄准志愿服务发展的刚需

（一）案例：南山志愿服务队

南山志愿服务队是广州医科大学附属第一医院以钟南山院士名字命名成立的服务队，由钟南山院士亲自担任名誉队长，该团队在"奉献、开拓、钻研、合群"的南山风格指引下，以高尚的医德和精湛的技术帮助人民群众，以"提高周边社区居民的健康意识，扶助弱势群体"为服务宗旨。2011年以来，他们志愿服务足迹遍及非洲塞舌尔、加纳和国内新疆、西藏、广东各地，开展了援疆、"爱肺计划"、"救心行动"、"青年文明号在行动暨健康直通车"、急救知识进校园、社区大型义诊、技术帮扶等院外品牌志愿服务活动，以及"快乐星期四（关爱白血病患儿）"、"阳光乐园（关爱先心患儿）"、同心同路童手童路美术公益活动、COPD等疾病日大型义诊、病友会等院内志愿服务品牌项目，先后开展各类义诊、健康咨询活动600场次，近5000人次参加活动，服务时长38000志愿时，受惠群众近20万人次。

与其他志愿服务组织不同的是，南山志愿服务队没有太多的宣传和推广，但备受社会各界欢迎，许多学校、社区乃至海外组织邀请南山志愿服务队前往开展志愿服务，尽管他们的服务内容比较单一，仅仅抓着医者仁心的主题。该组织能够迅速发展且充满生命力的主要原因就在于它服务内容的特殊性，治病救人，这是整个社会的刚性需求，几乎在任何一个社区、任何一条街道都有需要医生的服务对象，而南山志愿服务队恰恰是一群充满爱心的医疗从业者或学习者。除了社会效应，钟南山院士本人的知名度也是推动志愿服务队发展的重要支撑，凭借其在医学界的地位和社会认可度，其所在的南山志愿服务队被评为明星志愿服务组织，媒体的关注度也随之提高。

但是，南山志愿服务队并没有凭借钟南山名号捞取其在志愿服务领域的地位，而是在具体开展志愿服务队员的推动下，不断拓展志愿服务深度和广度，其中队伍的负责人莫明聪发挥了至关重要的作用，"他亲身带队深入省内贫困地区、市内社区等地开展有医疗特色的'青年文明号在行动'暨健康直通车活动，送医送药送健康，急救知识进社区、进校园、进企业，'爱肺计划'、'救心行动'、关爱空巢老人、社区义诊、技术帮扶等志愿服务，方便群众就近、不出社区看病。他和他的团队始终坚持走到群众中去，到看病难的山区去。每次到社区或者山区开展义诊活动的时候，他都要到贫困家庭看看，为那些行动不便的群众上门体检，送上'爱心药包'。用莫明聪的话说，看到山区群众足不出户就能得到省城三甲医院的专家、教授的诊疗，脸上露出真诚的笑容的时候，就是最开心的时刻。此外，他带领的志愿服务队员的足迹还遍布非洲加纳、塞舌尔，我国新疆、西藏、广东各地，为当地政府推进医改及解决患者看病难贡献力量"。

在拓展服务项目的时候，南山志愿服务队结合病人需求，在真情关怀病患者上做文章。他所在的医院是全国呼吸疾病诊疗的龙头，慕名而来的患者数不胜数，这些患者年纪大，又是老伴陪伴住院，沟通等方面都成问题，还没有孩子在身边。他就与团队一起，开展"温暖星期三（关爱慢阻肺患者）"，每周三晚上像老人家的孩子一样到病房陪老人家聊天、健康宣教等，舒缓老人家的紧张心情，做好沟通方面的工作，让患者安心治病。

南山志愿服务队虽然成立时间不长，但已成为志愿服务领域最为活跃的队伍之一，这些年陆续开展各类义诊、健康咨询公益服务超过 300 场次，包括医生、护士及爱心人士近 5000 人加入团队，有记录的服务时间就超过 30000 小时，有超过十万普通市民因为南山志愿服务队受益。正因为如此，南山志愿服务队先后被评为首届珠江公益节"千名公益团队"称号、广东省福彩公益奖"优秀团队"称号、广东省大中专学生"三下乡"社会实践"优秀团队"称号、2015 年"广州医科大学优秀青年志愿服务队"称号、广州市第六届"飞扬奖"团体类银奖，因为表现突出还成为广州市志愿者领袖俱乐部主席团单位、广州志愿者学院校外教学基地、广东省医院协会医院社会工作暨志愿服务工作委员会副主委单位、广东省医务社会工作研究会副会长单位，南山志愿服务队已经通过医学的路径在志愿服务领域扎下深深的根基并获得了社会各界广泛的认可。

（二）点评：特色与经验

南山志愿服务队与母乳爱志愿服务队都戴着明星的光环，钟南山院士在医学界的影响力更是为南山志愿服务队烙下了专业服务社会的印记，而且，相较于其他志愿服务组织构成和服务内容，南山志愿服务队的成员更具不可替代性的作用，服务内容的刚性需求决定了组织具有可持续发展的可能。事实上，南山志愿服务队已经形成了极大的社会效益，医学院校和医院的支撑促使该组织不断改革更新，具有强大的生命力，但如何科学地处理纷繁复杂的市场刚需，如何处理好志愿服务和有偿服务之间的关系将成为未来组织发展需要妥善解决的问题，此外，伴随名人效应的褪去，志愿服务组织的领导者的选择已经不再是南山志愿服务队自身简单选举那么简单，组织结构本身的制度化安排成为发展的聚焦点。

七　国际化或本土化：中产群体的志愿服务梦想

（一）案例：广东狮子会志愿服务队

广东狮子会是国际组织在中国成功发展的一个典型。2002年4月，广东狮子会在广东省民间组织管理局登记注册正式成立，业务主管单位是广东省残疾人联合会（简称广东残联），具有独立的社团法人资格，其在国际狮子会的地区编号为 D-381。处于"开垦"阶段的广东狮子会与政府职能部门有着天然的密切关系，许多创办者和主要活动者来自政府部门，在业内具有"官办"特征。如时任残联理事长郭德勤因受命创建广东狮子会而成为广东狮子会的首届会长。法人代表和秘书长及财务长等重要岗位由广东残联的在职领导干部兼任。51名创会会员中，有近七成是广东省内各地市残联系统的官员，有三成是国有企业的负责人。成立之初的广东狮子会作为广东残联下辖的社团，其主要职责是配合残联的工作，在残联的动员和指导之下开展助残、助孤等活动。

直到 2006 年，广东狮子会才开始从会员中推举（选举）会长，从而逐渐走向民间化。标志性的事件是，会长不再由残联的领导担任，而是从会员中推举出民间人士（民营企业的企业主或专业人士）担任会长。2002～2012 年的短短10 年间，广东狮子会经历了组织创建、转型、高速发展三个阶段，成功地完成从半官办组织向民间化转型，会员人数和服务队的数量飞速增长。据不完全统计，截至 2018 年 3 月，广东狮子会在广州、韶关、珠海、汕头、佛山、江门、湛江、茂名、肇庆、惠州、梅州、汕尾、河源、阳江、清远、东莞、中山、潮州、揭阳、云浮等地级以上市建立了 277 支服务队，会员人数超过 11170 人。

近年来，广东狮子会秉承"正己助人，服务社会"的宗旨，弘扬人道主义精神，积极参与助残、助学、敬老、恤孤、扶贫、环保、医疗卫生、救援救灾和社区服务等各类社会公益事业，开展各项公益慈善志愿服务活动，为政府分忧，为群众解难。"视觉第一"为 2 万多名贫困白内障患者实施免费复明手术，"添绿计划"为梅州地区种植 96 万棵扶贫经济林木，"血液银行"为广州市建立了血小板捐献志愿者数据库，还参与了华南冰冻雪灾、汶川地震、玉树地震、芦山地震、云南鲁甸地震等重大自然灾害的应急救灾和灾后重建工作。据统计，截至 2016 年底，共投入慈善资金 3 亿多元，在2016 年 6 月至 2017 年 7 月，更是投入超过 4000 万元在各个服务领域。一直以来服务范围遍及全国各地，受益群众超过 300 万人，为社会文明进步和公益慈善事业发展做出了应有的贡献，先后荣获国务院颁发的"全国扶残助残先进集体"，广东省委、省政府颁发的"广东省广州亚运会亚残运会先进集体"和"广东省扶贫济困金奖"，广东省志愿者联合会颁发的"广东志愿服务贡献奖"，"2012 责任中国公益组织奖"、"2015 责任中国公益行动奖"等荣誉称号，组织的社会认可度越来越高，许多年轻人以能够加入广东狮子会为荣。

广东狮子会不涉及政治、宗教、种族和国别等问题，是一个由社会中产阶层和专业人士所组成，大多具有较好的经济基础，或者在某个专业领域有一定的成就。这种特殊的群体构成也为其开展志愿服务注入了一些特殊的元素，包括高度的组织性、足够的资金支持、良好的整体素质以及带来的正面社会影响等。多年致力于社会公益慈善服务事业的广东狮子会还创新了俱乐部方式打造新型NGO，赢得了中国政府支持同时，还得到了国际社会的认可。它的运作模式值得其他具有国际背景的志愿服务组织借鉴。

（二）点评：特色与经验

广东狮子会的最大特色在于能够吸引和凝聚一批中小企业主、白领及专业人士在这个开放的平台上开展那些看上去付出与回报并不对称的志愿服务，并持续推动会员的参与使日益庞大的志愿者组织有效运转，能够妥善处理与政府及其不同部门之间的关系，开展与政府的合作，从而赢得合法性并拓展发展空间，原因在于其组织本身科学的管理和有效的社会融合，如成功将国际狮子会的志愿服务文化与中国乃至广东的具体社会文化情境相结合，发展出广东特色的"参与式慈善"模式。中山大学李伟民教授特别指出："参与式慈善可以说是慈善消费主义和中国传统的福报伦理的混合体。它既强调善有善报、好人有好报、付出不求回报，同时又非常注重在捐款和参与志愿服务过程中所获得的感动、内心的快乐以及被尊重的感觉。此外，在广东狮子会的形成过程中，适合中产阶级的民主治理文化与广东原有的社团文化有效融合，构成了复杂的官民认可的社团治理制度。这种融合是广东狮子会鲜明的特色和成功的关键。"

八 规范化和强支撑：高校志愿服务组织的转型升级

（一）案例：中山大学志愿服务团队

中山大学校团委早期设立青年志愿者行动指导中心，并于2018年更名为"中山大学团委青年实践中心"，统筹四校区（校园）志愿实践类工作，各校区（校园）团工委下设实践部和志愿者部，具体协调、管理和服务校区（校园）内部各学生志愿实践类社团及院系学生志愿服务队伍。在校团委指导下，全校共有校级志愿实践类学生社团 52 个（跨校区社团单独计算），占学生社团总数 21%。超过一半院系设立团委实践部（或公益部）及志愿服务队，加上每年临时组建的志愿服务队伍逾 300 支，涵盖了爱心助学、弱势群体帮扶、贫困地区支教、环境保护、抗震救灾、医疗服务、大型赛会、公益支持等多个领域。此外，学生处以"亚德克"公益实践项目、学生公益百人会、各项助学金的受资助学生组成的志愿服务队伍等为载体，也推动了校园公益及志愿服务工作。

志愿实践类学生社团是中山大学开展志愿服务活动的最主要力量，包括综合服务类的青年志愿者协会、爱心同盟协会，以助学为核心的爱心助学协会、以环境保护为己任的环境保护协会、宣传预防艾滋病知识的红丝带协会、帮扶麻风病康复者的 Allshare 义务服务协会，关注献血及应急知识的红十字会，扎根西部和贫困山区教育的研究生支教团、蒲公英支教队等。同时，各二级学院和附属医院也结合专业特色建立了服务队，如法学院法律青年志愿者服务队、中山眼科中心关爱视觉行动服务队、药学院安全合理用药服务队、物理学院家电义务维修小组、国际汉语学院汉语教师志愿者项目等。此外，中山大学积极组织志愿者参与大型赛会的志愿服务，2008 年奥运会、2010 年的上海世博会、2010 年的广州亚运会和亚残运会、2011 年深圳大运会、2016 年广东省对非投资论坛、历届广交会以及校内大型活动（校庆系列活动、中山论坛、山海论坛、毕业嘉年华等）均有中山大学志愿者的身影。

高校志愿服务组织能够成熟发展、不断创新的原因是多方面的，一是工作经费有保障。中山大学已设立了志愿服务专项经费并纳入学校预算统一管理。同时，每年校团委和学生处均通过立项资助的形式，支持学生参与及开展志愿服务活动。为保障志愿者基本权益，争取更多社会资源服务于志愿者。二是激励机制有安排。按照近年的工作规律，中山大学已建立了全校性的志愿服务表彰机制，如每年 5 ~ 6 月份举办中山大学优秀志愿服务项目大赛、9～10月份举办"三下乡"优秀志愿服务团队和优秀个人、11～12月份举办中山大学十大杰出青年志愿者评选等。在星级志愿者评定方面,参照《中国注册志愿者管理办法》和广东省的有关规定执行。三是青年需求有回应。根据调查了解,中大学生参与志愿服务的需求较大,为此,学校主动对接团中央、团省委、团市委等相关部门,积极开拓志愿服务岗位,满足学生志愿服务需求。对接团中央"远洋探海者"社会实践、"井冈情中国梦"大学生暑假实践季、长白山暑期实践、"索尼梦想教室"公益项目等,对接团省委开展"青春情暖"、"青春红丝带"、"甘露行动"、"伙伴同行"、对非投资论坛志愿服务等,对接团市委开展"海博会""广交会""志愿驿站"等志愿服务。

培训培养不断制度化是高校志愿服务组织发展的另一优势,以构建中山大学志愿服务培训体系、优化志愿服务项目为目标,中山大学团委近年来加强青年志愿者骨干培训工作,促进了志愿者骨干交流,整合了志愿服务队伍资源,让青年学生对志愿服务有更深层的理解。一是筹建志愿服务培训师资库。以中山大学公益慈善研究中心、马克思主义学院、社会学与人类学学院、政治与公共事务管理学院、艺术教育中心、学生处、校团委等院系、部门相关研究志愿服务的专家教师为基础,整合广东省社工与志愿者合作促进会、广州市志愿者学院及部分基金会、社会服务机构的资源,从理论学习、技能培养、意识建立等层面加强对志愿者骨干的培训。二是整合志愿服务学习图书库。中山大学编辑《大学生社会公益实践导论》,指导学生参与公益实践和志愿服务。同时,以《志愿服务岗位能力培训教材》《中国志愿服务研究》《社会志愿服务体系——中国志愿服务的"广东经验"》《中国志愿服务指南》等图书为基本,培养学生用心做好志愿服务。三是建设志愿服务实践基地。校团委牵头,与校区(校园)属地的管理部门建立合作关系,推动志愿服务实践基地的建设。如在珠海校区,与珠海高新区团工委连续七年开展服务于高新区各社区及街道的"创先争优"公益实践活动;在广州南校园,与海珠区青年志愿者协会合作,连续多年开展广交会志愿服务、志愿驿站便民服务等；在广州北校园，与农林街道合作，开展社区义诊、科普宣教活动等。此外，根据中山大学与广东省多个地市的"校市合作"协议，校团委积极与各地市共青团对接，让"三下乡"志愿服务走进地市的基层乡镇，每年服务群众逾 5000 人。

同时，高校志愿服务组织的管理服务不断科学化。一是坚持志愿服务理念科学化。以"服务学习""就便服务""互联网＋""公益创新"等理念为基本指导思路，中山大学近年来涌现出许多有特色的志愿服务项目。"服务学习"让学生通过第二课堂志愿服务促进了第一课堂的专业学习，学以致用；"就便服务"倡导学生读书期间就近服务以节省精力，寒假暑假期间返乡服务助力家乡建设发展；"互联网＋"推动志愿服务线上线下联动，产生积极的效果，传播更多社会正能量；"公益创新"鼓励学生将志愿服务活动变为可持续的项目，整合资源解决社会问题，争取创立社会企业或社会服务机构，提供专业社会服务——自 2012 年至今，中山大学已陆续孵化出"蓝信封""有爱慈善商店""微辣青年""米公益"等社会服务机构。二是建设志愿服务评估体系。志愿服务项目的实施效果和宣传效应，志愿服务对青年学生的成长成才促进程序，志愿服务的对象评价等，是促进志愿服务工作的评估指标。现阶段，中山大学正在构建"以评促建"的志愿服务评估体系，努力实现志愿服务更加科学合理。

通过访谈得知，中山大学未来将继续在校级层面推进青年志愿者培训工作，通过师资库、图书库、课程库、项目库，夯实志愿者的基本礼仪、服务理念和服务技能。积极争取团中央的支持，整合中山大学中国公益慈善研究院、广东省社工与志愿者合作促进会等资源，加强志愿服务评估研究。同时，继续利用好已建立的中山大学公益成长中心"亲青家园"、"谷河南岸"青年空间、柒阅书屋等阵地，为校内志愿服务组织和志愿者提供志愿实践类图书借阅及活动场地和设备借用等服务，开展公益性的沙龙、观影会、工作坊、读书会等活动，以交流促成长。

同时围绕学校全面提升学生升学率、深造率的战略部署，根据学生专业学习提升的需求，结合志愿服务项目专业化发展、学校产学研工作、高校服务社会的基本职能，校团委将探索青年教师志愿服务和师生共同志愿服务的工作，继续引导学生注重志愿服务项目的专业化和可持续化，注重志愿服务效果的深入化和精准性，整合资源孵化更多能够精准服务的志愿服务项目。最终，通过志愿服务的第二课堂实践，推动学生所学专业的第一课堂学习。此外，中山大学将通过依据《慈善法》《中国志愿服务条例》《广东省志愿服务条例》等上位法，参考其他高校的志愿者管理办法及相关领域法律法规，制定《中山大学志愿服务管理办法》，进一步规范和促进志愿实践类工作，可以说，中山大学的高校志愿服务组织发展模式已经成为高校志愿服务发展的一个典范。

（二）点评：特色与经验

中山大学志愿服务团队数量巨大且不断有新生力量加入、队伍多样且与社会组织密切合作，既接受学校青年志愿者行动指导中心的统一指挥，又各自具有较强的自主性和灵活性，其在管理上的科学性和服务内容上的多元化在高校志愿服务队伍建设领域具有较好的代表性。尤其是伴随共青团改革工作的推进，中山大学志愿服务团队在管理属性上确定了学校团委的指导定位，并专门设立了志愿者行动指导中心来统筹管理各类型的志愿服务队伍，与社会化的志愿服务队伍不同，中山大学的志愿服务团队以学生为主，必须在学校报备并按周期提交队伍开展活动的相关报告材料，这种严格的规范杜绝了志愿服务团队脱离主流价值，保证了团队的思想统一和行动统一。而多元的服务队伍和服务内容则彰显了青年学生群体的创新创意，成为广州志愿服务组织发展别开生面的一笔。此外，中山大学学校志愿服务队伍与社会组织之间的良性互动也为全国学校志愿服务团队提供了许多优秀的可借鉴模式。值得注意的是，中山大学志愿服务团队虽然培育了许多优秀的志愿者，但当这些志愿者毕业之后，能不能够继承和发扬志愿服务精神，从学校层面能否有效鼓励和引导这些已毕业志愿者继续从事志愿服务，并为这些志愿者带来有效的社会支持是一个应该严肃对待的课题。

九 个体特色和集聚优势：志愿驿站服务
组织的品牌构建

（一）案例：广州志愿驿站志愿服务队

广州市志愿驿站是 2010 年广州举办亚运会后志愿服务特色遗产，目前全市有 120 多个志愿驿站，分布于重要路口、大型广场、商业区、文化景区、历史名胜、居民社区、交通枢纽等人流量较大、关注度较高、志愿服务需求较大的重点区域。志愿驿站既有各自的特色，又有统一的行动。伦文叙广州志愿驿站是全市第一批建立的优秀志愿驿站，无论是所处位置的城市中心性还是服务内容的创新性都具有较强的代表性。

几乎每天早上，广州的志愿驿站都会热闹非凡，如坐落在越秀区中心城区的伦文叙广场志愿驿站每天都会上演一系列"妈妈私房菜"。搭帐篷，放置桌椅，志愿者、青联委员带着一群社区孩子围绕几张方桌包起了饺子和汤圆。他们择菜、和面、拌馅、擀皮、包饺子互相配合，分工协作，不一会儿一个个饱满玲珑的饺子出现在大家面前。随后，志愿者把社区中的老人们请进了社区党员活动中心，在欢呼声中，饺子开锅，汤圆呈起，老人们一边品尝着美味的饺子，一边谈论着冬至的习俗，欢声笑语，其乐融融。这就是广为称道的"妈妈私房菜"项目，它仅仅是志愿者发起的一个品牌活动之一，因为备受市民欢迎，已经在全市铺展开来。

晚上也是志愿者活动的重要时间，比如在骑楼下、天桥底，"搜寻"寒夜中的露宿者。通过微博@广州共青团，@越秀志愿者广泛发动网友寻找身边的露宿人员，根据群众和广大热心人士的积极"报料"，掌握露宿人员的集中休息地区。同时，志愿者们事先准备好睡袋、泡面、自制的汤圆和姜茶，于人民公园驿站集合后前往露宿人员的休息地方，为他们送上睡袋，快速地泡上一碗热腾腾的泡面，送上一碗自制的汤圆和一杯自制姜茶。"看着露宿者幸福地吃着我们送过去食物的，盖着暖暖的睡袋，脸上洋溢出开心的笑容，真的觉得自己也很幸福。"人民公园志愿驿站站长陈敏贤说道。

这只是志愿驿站服务队其中一天的服务，虽然丰富多彩，但仅仅依靠三两个志愿者开展志愿服务力量太过薄弱，为充分发动全市有爱心的人都行动起来，团市委发动全市12区（市）团组织、社会组织和志愿者集体行动，从全市150家志愿驿站中挑出了50家，将其设立为冬日暖阳温暖驿站，让驿站成为爱心市民及企业奉献爱心的集散平台。通过温暖驿站，爱心市民和企业可以将手中多余的防寒物品送到此处，而有需要的志愿者组织，也可以到驿站领取这些爱心物资，送到有需要的人的手里。

妈妈私房菜、冬日暖阳行动等只是广州志愿驿站志愿服务组织千万个活动项目的代表，事实上，因为志愿驿站的规模效应和全市的统一行动，驿站志愿者已经建立一套规范的志愿服务模式，服务内容也非常丰富，所有广州志愿驿站都能提供交通指引、信息查询、文明宣传和便民服务等内容，但由于分布地域差别、开放时间不同以及当地市民服务需求不一样，也可分为不同的类别。根据站点开放时间分类，可以把志愿驿站分为三类。日间站是白天（9：00～17：30）开放的志愿驿站，夜间站是晚上（18：00～21：00）开放的志愿驿站，时令站则是在部分节假日、重大活动期间才开放的志愿驿站。除此之外，部分站点还可以根据本区域的人流特点和服务需求，自主灵活制定开放时间。根据分布地域和辐射人群分类，志愿驿站又包括社区类志愿驿站，它周边主要为居民区，主要服务本区域居民，如芳和花园站、穗园小区站。交通中心类志愿驿站地处汽车站、火车站旁边，为往来宾客和本地居民提供交通指引和信息查询等服务，如广州东站驿站、海珠客运站驿站。专业市场类志愿驿站设在批发市场旁，以服务流动商业人群为主，如富力童装市场站等。景点类志愿驿站大都在风景旅游区旁，服务本地市民也有外地游客，如白云山西门站、仁威庙站等。商业类志愿驿站地处商业中心地段，人群来自不同地域，如正佳广场东南门站。校园类志愿驿站则在校园内，以学生公益活动服务需求为主，如广外白云校区站、大学城北站。

在过去的七年时间，广州志愿驿站志愿者推出了许多便民服务项目，与药监局、税务局等相关职能部门联合开展了系列的主题志愿服务活动，甚至在一定程度上为公安部门延伸了服务手臂，一定程度上赢得了市民好评。但是，由于志愿驿站志愿者大多数为年长市民，他们的行动又往往呈现出零散的现象，以东风路某志愿驿站为例，仅仅因为志愿驿站站长要离开广州，原来所在的志愿者便分崩离析，尽管制度化客观存在，但大多数志愿者会因为失去组织者而难以再凝聚。此外，有些志愿驿站志愿者利用志愿的名义吸引所聚集的志愿者参与一些非法集资活动，造成经济损失后，志愿组织也会就此离心离德而解散。志愿驿站服务组织因为群体的多元和管理的松散特征，呈现出的发展危机值得警惕。

（二）点评：特色与经验

广州志愿驿站志愿服务队的特色在于它数量非常大，参与群体也非常多元，主要站点分布在城市核心地带，占据很好的地理优势，且一直以来都得到了团市委、广州市志愿者行动指导中心的直接管理和支持，在政治上具有得天独厚的强力支撑。但从长远的发展角度看，以志愿驿站为平台搭建的志愿服务组织因为基层管理的不确定性而充满风险，零散的且素质普遍不高的年老群体开展志愿服务缺乏科学的管理和现代化的技术手段，导致志愿驿站许多时候不能常态化开展服务。抛开志愿者本身的投入，驿站本身也会因为社会经济的发展而弱化，尤其是遇到重要的其他社会需求时，志愿驿站往往要让位于其他功能，从长远观察，志愿驿站志愿服务队需要尽快寻找到发展的新模式和出路。

小　结

广州志愿服务组织发展既反映了中国志愿服务组织发展的整体生态，又折射了作为沿海开放城市、毗邻港澳地区的广州地缘特色。从整体上来看，九个志愿服务组织的特色主要彰显在组织领袖的个人魅力、组织管理的制度化，以及符合自身发展需求的创新理念和运营模式。

（一）领袖个人魅力的凸显

启智志愿服务总队凸显的是志愿者领袖的个人魅力，以及在社会变革的关键时期如何抓住志愿服务的发展机遇，成功赢得政府购买服务而实现转型的案例。启智志愿者都非常喜欢叫总队长李森为"乌哥"，因为李森提出了构建志愿服务的乌托邦王国的理念，这个理念得到所有队员的认可并愿意为这个理念而奋斗，李森实质上已经成为这支志愿者队伍的精神领袖。从访谈中可以看到，当李森外出学习或有其他工作时，志愿服务队更愿意等待队长回来对重大问题做决定，而不是支持其他负责人做出抉择。领袖的个人魅力给予了志愿者组织以强大的精神动力，但不可避免的是当这个领袖退出舞台，志愿者组织必将面临一次重大的抉择和挑战。

（二）组织管理制度化的趋势

蓝信封凸显的是志愿服务组织如何实现自我解剖，面对困境勇于打破传统，在实现内部科学化管理后逆袭创新现代化志愿服务品牌的案例；无极限志愿者协会则是充分发挥企业严密的组织和管理优势，将志愿服务队伍建设与企业人才队伍建设结合，将志愿服务文化与企业文化相融合的成功案例。无论是历史悠久的狮子会，还是这些年才发起的母乳爱，以及中山大学等高校志愿者协会，志愿服务组织的制度化是大趋势，一方面，这些组织根据自身队伍类别制定了严密的管理规范；另一方面，志愿者组织不得不紧随社会的发展，尤其是互联网社会到来后，需要不断引进和更新一些先进的管理理念，如蓝信封正是充分引入了管理学专业的生态管理模式，促使组织蓬勃快速发展。

（三）组织运营模式的精细化

赵广军生命热线主打的则是专业领域的志愿牌，其长期坚持专业化的服务内容以及利用互联网手段开展现代化志愿服务的案例值得借鉴；南山志愿服务队彰显的则是当志愿服务组织提供的是社会的刚性需求时所爆发出来的正能量，以及这份能量推动志愿服务组织不断成长发展的案例。志愿服务组织运营模式的精细化是社会发展的必然趋势和志愿服务组织发展的必然选择，赵广军生命热线选择网络直播，赵广军个人打造网红，都是志愿服务组织运营模式的一种创新尝试。南山志愿服务队专注医疗，并不断分化儿科、眼科等，其选择正是将服务内容不断精细化，更加符合服务对象的需求，也正是因为这种精准服务才不断赢得服务对象和社会的信任。

尽管广州志愿服务组织在不断转型发展的同时，还存在许多内在的危机，但总体而言，广州志愿服务组织发展走在中国志愿服务发展的前沿，无论在数量上还是质量上，广州志愿服务组织所勾勒的蓝图都值得其他城市借鉴和学习，九个典型组织的发展案例一定程度上反映了志愿服务组织领域发展的困境和方向，但却并不能完全代表广州志愿服务组织发展的生态，多元化本身就是志愿服务组织发展的最大特色之一，创建、发展、改革或者消亡本身就是一个组织发展的必然规律，以上案例的叙述或许仅仅是一个角度的考量而已。

参考文献

［1］周大鸣等：《中国志愿组织的典型个案研究——对广州市启智服务总队的考察》，《中国青年政治学院学报》2008 年第 5 期。

［2］徐靓：《公益行动中的媒体作为——以公益项目"母乳爱"为例》，《南方电视学刊》2014 年第 2 期。

［3］朱健刚、景燕春：《国际慈善组织的嵌入：以狮子会为例》，《中山大学学报》2013 年第 7 期。

［4］吴春燕、赵广军：《一往情深为民守候"生命热线"》，《光明日报》2012 年 11 月 3 日。

［5］林洁：《广州志愿服务探索"四化"发展新路》，《中国青年报》2017 年 3 月 13 日。

［6］邓奕茂、肖金、陈红：《广州志愿驿站变身"健康驿站"》，《社会与公益》2014 年第 10 期。

［7］何道岚：《医者仁心乐于助人投身医疗志愿服务》，《广州日报》2017 年 1 月 21 日。

http：//ent. sina. com. cn/zz/2017 －01 －21/doc-ifxzunxf1637139. shtml。

［8］徐静：《校园公益走向专业化》，《广州日报》2012 年 12 月 1 日。http：//news. 163. com/12/1201/10/8HKOITRG00014AED. html。

［9］李秀婷：《30 家志愿驿站"5·20"加入"母爱 10 平方"》，《南方日报》2015年 5 月 22 日。http：//epaper. southcn. com/nfdaily/html/2015 －05/22/content_7431215. htm。

附 录

附录1　广州市志愿服务条例[*]

第一章　总则

第一条　为规范志愿服务活动，保障志愿服务组织、志愿者的合法权益，促进志愿服务事业的发展，根据本市实际情况，制定本条例。

第二条　本市行政区域内志愿服务组织、志愿者、志愿服务活动以及对志愿服务活动的支持与保障适用本条例。

第三条　本条例所称志愿服务活动是指经志愿服务组织安排，志愿者自愿、无偿帮助他人和服务社会的活动。

本条例所称志愿服务组织是指依法成立，从事志愿服务活动的非营利性社会组织，包括专门从事志愿服务活动的青年志愿者协会、义务工作联合会

---

[*] 2008 年 9 月 25 日广州市第十三届人民代表大会常务委员会第十三次会议通过，2008 年 11 月 28 日广东省第十一届人民代表大会常务委员会第七次会议批准。

等非营利性社会组织和组织志愿服务活动的总工会、妇女联合会、残疾人联合会、红十字会等社会团体。

本条例所称志愿者是指在志愿服务组织登记，不以获得报酬为目的，自愿帮助他人和服务社会的个人。

第四条 志愿者从事志愿服务活动应当遵循自愿、合法、平等、无偿、诚实信用的原则。

志愿者从事志愿服务活动应当受到社会尊重，其合法权益受法律保护。

第五条 市、区、县级市人民政府应当将志愿服务事业纳入国民经济和社会发展规划，制定鼓励政策，提供必要的资金扶持，引导和促进志愿服务事业发展。

镇人民政府和街道办事处应当鼓励和支持本辖区内的志愿服务活动，并为志愿服务组织开展活动提供必要的便利。

第六条 市、区、县级市设立的志愿服务工作指导机构负责制定本行政区域志愿服务事业发展规划，指导、协调志愿服务组织及其活动。志愿服务工作指导机构办公室设在同级共青团组织。

志愿服务工作指导机构由民政、发展和改革、财政、教育、卫生、体育、劳动和社会保障、司法行政、环境保护等政府有关部门和总工会、共青团、妇女联合会、残疾人联合会以及其他依法成立的有关单位组成。各成员单位应当支持和指导与其职责相关的志愿服务工作。

第二章　志愿服务组织与志愿者

第七条 志愿服务组织应当履行下列职责：

（一）志愿者的招募、登记、培训、管理和表彰；

（二）组织实施志愿服务；

（三）维护和保障志愿者的合法权益；

（四）法律、法规规定的其他职责。

第八条 向社会招募志愿者应当由志愿服务组织进行，但承办国际性综合体育赛会的组织机构除外。

承办国际性综合体育赛会的组织机构招募志愿者、组织志愿服务活动的，应当履行本条例规定的志愿服务组织的义务。

第九条　志愿服务组织应当以适当方式公开其志愿服务范围、服务项目和联系方式。

第十条　志愿服务组织应当依照《中华人民共和国公益事业捐赠法》、《社会团体登记管理条例》等相关法律、法规的规定筹集经费和物资，对政府扶持和社会捐赠的财物应当建立健全接收、登记、管理制度，按照扶持者、捐赠者意愿依法使用，并向其通报使用情况。

志愿服务组织每年度应当向政府有关部门报告接受政府扶持和社会捐赠的财物的使用、管理情况，并向社会公开。

第十一条　志愿服务组织招募志愿者时，应当公布本组织及其志愿服务活动的真实、完整的信息，并告知志愿服务活动中可能出现的风险。

第十二条　志愿服务组织应当对新招募的志愿者进行志愿服务基础知识的培训；在开展志愿服务活动前，对志愿者进行必备知识和安全须知等内容的培训。志愿者应当参加志愿服务组织安排的培训。

第十三条　志愿服务组织应当建立记载志愿者个人基本情况、志愿服务情况和培训经历的档案。未经志愿者本人同意，志愿服务组织不得公开或者泄露其个人基本情况信息。

志愿服务组织应当在志愿者档案中记载志愿服务的时间和绩效评价，并将志愿服务的累计时间和绩效作为表彰志愿者的依据。

第十四条　志愿者因升学、就业等原因需要志愿服务经历证明时，志愿服务组织应当如实出具。

志愿服务组织不如实出具志愿服务经历证明的，志愿者可以向志愿服务工作指导机构投诉，志愿服务工作指导机构应当责令该志愿服务组织限期改正。

第十五条　具有民事行为能力的个人经志愿服务组织同意，可以登记成为该志愿服务组织的志愿者。

限制民事行为能力的志愿者从事志愿服务活动的，应当经其监护人同意。

第十六条　国家机关、人民团体、企业、事业单位、基层群众性自治组织和其他社会组织可以组织本单位、本系统、本社区自愿参加志愿服务的人员集体加入志愿服务组织，参加志愿服务组织开展的志愿服务活动。

第十七条　志愿者享有下列权利：

（一）获得与从事志愿服务活动相关的真实、完整信息；

（二）从事志愿服务活动时，获得志愿服务组织、接受志愿服务的单位或者个人提供的人身安全与健康的必要保障；

（三）拒绝超出约定范围的志愿服务；

（四）从事志愿服务活动受到损害时，获得志愿服务组织的帮助；

（五）对志愿服务组织的工作提出建议、意见和批评；

（六）退出志愿服务组织；

（七）依法享有的其他权利。

第十八条　志愿者应当履行下列义务：

（一）尊重接受志愿服务的单位或者个人的合法权利，保守其秘密和个人隐私；

（二）不向接受志愿服务的单位或者个人收取或者变相收取报酬；

（三）其他法定义务。

第三章　志愿服务

第十九条　志愿服务的范围包括扶贫济困、帮残助老、抢险救灾、支教助学、环境保护、文体服务、科技推广、法制宣传、法律援助、治安防范、青少年服务、社区服务、大型社会活动等社会公益事业。

志愿服务的重点对象是残疾人、老年人、优抚对象、城乡特困人员以及其他有特殊困难需要帮助的社会成员。

第二十条　志愿服务组织可以自行组织志愿服务活动或者根据有关单

位、个人的申请提供志愿服务。

需要志愿服务的单位或者个人可以向志愿服务组织提出申请，并告知与志愿服务有关的真实、完整信息和潜在风险。

志愿服务组织能提供志愿服务的，应当与需要志愿服务的单位或者个人就志愿服务活动的内容协商一致；不能提供志愿服务的，应当及时予以说明。

第二十一条　志愿服务组织安排志愿者提供志愿服务，有下列情形之一的，志愿服务组织与志愿者、志愿服务组织与接受志愿服务的单位或者个人之间应当签订书面协议：

（一）可能危及人身安全、身心健康的；

（二）连续三个月以上专职服务的；

（三）为大型社会活动提供志愿服务的；

（四）组织志愿者在本市行政区域以外开展志愿服务活动的；

（五）志愿服务活动涉及外籍人员的；

（六）任何一方要求签订书面协议的。

第二十二条　志愿服务组织与志愿者、志愿服务组织与接受志愿服务的单位或者个人之间签订的志愿服务书面协议，应当包括下列条款：

（一）双方姓名或者名称和住所；

（二）志愿服务的内容、时间、地点；

（三）双方的权利、义务；

（四）风险保障措施；

（五）协议的变更和解除；

（六）争议解决方式；

（七）其他需要协议的事项。

第二十三条　志愿服务组织安排志愿者从事的志愿服务活动应当与其年龄、身体状况、所具备的知识和技能等相适应。

第二十四条　志愿服务组织安排志愿者从事抢险救灾等可能危及人身安全的志愿服务活动的，或者安排志愿者在国际性、全国性的体育赛会、文化活动举办期间，为该赛会、活动提供志愿服务的，应当为志愿者购买相应的人身意外伤害保险。志愿服务的有关当事人对购买该项保险另有约定的除外。

第二十五条 志愿者从事志愿服务活动时，应当佩戴志愿服务标识。

第二十六条 任何组织和个人不得强迫他人从事志愿服务活动。

任何组织和个人不得以志愿服务、志愿者以及志愿服务组织的名义或者利用志愿服务标识，从事以营利为目的的活动。

第四章　支持与保障

第二十七条 本市设立志愿服务基金会，志愿服务基金会的设立应当符合法律、法规的规定。

志愿服务基金会的资金来源包括：

（一）社会捐赠；

（二）政府支持；

（三）基金增值收益；

（四）其他合法收入。

第二十八条 志愿服务基金应当用于下列事项：

（一）资助志愿服务项目；

（二）宣传志愿服务理念；

（三）培训志愿者；

（四）救助因从事志愿服务活动受到侵害造成生活困难的志愿者；

（五）奖励作出突出贡献的志愿服务组织和志愿者；

（六）用于与志愿服务事业发展有关的其他事项。

基金的使用和管理应当符合国家关于基金会的有关规定，依法接受财政、审计等政府有关部门和社会的监督，收支情况应当每年向社会公开。

第二十九条 志愿者在志愿服务过程中，有下列情形之一，导致其生活困难的，志愿服务基金会应当给予资助：

（一）因不可抗力等不能归责于第三方的原因遭受人身损害、财产损

失的;

（二）因他人侵权遭受人身损害、财产损失而侵权人无法查明、逃逸或者无赔偿能力的。

第三十条 鼓励单位、个人向志愿服务基金会、志愿服务组织捐赠。捐赠者可以按照国家法律、法规与政策的规定享受税收减免等优惠。

第三十一条 政府可以通过购买志愿服务组织的服务实施公益事业项目。

志愿服务组织不得将实施公益事业项目所得资金用于向志愿者支付服务报酬。志愿服务组织完成该项目后应当将项目的开支及绩效情况向政府有关部门报告，并向社会公开。

第三十二条 国家机关招考公务员、国有企事业单位招聘人员、高等院校录取新生时，鼓励其在同等条件下优先录用、聘用和录取有志愿服务经历者。

第三十三条 本市建立志愿服务荣誉制度，对有突出贡献的志愿服务组织、志愿者以及支持志愿服务事业的单位和个人给予表彰、奖励。

第三十四条 教育行政管理部门、学校和其他教育机构应当加强对青少年学生志愿服务意识的培养，鼓励和支持高等院校、中等职业学校和普通中学学生利用课余时间参加志愿服务活动。

第三十五条 国家机关、社会团体、企事业单位和其他组织应当鼓励和支持志愿服务活动，为志愿者及志愿服务组织开展活动提供必要的便利。

新闻媒体应当开展志愿服务的公益性宣传，推广志愿服务理念。

第三十六条 志愿者在志愿服务过程中遭到接受志愿服务的单位、个人或者其他单位、个人侵害的，志愿服务组织应当协助志愿者追究侵权人的法律责任，帮助志愿者维护合法权益。

第五章　法律责任

第三十七条 志愿者按照志愿服务组织安排从事志愿服务活动，侵害他人合法权益并造成损害的，由志愿服务组织依法承担民事责任。志愿者有故意或者重大过失的，志愿服务组织可以依法向其追偿。

第三十八条　接受志愿服务的单位、个人或者其他单位、人员在志愿服务活动中侵害志愿者合法权益并造成损害的，应当依法承担法律责任。

第三十九条　志愿服务组织在组织、安排志愿服务活动中侵害志愿者合法权益并造成损害的，应当依法承担法律责任。

第四十条　志愿服务组织依据本条例应当为志愿者购买人身意外伤害保险而没有购买，志愿者在志愿服务活动过程中受到侵害且有下列情形之一的，志愿服务组织应当依法承担相应的民事责任：

（一）因不可抗力等不能归责于第三方的原因导致的；

（二）依法应当承担民事责任的单位或者个人无法查明、逃逸或者无赔偿能力的。

第四十一条　利用或者变相利用志愿服务标识或者以志愿服务、志愿服务组织、志愿者的名义进行营利性活动，应当依法承担责任。

第六章　附则

第四十二条　本条例自 2009 年 3 月 5 日起施行。

B.14

附录2　关于支持和发展志愿
服务组织的意见 *

志愿服务是现代社会文明进步的重要标志，是加强精神文明建设、培育和践行社会主义核心价值观的重要内容。志愿服务组织是以开展志愿服务为宗旨的非营利性社会组织，是汇聚社会资源、传递社会关爱、弘扬社会正气的重要载体，是形成向上向善、诚信互助社会风尚的重要力量。伴随着中国特色社会主义历史进程，我国志愿服务事业快速发展，志愿服务组织不断涌现，对促进志愿服务活动广泛开展，推进精神文明建设、推动社会治理创新、维护社会和谐稳定发挥了重要作用。同时，我国志愿服务组织在总体上还存在着数量不足、能力不强、发展环境有待优化等问题。现就支持和发展志愿服务组织，提出以下意见：

一　总体要求

（一）指导思想

全面贯彻落实党的十八大和十八届三中、四中、五中全会精神，以邓小平理论、"三个代表"重要思想、科学发展观为指导，深入贯彻习近平总书记系列重要讲话精神，紧紧围绕"五位一体"总体布局和"四个全面"战略布局，围绕树立和落实创新、协调、绿色、开放、共享的新发展理念，坚持以党的建设为正确引领，坚持以培育和践行社会主义核心价值观、满足人

---

* 中央全面深化改革领导小组第二十四次会议审议通过，自2016年5月20日起实施。

民群众日益增长的社会服务需求为出发点，以能力建设为基础，以建立健全政策制度、完善体制机制、增强法律保障为重点，积极扶持发展志愿服务组织，为加强和创新社会治理，为实现"两个一百年"奋斗目标、实现中华民族伟大复兴的中国梦凝聚力量。

（二）基本原则

坚持服务大局、统筹发展。把支持和发展志愿服务组织纳入全面建成小康社会、全面深化改革、全面推进依法治国、全面从严治党大局，正确处理志愿服务组织与其他社会服务提供主体之间的关系，统筹不同区域、不同领域、不同类型的志愿服务组织发展。

坚持分类指导、突出特色。注重服务与管理并举，畅通联系渠道，有效发挥志愿服务组织作用。遵循志愿服务组织发展规律，根据志愿服务组织类别和规模，指导各类志愿服务组织明确定位、强化管理，提升能力、突出特色，创新方式、拓展领域，有效释放创造力和生产力，不断提高志愿服务专业化科学化水平。

坚持正确引导、依法自治。坚持党委领导、政府监管，充分发挥基层党组织的战斗堡垒作用，发挥共产党员先锋模范作用和骨干作用，确保志愿服务组织发展的正确方向。充分尊重志愿服务组织的社会性、志愿性、公益性、非营利性特点，引导志愿服务组织按照法律法规和章程开展活动，依法自治。

坚持创新发展、多方参与。着力推进志愿服务组织、志愿者与志愿服务活动共同发展，筑牢志愿服务组织基础。鼓励国家机关、群团组织、企事业单位、其他社会组织和基层群众性自治组织建立志愿服务队伍，引导民生和公共服务机构开门接纳志愿者，形成志愿服务工作合力，扩大志愿服务社会覆盖。

（三）主要目标

到2020年，基本建成与经济社会发展相适应，布局合理、管理规范、服务完善、充满活力的志愿服务组织体系。志愿服务组织发展环境得到优化，初步形成登记管理、资金支持、人才培育等配套政策。志愿服务组织服务范围不断扩大，基本覆盖社会治理各领域、群众生活各方面，涌现一批公信度高、带动力强的志愿服务组织。志愿服务组织功能有效发挥，成为推进人们相互关爱、传递文明的重要渠道，成为提升社会服务水平、改善民生福祉的有力助手，成为增进社会信任、维护社会稳定、促进社会和谐的有生力量。

二 加强志愿服务组织培育

（一）推进志愿服务组织依法登记

坚持积极引导发展、严格依法管理的原则，提供便捷高效的服务，引导符合登记条件的志愿服务组织依法登记。针对目前大部分志愿服务组织规模小、注册资金不足、缺乏相应专职人员和固定场所的实际，在不违背社会组织管理法律法规基本精神基础上，可以按照活动地域适当放宽成立志愿服务组织所需条件。各有关部门要在活动场地、活动资金、人才培养等方面提供优先支持，激发志愿服务组织依法登记的积极性与主动性。经单位领导机构或基层群众性自治组织同意成立的志愿服务组织，可以在本单位、本社区内部开展志愿服务活动。鼓励已经登记的志愿服务组织为其提供规范指导和工作支持。

（二）健全志愿服务组织孵化机制

社会组织孵化基地要吸纳志愿服务组织进驻，在项目开发、能力培养、合作交流、业务支持等方面提供有针对性的扶持。鼓励有条件的地区建立专门的志愿服务组织孵化基地，支持志愿服务组织的启动成立和初期运作，帮助提升服务能力。积极建立志愿服务组织与国家机关、群团组织、企事业单位、其他社会组织和基层群众性自治组织的沟通交流平台，鼓励银行、会计师事务所、律师事务所等专业机构为志愿服务组织提供免费的资金证明、审计、法律咨询等服务。

（三）积极推进志愿服务组织承接公共服务项目

各地各有关部门和符合条件的事业单位、群团组织要贯彻落实《国务院办公厅关于政府向社会力量购买服务的指导意见》（国办发〔2013〕96号）和《政府购买服务管理办法（暂行）》（财综〔2014〕96号）有关要求，充分发挥志愿服务成本低、效率高，志愿服务组织灵活度高、创新性强的特点，积极支持志愿服务组织承接扶贫、济困、扶老、救孤、恤病、助残、救灾、助医、助学等领域的志愿服务，加大财政资金对志愿服务运营管理的支持力度。充分利用志愿服务信息平台等载体，及时发布政府安排由社会力量承担的服务项目，为志愿服务组织获取相关信息提供便利。

（四）完善志愿服务组织监督管理

加强志愿服务组织日常监管，建立登记管理机关、业务主管单位、行业管理部门、行业组织和社会公众等多元主体参与，行政监管、行业自律和社会监督有机结合的监督管理机制。探索建立登记管理机关评估、资助方评估、服务对象评估和自评有机结合的志愿服务组织综合评价体系，逐步引入第三方评估机制，定期对志愿服务组织的基础条件、内部治理、工作绩效和社会评价等进行跟踪评估，将评估情况作为政府购买社会服务、社会各界资助以及落实相关优惠政策的重要依据。推进志愿服务组织诚信建设，将志愿服务组织守信情况纳入社会组织诚信指标体系。对业务活动与志愿服务宗旨、性质严重不符的志愿服务组织建立退出机制；志愿服务组织行为违反法律法规规定的，依法追究相关法律责任。

（五）强化志愿服务组织示范引领

通过政策引导、重点培育、项目资助等方式，建设一批活动规范有序、作用发挥明显、社会影响力强的示范性志愿服务组织。按照有关规定对做出突出贡献的志愿服务组织进行表彰奖励。通过推广志愿服务组织培育和管理经验、建设优秀志愿服务组织库和优秀志愿服务项目库等方式，引领带动其他志愿服务组织科学化规范化发展。

三 提升志愿服务组织能力

（一）完善组织内部治理

登记管理机关、业务主管单位和行业管理部门要指导已登记的志愿服务组织依据章程建立健全独立自主、权责明确、运转协调、制衡有效的内部治理结构。具备条件的志愿服务组织应设立党的组织，充分发挥党组织的政治核心作用，围绕党章赋予基层党组织的基本任务开展工作，团结凝聚志愿者，保证志愿服务组织的政治方向；暂不具备条件的，要明确责任单位指导志愿服务组织开展党建工作，条件成熟时及时建立党的组织。坚持党建带群建，充分发挥群团组织的积极作用。志愿服务组织应当为自身党群组织开展活动、发挥作用提供必要支持。重点完善组织决策、执行、监督制度和内部议事规则，建立健全人、财、物管理制度和内部信息披露制度，准确、完整、及时地向社会公开组织的名称、住所、负责人、机构设置等基本情况，公开年报公告、财务收支、捐资使用、服务内容、奖惩情况等重要信息，主动接受登记管理机关的监督管理和社会监督，努力提升志愿服务组织的社会公信力。有会员单位或分支机构的，应指导其加强内部管理。

（二）创新人才培养机制

国家层面建立志愿服务组织人才示范培训机制，有条件的地区可依托高等院校、党校、团校等教育培训机构建立志愿者培训基地，加快培养一批长期参与志愿服务、熟练掌握服务知识和岗位技能的志愿者骨干，着力培养一批富于社会责任感、熟悉现代管理知识、拥有丰富管理经验的志愿服务组织管理人才。国家机关、群团组织、企事业单位、其他社会组织和基层群众性自治组织要积极支持本单位、本社区的专业人才加入志愿服务组织，开展志愿服务活动，不断优化志愿者队伍结构。志愿服务组织要注重招募、使用专业志愿者，建立健全志愿者日常管理培训制度，对于专业性要求高的志愿服务项目，要强化专业知识和技能培训，不断提高志愿者能力素质。引导志愿服务组织通过规范招募、科学管理、创新服务，培养、吸引和留住优秀志愿者。

（三）增强组织造血功能

积极探索通过志愿服务交流会、志愿服务项目大赛等有效举措，指导志愿服务组织牢固树立项目意识、品牌意识，不断提升战略谋划、项目运作和宣传推广能力，通过优秀的服务项目和服务品牌争取各方资源，吸引资助者。支持志愿服务组织通过承接公共服务项目、积极参加公益创业和公益创投、争取政府补贴与社会捐赠等多种途径，妥善解决志愿服务运营成本问题，为组织持续发展提供动力。

（四）加强志愿服务行业自律

加大对志愿服务领域行业组织的扶持发展力度，充分发挥其在志愿服务组织管理中的先行规范和自我约束作用，引导行风建设，加强行业监督，为志愿服务组织监管提供有力辅助；充分发挥行业组织在志愿服务组织服务中的牵头和协调作用，促进行业沟通，反映行业诉求，推动行业创新，为志愿服务组织发展争取有力支持。各地要为志愿服务行业组织发挥行业监督约束作用、加强道德建设创造良好环境，逐步建立健全与行业发展相适应、覆盖全面、运行有效、作用明显的行业自律体系。

四 深化志愿服务组织服务

（一）强化志愿服务供需对接

立足需求，着眼民生，有关单位和社区要积极向志愿服务组织开放更多公共资源，鼓励街道（乡镇）、城乡社区为志愿服务组织提供服务场所。充分运用社区综合服务设施，搭建社区志愿服务平台。支持和鼓励社会志愿服务组织走进社区，了解和征集群众需求，结合自身能力特点，有针对性地做好志愿服务规划，设计服务项目，开展服务活动，切实使服务对象受益。充分利用信息技术手段，及时有效匹配志愿服务供给与需求。推广"菜单式"志愿服务经验，鼓励引导志愿服务组织公开本组织志愿者技能、特长和提供服务时间等信息，与群众需求有机结合，逐步建立志愿服务供需有效对接机制和服务长效机制，全面提高志愿服务水平。

（二）推广"社会工作者＋志愿者"协作机制

鼓励志愿服务组织招募使用社会工作者，鼓励社会工作服务机构等社会组织在开展公益活动时招募志愿者。建立志愿服务组织与社会工作服务机构等社会组织常态化合作机制，充分发挥社会工作者在组织策划、项目运作、资源链接等方面的专业优势，发挥志愿者热情高、来源广、肯奉献的人力资源优势，形成社会工作者和志愿者协调配合、共同开展服务的格局，促进志愿服务专业化规范化。

（三）全面推行志愿服务记录制度

依托和完善全国志愿服务信息系统，实施应用《志愿服务信息系统基本规范》（MZ/T061－2015），实现志愿服务信息的互联互通和数据的有效汇集，为志愿服务组织管理志愿者、开展志愿服务记录工作提供技术支撑。各地各有关部门要根据《志愿服务记录办法》（民函〔2012〕340号）和《关于规范志愿服务记录证明工作的指导意见》（民发〔2015〕149号）要求，指导志愿服务组织及时、完整、准确记录志愿者参加志愿服务的信息，保护志愿者个人隐私，规范开具志愿服务记录证明，科学开展志愿者星级认定，建立健全志愿服务时间储蓄制度，不断提高志愿服务组织的服务效能和管理水平。

（四）创新志愿服务方式方法

指导志愿服务组织明确服务方向，紧紧围绕党和政府中心工作和群众所需所盼，持续推进扶贫、济困、扶老、救孤、恤病、助残、救灾、助医、助学和大型社会活动等重点领域的志愿服务。支持志愿服务组织发挥优势、各展所长，积极推进党员志愿服务、青年志愿服务、老年志愿服务、学生志愿服务、巾帼志愿服务等有序开展，打造项目精品，形成品牌效应。鼓励博物馆、图书馆、纪念馆、文化馆、文物保护单位等设立志愿服务站点，招募使用志愿者。积极探索"互联网＋志愿服务"，支持志愿服务组织安全合规利用互联网优化服务，创新服务方式，提高服务效能，加强对网络社团等新型组织的志愿服务规范管理。严格规范志愿服务组织涉外合作，确保遵守国家有关法律法规和政策。

五　加强对志愿服务组织发展的组织领导

（一）健全工作机制

坚持党委政府领导，落实中央文明委工作部署，文明办要发挥好牵头作用，民政部门要切实履行行政管理工作职责，与相关部门、人民团体和群众团体共同推进志愿服务组织发展。各地各有关部门要注重研究、规划和推动志愿服务事业，细化政策措施，加大激励保障力度，建立健全支持和发展志愿服务组织的长效机制，推动形成志愿服务工作经常化制度化。各级党政领导干部要充分发挥示范带头作用，利用工作之余参与志愿服务活动。倡导鼓励广大公务员、专业技术人员、企事业单位干部职工、公众人物等积极加入志愿服务组织，参加志愿服务活动，共产党员、共青团员要做出表率。

（二）加大经费支持和保险保障

各地要逐步扩大财政资金对志愿服务组织发展的支持规模和范围，加强对志愿服务组织的财税政策支持，落实各项财税优惠政策。积极推进政府购买服务，支持志愿服务组织立足自身优势，承接相关服务项目。单位领导机构和基层群众性自治组织对单位、社区内部志愿服务组织开展志愿服务活动，要给予经费支持。依法大力发展志愿服务基金，切实加强管理，积极搭建爱心企业、爱心人士与志愿服务组织之间的桥梁，引导社会资金参与支持志愿服务组织发展。鼓励多渠道筹资为志愿者购买保险，鼓励保险公司与志愿服务组织合作，设计开发符合志愿服务特点、适应志愿服务发展需要的险种，为志愿服务活动承保，为志愿服务组织健康持续发展提供有力保障。

（三）营造良好环境

要在全社会大力弘扬雷锋精神，弘扬奉献、友爱、互助、进步的志愿精神，培育学雷锋志愿服务文化。坚持立足中国国情，体现中国特色，讲好中国故事，积极支持有利于志愿服务发展的研究、交流与合作。加强志愿服务经验总结和推广交流，广泛宣传志愿服务组织在提高国民素质和社会文明程度、加强社会治理创新、保障改善民生中的重要作用，为志愿服务组织发展营造良好氛围。

B.15

附录3　志愿服务条例*

第一章　总则

第一条　为了保障志愿者、志愿服务组织、志愿服务对象的合法权益，鼓励和规范志愿服务，发展志愿服务事业，培育和践行社会主义核心价值观，促进社会文明进步，制定本条例。

第二条　本条例适用于在中华人民共和国境内开展的志愿服务以及与志愿服务有关的活动。

本条例所称志愿服务，是指志愿者、志愿服务组织和其他组织自愿、无偿向社会或者他人提供的公益服务。

第三条　开展志愿服务，应当遵循自愿、无偿、平等、诚信、合法的原则，不得违背社会公德、损害社会公共利益和他人合法权益，不得危害国家安全。

第四条　县级以上人民政府应当将志愿服务事业纳入国民经济和社会发展规划，合理安排志愿服务所需资金，促进广覆盖、多层次、宽领域开展志愿服务。

第五条　国家和地方精神文明建设指导机构建立志愿服务工作协调机制，加强对志愿服务工作的统筹规划、协调指导、督促检查和经验推广。

国务院民政部门负责全国志愿服务行政管理工作；县级以上地方人民政府民政部门负责本行政区域内志愿服务行政管理工作。

县级以上人民政府有关部门按照各自职责，负责与志愿服务有关的

---

* 国务院于 2017 年 8 月 22 日发布，自 2017 年 12 月 1 日起施行。

工作。

工会、共产主义青年团、妇女联合会等有关人民团体和群众团体应当在各自的工作范围内做好相应的志愿服务工作。

第二章 志愿者和志愿服务组织

第六条 本条例所称志愿者，是指以自己的时间、知识、技能、体力等从事志愿服务的自然人。

本条例所称志愿服务组织，是指依法成立，以开展志愿服务为宗旨的非营利性组织。

第七条 志愿者可以将其身份信息、服务技能、服务时间、联系方式等个人基本信息，通过国务院民政部门指定的志愿服务信息系统自行注册，也可以通过志愿服务组织进行注册。

志愿者提供的个人基本信息应当真实、准确、完整。

第八条 志愿服务组织可以采取社会团体、社会服务机构、基金会等组织形式。志愿服务组织的登记管理按照有关法律、行政法规的规定执行。

第九条 志愿服务组织可以依法成立行业组织，反映行业诉求，推动行业交流，促进志愿服务事业发展。

第十条 在志愿服务组织中，根据中国共产党章程的规定，设立中国共产党的组织，开展党的活动。志愿服务组织应当为党组织的活动提供必要条件。

第三章 志愿服务活动

第十一条 志愿者可以参与志愿服务组织开展的志愿服务活动，也可以自行依法开展志愿服务活动。

第十二条 志愿服务组织可以招募志愿者开展志愿服务活动；招募时，应当说明与志愿服务有关的真实、准确、完整的信息以及在志愿服务过程中可能发生的风险。

　　第十三条　需要志愿服务的组织或者个人可以向志愿服务组织提出申请，并提供与志愿服务有关的真实、准确、完整的信息，说明在志愿服务过程中可能发生的风险。志愿服务组织应当对有关信息进行核实，并及时予以答复。

　　第十四条　志愿者、志愿服务组织、志愿服务对象可以根据需要签订协议，明确当事人的权利和义务，约定志愿服务的内容、方式、时间、地点、工作条件和安全保障措施等。

　　第十五条　志愿服务组织安排志愿者参与志愿服务活动，应当与志愿者的年龄、知识、技能和身体状况相适应，不得要求志愿者提供超出其能力的志愿服务。

　　第十六条　志愿服务组织安排志愿者参与的志愿服务活动需要专门知识、技能的，应当对志愿者开展相关培训。

　　开展专业志愿服务活动，应当执行国家或者行业组织制定的标准和规程。法律、行政法规对开展志愿服务活动有职业资格要求的，志愿者应当依法取得相应的资格。

　　第十七条　志愿服务组织应当为志愿者参与志愿服务活动提供必要条件，解决志愿者在志愿服务过程中遇到的困难，维护志愿者的合法权益。

　　志愿服务组织安排志愿者参与可能发生人身危险的志愿服务活动前，应当为志愿者购买相应的人身意外伤害保险。

　　第十八条　志愿服务组织开展志愿服务活动，可以使用志愿服务标志。

　　第十九条　志愿服务组织安排志愿者参与志愿服务活动，应当如实记录志愿者个人基本信息、志愿服务情况、培训情况、表彰奖励情况、评价情况等信息，按照统一的信息数据标准录入国务院民政部门指定的志愿服务信息系统，实现数据互联互通。

　　志愿者需要志愿服务记录证明的，志愿服务组织应当依据志愿服务记录无偿、如实出具。

　　记录志愿服务信息和出具志愿服务记录证明的办法，由国务院民政部门会同有关单位制定。

第二十条 志愿服务组织、志愿服务对象应当尊重志愿者的人格尊严；未经志愿者本人同意，不得公开或者泄露其有关信息。

第二十一条 志愿服务组织、志愿者应当尊重志愿服务对象人格尊严，不得侵害志愿服务对象个人隐私，不得向志愿服务对象收取或者变相收取报酬。

第二十二条 志愿者接受志愿服务组织安排参与志愿服务活动的，应当服从管理，接受必要的培训。

志愿者应当按照约定提供志愿服务。志愿者因故不能按照约定提供志愿服务的，应当及时告知志愿服务组织或者志愿服务对象。

第二十三条 国家鼓励和支持国家机关、企业事业单位、人民团体、社会组织等成立志愿服务队伍开展专业志愿服务活动，鼓励和支持具备专业知识、技能的志愿者提供专业志愿服务。

国家鼓励和支持公共服务机构招募志愿者提供志愿服务。

第二十四条 发生重大自然灾害、事故灾难和公共卫生事件等突发事件，需要迅速开展救助的，有关人民政府应当建立协调机制，提供需求信息，引导志愿服务组织和志愿者及时有序开展志愿服务活动。

志愿服务组织、志愿者开展应对突发事件的志愿服务活动，应当接受有关人民政府设立的应急指挥机构的统一指挥、协调。

第二十五条 任何组织和个人不得强行指派志愿者、志愿服务组织提供服务，不得以志愿服务名义进行营利性活动。

第二十六条 任何组织和个人发现志愿服务组织有违法行为，可以向民政部门、其他有关部门或者志愿服务行业组织投诉、举报。民政部门、其他有关部门或者志愿服务行业组织接到投诉、举报，应当及时调查处理；对无权处理的，应当告知投诉人、举报人向有权处理的部门或者行业组织投诉、举报。

第四章 促进措施

第二十七条 县级以上人民政府应当根据经济社会发展情况，制定促进志愿服务事业发展的政策和措施。

县级以上人民政府及其有关部门应当在各自职责范围内，为志愿服务提供指导和帮助。

第二十八条 国家鼓励企业事业单位、基层群众性自治组织和其他组织为开展志愿服务提供场所和其他便利条件。

第二十九条 学校、家庭和社会应当培养青少年的志愿服务意识和能力。

高等学校、中等职业学校可以将学生参与志愿服务活动纳入实践学分管理。

第三十条 各级人民政府及其有关部门可以依法通过购买服务等方式，支持志愿服务运营管理，并依照国家有关规定向社会公开购买服务的项目目录、服务标准、资金预算等相关情况。

第三十一条 自然人、法人和其他组织捐赠财产用于志愿服务的，依法享受税收优惠。

第三十二条 对在志愿服务事业发展中做出突出贡献的志愿者、志愿服务组织，由县级以上人民政府或者有关部门按照法律、法规和国家有关规定予以表彰、奖励。

国家鼓励企业和其他组织在同等条件下优先招用有良好志愿服务记录的志愿者。公务员考录、事业单位招聘可以将志愿服务情况纳入考察内容。

第三十三条 县级以上地方人民政府可以根据实际情况采取措施，鼓励公共服务机构等对有良好志愿服务记录的志愿者给予优待。

第三十四条 县级以上人民政府应当建立健全志愿服务统计和发布制度。

第三十五条 广播、电视、报刊、网络等媒体应当积极开展志愿服务宣传活动，传播志愿服务文化，弘扬志愿服务精神。

第五章　法律责任

第三十六条 志愿服务组织泄露志愿者有关信息、侵害志愿服务对象个人隐私的，由民政部门予以警告，责令限期改正；逾期不改正的，责令限期停止活动并进行整改；情节严重的，吊销登记证书并予以公告。

第三十七条　志愿服务组织、志愿者向志愿服务对象收取或者变相收取报酬的，由民政部门予以警告，责令退还收取的报酬；情节严重的，对有关组织或者个人并处所收取报酬一倍以上五倍以下的罚款。

第三十八条　志愿服务组织不依法记录志愿服务信息或者出具志愿服务记录证明的，由民政部门予以警告，责令限期改正；逾期不改正的，责令限期停止活动，并可以向社会和有关单位通报。

第三十九条　对以志愿服务名义进行营利性活动的组织和个人，由民政、工商等部门依法查处。

第四十条　县级以上人民政府民政部门和其他有关部门及其工作人员有下列情形之一的，由上级机关或者监察机关责令改正；依法应当给予处分的，由任免机关或者监察机关对直接负责的主管人员和其他直接责任人员给予处分：

（一）强行指派志愿者、志愿服务组织提供服务；

（二）未依法履行监督管理职责；

（三）其他滥用职权、玩忽职守、徇私舞弊的行为。

第六章　附则

第四十一条　基层群众性自治组织、公益活动举办单位和公共服务机构开展公益活动，需要志愿者提供志愿服务的，可以与志愿服务组织合作，由志愿服务组织招募志愿者，也可以自行招募志愿者。自行招募志愿者提供志愿服务的，参照本条例关于志愿服务组织开展志愿服务活动的规定执行。

第四十二条　志愿服务组织以外的其他组织可以开展力所能及的志愿服务活动。

城乡社区、单位内部经基层群众性自治组织或者本单位同意成立的团体，可以在本社区、本单位内部开展志愿服务活动。

第四十三条 境外志愿服务组织和志愿者在境内开展志愿服务，应当遵守本条例和中华人民共和国有关法律、行政法规以及国家有关规定。

组织境内志愿者到境外开展志愿服务，在境内的有关事宜，适用本条例和中华人民共和国有关法律、行政法规以及国家有关规定；在境外开展志愿服务，应当遵守所在国家或者地区的法律。

第四十四条 本条例自 2017 年 12 月 1 日起施行。

B.16

附录4　中华人民共和国慈善法[*]

目　录

第一章　总则

第一条　为了发展慈善事业，弘扬慈善文化，规范慈善活动，保护慈善组织、捐赠人、志愿者、受益人等慈善活动参与者的合法权益，促进社会进步，共享发展成果，制定本法。

第二条　自然人、法人和其他组织开展慈善活动以及与慈善有关的活

---

* 2016 年 3 月 16 日第十二届全国人民代表大会第四次会议通过。

动，适用本法。其他法律有特别规定的，依照其规定。

第三条 本法所称慈善活动，是指自然人、法人和其他组织以捐赠财产或者提供服务等方式，自愿开展的下列公益活动：

（一）扶贫、济困；

（二）扶老、救孤、恤病、助残、优抚；

（三）救助自然灾害、事故灾难和公共卫生事件等突发事件造成的损害；

（四）促进教育、科学、文化、卫生、体育等事业的发展；

（五）防治污染和其他公害，保护和改善生态环境；

（六）符合本法规定的其他公益活动。

第四条 开展慈善活动，应当遵循合法、自愿、诚信、非营利的原则，不得违背社会公德，不得危害国家安全、损害社会公共利益和他人合法权益。

第五条 国家鼓励和支持自然人、法人和其他组织践行社会主义核心价值观，弘扬中华民族传统美德，依法开展慈善活动。

第六条 国务院民政部门主管全国慈善工作，县级以上地方各级人民政府民政部门主管本行政区域内的慈善工作；县级以上人民政府有关部门依照本法和其他有关法律法规，在各自的职责范围内做好相关工作。

第七条 每年9月5日为"中华慈善日"。

第二章 慈善组织

第八条 本法所称慈善组织，是指依法成立、符合本法规定，以面向社会开展慈善活动为宗旨的非营利性组织。

慈善组织可以采取基金会、社会团体、社会服务机构等组织形式。

第九条 慈善组织应当符合下列条件：

（一）以开展慈善活动为宗旨；

（二）不以营利为目的；

（三）有自己的名称和住所；

（四）有组织章程；

（五）有必要的财产；

（六）有符合条件的组织机构和负责人；

（七）法律、行政法规规定的其他条件。

第十条　设立慈善组织，应当向县级以上人民政府民政部门申请登记，民政部门应当自受理申请之日起三十日内作出决定。符合本法规定条件的，准予登记并向社会公告；不符合本法规定条件的，不予登记并书面说明理由。

本法公布前已经设立的基金会、社会团体、社会服务机构等非营利性组织，可以向其登记的民政部门申请认定为慈善组织，民政部门应当自受理申请之日起二十日内作出决定。符合慈善组织条件的，予以认定并向社会公告；不符合慈善组织条件的，不予认定并书面说明理由。

有特殊情况需要延长登记或者认定期限的，报经国务院民政部门批准，可以适当延长，但延长的期限不得超过六十日。

第十一条　慈善组织的章程，应当符合法律法规的规定，并载明下列事项：

（一）名称和住所；

（二）组织形式；

（三）宗旨和活动范围；

（四）财产来源及构成；

（五）决策、执行机构的组成及职责；

（六）内部监督机制；

（七）财产管理使用制度；

（八）项目管理制度；

（九）终止情形及终止后的清算办法；

（十）其他重要事项。

第十二条　慈善组织应当根据法律法规以及章程的规定，建立健全内部治理结构，明确决策、执行、监督等方面的职责权限，开展慈善活动。

慈善组织应当执行国家统一的会计制度，依法进行会计核算，建立健全会计监督制度，并接受政府有关部门的监督管理。

第十三条 慈善组织应当每年向其登记的民政部门报送年度工作报告和财务会计报告。报告应当包括年度开展募捐和接受捐赠情况、慈善财产的管理使用情况、慈善项目实施情况以及慈善组织工作人员的工资福利情况。

第十四条 慈善组织的发起人、主要捐赠人以及管理人员，不得利用其关联关系损害慈善组织、受益人的利益和社会公共利益。

慈善组织的发起人、主要捐赠人以及管理人员与慈善组织发生交易行为的，不得参与慈善组织有关该交易行为的决策，有关交易情况应当向社会公开。

第十五条 慈善组织不得从事、资助危害国家安全和社会公共利益的活动，不得接受附加违反法律法规和违背社会公德条件的捐赠，不得对受益人附加违反法律法规和违背社会公德的条件。

第十六条 有下列情形之一的，不得担任慈善组织的负责人：

（一）无民事行为能力或者限制民事行为能力的；

（二）因故意犯罪被判处刑罚，自刑罚执行完毕之日起未逾五年的；

（三）在被吊销登记证书或者被取缔的组织担任负责人，自该组织被吊销登记证书或者被取缔之日起未逾五年的；

（四）法律、行政法规规定的其他情形。

第十七条 慈善组织有下列情形之一的，应当终止：

（一）出现章程规定的终止情形的；

（二）因分立、合并需要终止的；

（三）连续二年未从事慈善活动的；

（四）依法被撤销登记或者吊销登记证书的；

（五）法律、行政法规规定应当终止的其他情形。

第十八条 慈善组织终止，应当进行清算。

慈善组织的决策机构应当在本法第十七条规定的终止情形出现之日起三

十日内成立清算组进行清算，并向社会公告。不成立清算组或者清算组不履行职责的，民政部门可以申请人民法院指定有关人员组成清算组进行清算。

慈善组织清算后的剩余财产，应当按照慈善组织章程的规定转给宗旨相同或者相近的慈善组织；章程未规定的，由民政部门主持转给宗旨相同或者相近的慈善组织，并向社会公告。

慈善组织清算结束后，应当向其登记的民政部门办理注销登记，并由民政部门向社会公告。

第十九条　慈善组织依法成立行业组织。

慈善行业组织应当反映行业诉求，推动行业交流，提高慈善行业公信力，促进慈善事业发展。

第二十条　慈善组织的组织形式、登记管理的具体办法由国务院制定。

第三章　慈善募捐

第二十一条　本法所称慈善募捐，是指慈善组织基于慈善宗旨募集财产的活动。

慈善募捐，包括面向社会公众的公开募捐和面向特定对象的定向募捐。

第二十二条　慈善组织开展公开募捐，应当取得公开募捐资格。依法登记满二年的慈善组织，可以向其登记的民政部门申请公开募捐资格。民政部门应当自受理申请之日起二十日内作出决定。慈善组织符合内部治理结构健全、运作规范的条件的，发给公开募捐资格证书；不符合条件的，不发给公开募捐资格证书并书面说明理由。

法律、行政法规规定自登记之日起可以公开募捐的基金会和社会团体，由民政部门直接发给公开募捐资格证书。

第二十三条　开展公开募捐，可以采取下列方式：

（一）在公共场所设置募捐箱；

（二）举办面向社会公众的义演、义赛、义卖、义展、义拍、慈善晚会等；

（三）通过广播、电视、报刊、互联网等媒体发布募捐信息；

（四）其他公开募捐方式。

慈善组织采取前款第一项、第二项规定的方式开展公开募捐的，应当在其登记的民政部门管辖区域内进行，确有必要在其登记的民政部门管辖区域外进行的，应当报其开展募捐活动所在地的县级以上人民政府民政部门备案。捐赠人的捐赠行为不受地域限制。

慈善组织通过互联网开展公开募捐的，应当在国务院民政部门统一或者指定的慈善信息平台发布募捐信息，并可以同时在其网站发布募捐信息。

第二十四条 开展公开募捐，应当制定募捐方案。募捐方案包括募捐目的、起止时间和地域、活动负责人姓名和办公地址、接受捐赠方式、银行账户、受益人、募得款物用途、募捐成本、剩余财产的处理等。

募捐方案应当在开展募捐活动前报慈善组织登记的民政部门备案。

第二十五条 开展公开募捐，应当在募捐活动现场或者募捐活动载体的显著位置，公布募捐组织名称、公开募捐资格证书、募捐方案、联系方式、募捐信息查询方法等。

第二十六条 不具有公开募捐资格的组织或者个人基于慈善目的，可以与具有公开募捐资格的慈善组织合作，由该慈善组织开展公开募捐并管理募得款物。

第二十七条 广播、电视、报刊以及网络服务提供者、电信运营商，应当对利用其平台开展公开募捐的慈善组织的登记证书、公开募捐资格证书进行验证。

第二十八条 慈善组织自登记之日起可以开展定向募捐。

慈善组织开展定向募捐，应当在发起人、理事会成员和会员等特定对象的范围内进行，并向募捐对象说明募捐目的、募得款物用途等事项。

第二十九条 开展定向募捐，不得采取或者变相采取本法第二十三条规定的方式。

第三十条 发生重大自然灾害、事故灾难和公共卫生事件等突发事件，需要迅速开展救助时，有关人民政府应当建立协调机制，提供需求信息，及时有序引导开展募捐和救助活动。

第三十一条　开展募捐活动，应当尊重和维护募捐对象的合法权益，保障募捐对象的知情权，不得通过虚构事实等方式欺骗、诱导募捐对象实施捐赠。

第三十二条　开展募捐活动，不得摊派或者变相摊派，不得妨碍公共秩序、企业生产经营和居民生活。

第三十三条　禁止任何组织或者个人假借慈善名义或者假冒慈善组织开展募捐活动，骗取财产。

第四章　慈善捐赠

第三十四条　本法所称慈善捐赠，是指自然人、法人和其他组织基于慈善目的，自愿、无偿赠与财产的活动。

第三十五条　捐赠人可以通过慈善组织捐赠，也可以直接向受益人捐赠。

第三十六条　捐赠人捐赠的财产应当是其有权处分的合法财产。捐赠财产包括货币、实物、房屋、有价证券、股权、知识产权等有形和无形财产。

捐赠人捐赠的实物应当具有使用价值，符合安全、卫生、环保等标准。

捐赠人捐赠本企业产品的，应当依法承担产品质量责任和义务。

第三十七条　自然人、法人和其他组织开展演出、比赛、销售、拍卖等经营性活动，承诺将全部或者部分所得用于慈善目的的，应当在举办活动前与慈善组织或者其他接受捐赠的人签订捐赠协议，活动结束后按照捐赠协议履行捐赠义务，并将捐赠情况向社会公开。

第三十八条　慈善组织接受捐赠，应当向捐赠人开具由财政部门统一监（印）制的捐赠票据。捐赠票据应当载明捐赠人、捐赠财产的种类及数量、慈善组织名称和经办人姓名、票据日期等。捐赠人匿名或者放弃接受捐赠票据的，慈善组织应当做好相关记录。

第三十九条　慈善组织接受捐赠，捐赠人要求签订书面捐赠协议的，慈善组织应当与捐赠人签订书面捐赠协议。

书面捐赠协议包括捐赠人和慈善组织名称，捐赠财产的种类、数量、质量、用途、交付时间等内容。

第四十条 捐赠人与慈善组织约定捐赠财产的用途和受益人时，不得指定捐赠人的利害关系人作为受益人。

任何组织和个人不得利用慈善捐赠违反法律规定宣传烟草制品，不得利用慈善捐赠以任何方式宣传法律禁止宣传的产品和事项。

第四十一条 捐赠人应当按照捐赠协议履行捐赠义务。捐赠人违反捐赠协议逾期未交付捐赠财产，有下列情形之一的，慈善组织或者其他接受捐赠的人可以要求交付；捐赠人拒不交付的，慈善组织和其他接受捐赠的人可以依法向人民法院申请支付令或者提起诉讼：

（一）捐赠人通过广播、电视、报刊、互联网等媒体公开承诺捐赠的；

（二）捐赠财产用于本法第三条第一项至第三项规定的慈善活动，并签订书面捐赠协议的。

捐赠人公开承诺捐赠或者签订书面捐赠协议后经济状况显著恶化，严重影响其生产经营或者家庭生活的，经向公开承诺捐赠地或者书面捐赠协议签订地的民政部门报告并向社会公开说明情况后，可以不再履行捐赠义务。

第四十二条 捐赠人有权查询、复制其捐赠财产管理使用的有关资料，慈善组织应当及时主动向捐赠人反馈有关情况。

慈善组织违反捐赠协议约定的用途，滥用捐赠财产的，捐赠人有权要求其改正；拒不改正的，捐赠人可以向民政部门投诉、举报或者向人民法院提起诉讼。

第四十三条 国有企业实施慈善捐赠应当遵守有关国有资产管理的规定，履行批准和备案程序。

第五章　慈善信托

第四十四条 本法所称慈善信托属于公益信托，是指委托人基于慈善目的，依法将其财产委托给受托人，由受托人按照委托人意愿以受托人名义进行管理和处分，开展慈善活动的行为。

第四十五条　设立慈善信托、确定受托人和监察人，应当采取书面形式。受托人应当在慈善信托文件签订之日起七日内，将相关文件向受托人所在地县级以上人民政府民政部门备案。

未按照前款规定将相关文件报民政部门备案的，不享受税收优惠。

第四十六条　慈善信托的受托人，可以由委托人确定其信赖的慈善组织或者信托公司担任。

第四十七条　慈善信托的受托人违反信托义务或者难以履行职责的，委托人可以变更受托人。变更后的受托人应当自变更之日起七日内，将变更情况报原备案的民政部门重新备案。

第四十八条　慈善信托的受托人管理和处分信托财产，应当按照信托目的，恪尽职守，履行诚信、谨慎管理的义务。

慈善信托的受托人应当根据信托文件和委托人的要求，及时向委托人报告信托事务处理情况、信托财产管理使用情况。慈善信托的受托人应当每年至少一次将信托事务处理情况及财务状况向其备案的民政部门报告，并向社会公开。

第四十九条　慈善信托的委托人根据需要，可以确定信托监察人。

信托监察人对受托人的行为进行监督，依法维护委托人和受益人的权益。信托监察人发现受托人违反信托义务或者难以履行职责的，应当向委托人报告，并有权以自己的名义向人民法院提起诉讼。

第五十条　慈善信托的设立、信托财产的管理、信托当事人、信托的终止和清算等事项，本章未规定的，适用本法其他有关规定；本法未规定的，适用《中华人民共和国信托法》的有关规定。

第六章　慈善财产

第五十一条　慈善组织的财产包括：

（一）发起人捐赠、资助的创始财产；

（二）募集的财产；

（三）其他合法财产。

第五十二条　慈善组织的财产应当根据章程和捐赠协议的规定全部用于慈善目的，不得在发起人、捐赠人以及慈善组织成员中分配。

任何组织和个人不得私分、挪用、截留或者侵占慈善财产。

第五十三条　慈善组织对募集的财产，应当登记造册，严格管理，专款专用。

捐赠人捐赠的实物不易储存、运输或者难以直接用于慈善目的的，慈善组织可以依法拍卖或者变卖，所得收入扣除必要费用后，应当全部用于慈善目的。

第五十四条　慈善组织为实现财产保值、增值进行投资的，应当遵循合法、安全、有效的原则，投资取得的收益应当全部用于慈善目的。慈善组织的重大投资方案应当经决策机构组成人员三分之二以上同意。政府资助的财产和捐赠协议约定不得投资的财产，不得用于投资。慈善组织的负责人和工作人员不得在慈善组织投资的企业兼职或者领取报酬。

前款规定事项的具体办法，由国务院民政部门制定。

第五十五条　慈善组织开展慈善活动，应当依照法律法规和章程的规定，按照募捐方案或者捐赠协议使用捐赠财产。慈善组织确需变更募捐方案规定的捐赠财产用途的，应当报民政部门备案；确需变更捐赠协议约定的捐赠财产用途的，应当征得捐赠人同意。

第五十六条　慈善组织应当合理设计慈善项目，优化实施流程，降低运行成本，提高慈善财产使用效益。

慈善组织应当建立项目管理制度，对项目实施情况进行跟踪监督。

第五十七条　慈善项目终止后捐赠财产有剩余的，按照募捐方案或者捐赠协议处理；募捐方案未规定或者捐赠协议未约定的，慈善组织应当将剩余财产用于目的相同或者相近的其他慈善项目，并向社会公开。

第五十八条　慈善组织确定慈善受益人，应当坚持公开、公平、公正的原则，不得指定慈善组织管理人员的利害关系人作为受益人。

第五十九条 慈善组织根据需要可以与受益人签订协议，明确双方权利义务，约定慈善财产的用途、数额和使用方式等内容。

受益人应当珍惜慈善资助，按照协议使用慈善财产。受益人未按照协议使用慈善财产或者有其他严重违反协议情形的，慈善组织有权要求其改正；受益人拒不改正的，慈善组织有权解除协议并要求受益人返还财产。

第六十条 慈善组织应当积极开展慈善活动，充分、高效运用慈善财产，并遵循管理费用最必要原则，厉行节约，减少不必要的开支。慈善组织中具有公开募捐资格的基金会开展慈善活动的年度支出，不得低于上一年总收入的百分之七十或者前三年收入平均数额的百分之七十；年度管理费用不得超过当年总支出的百分之十，特殊情况下，年度管理费用难以符合前述规定的，应当报告其登记的民政部门并向社会公开说明情况。

具有公开募捐资格的基金会以外的慈善组织开展慈善活动的年度支出和管理费用的标准，由国务院民政部门会同国务院财政、税务等部门依照前款规定的原则制定。

捐赠协议对单项捐赠财产的慈善活动支出和管理费用有约定的，按照其约定。

第七章 慈善服务

第六十一条 本法所称慈善服务，是指慈善组织和其他组织以及个人基于慈善目的，向社会或者他人提供的志愿无偿服务以及其他非营利服务。

慈善组织开展慈善服务，可以自己提供或者招募志愿者提供，也可以委托有服务专长的其他组织提供。

第六十二条 开展慈善服务，应当尊重受益人、志愿者的人格尊严，不得侵害受益人、志愿者的隐私。

第六十三条 开展医疗康复、教育培训等慈善服务，需要专门技能的，应当执行国家或者行业组织制定的标准和规程。

慈善组织招募志愿者参与慈善服务，需要专门技能的，应当对志愿者开展相关培训。

第六十四条 慈善组织招募志愿者参与慈善服务，应当公示与慈善服务有关的全部信息，告知服务过程中可能发生的风险。

慈善组织根据需要可以与志愿者签订协议，明确双方权利义务，约定服务的内容、方式和时间等。

第六十五条 慈善组织应当对志愿者实名登记，记录志愿者的服务时间、内容、评价等信息。根据志愿者的要求，慈善组织应当无偿、如实出具志愿服务记录证明。

第六十六条 慈善组织安排志愿者参与慈善服务，应当与志愿者的年龄、文化程度、技能和身体状况相适应。

第六十七条 志愿者接受慈善组织安排参与慈善服务的，应当服从管理，接受必要的培训。

第六十八条 慈善组织应当为志愿者参与慈善服务提供必要条件，保障志愿者的合法权益。

慈善组织安排志愿者参与可能发生人身危险的慈善服务前，应当为志愿者购买相应的人身意外伤害保险。

第八章　信息公开

第六十九条 县级以上人民政府建立健全慈善信息统计和发布制度。

县级以上人民政府民政部门应当在统一的信息平台，及时向社会公开慈善信息，并免费提供慈善信息发布服务。

慈善组织和慈善信托的受托人应当在前款规定的平台发布慈善信息，并对信息的真实性负责。

第七十条 县级以上人民政府民政部门和其他有关部门应当及时向社会公开下列慈善信息：

（一）慈善组织登记事项；

（二）慈善信托备案事项；

（三）具有公开募捐资格的慈善组织名单；

（四）具有出具公益性捐赠税前扣除票据资格的慈善组织名单；

（五）对慈善活动的税收优惠、资助补贴等促进措施；

（六）向慈善组织购买服务的信息；

（七）对慈善组织、慈善信托开展检查、评估的结果；

（八）对慈善组织和其他组织以及个人的表彰、处罚结果；

（九）法律法规规定应当公开的其他信息。

第七十一条　慈善组织、慈善信托的受托人应当依法履行信息公开义务。信息公开应当真实、完整、及时。

第七十二条　慈善组织应当向社会公开组织章程和决策、执行、监督机构成员信息以及国务院民政部门要求公开的其他信息。上述信息有重大变更的，慈善组织应当及时向社会公开。

慈善组织应当每年向社会公开其年度工作报告和财务会计报告。具有公开募捐资格的慈善组织的财务会计报告须经审计。

第七十三条　具有公开募捐资格的慈善组织应当定期向社会公开其募捐情况和慈善项目实施情况。

公开募捐周期超过六个月的，至少每三个月公开一次募捐情况，公开募捐活动结束后三个月内应当全面公开募捐情况。

慈善项目实施周期超过六个月的，至少每三个月公开一次项目实施情况，项目结束后三个月内应当全面公开项目实施情况和募得款物使用情况。

第七十四条　慈善组织开展定向募捐的，应当及时向捐赠人告知募捐情况、募得款物的管理使用情况。

第七十五条　慈善组织、慈善信托的受托人应当向受益人告知其资助标准、工作流程和工作规范等信息。

第七十六条　涉及国家秘密、商业秘密、个人隐私的信息以及捐赠人、慈善信托的委托人不同意公开的姓名、名称、住所、通讯方式等信息，不得公开。

第九章　促进措施

第七十七条　县级以上人民政府应当根据经济社会发展情况，制定促进慈善事业发展的政策和措施。

县级以上人民政府有关部门应当在各自职责范围内，向慈善组织、慈善信托受托人等提供慈善需求信息，为慈善活动提供指导和帮助。

第七十八条　县级以上人民政府民政部门应当建立与其他部门之间的慈善信息共享机制。

第七十九条　慈善组织及其取得的收入依法享受税收优惠。

第八十条　自然人、法人和其他组织捐赠财产用于慈善活动的，依法享受税收优惠。企业慈善捐赠支出超过法律规定的准予在计算企业所得税应纳税所得额时当年扣除的部分，允许结转以后三年内在计算应纳税所得额时扣除。

境外捐赠用于慈善活动的物资，依法减征或者免征进口关税和进口环节增值税。

第八十一条　受益人接受慈善捐赠，依法享受税收优惠。

第八十二条　慈善组织、捐赠人、受益人依法享受税收优惠的，有关部门应当及时办理相关手续。

第八十三条　捐赠人向慈善组织捐赠实物、有价证券、股权和知识产权的，依法免征权利转让的相关行政事业性费用。

第八十四条　国家对开展扶贫济困的慈善活动，实行特殊的优惠政策。

第八十五条　慈善组织开展本法第三条第一项、第二项规定的慈善活动需要慈善服务设施用地的，可以依法申请使用国有划拨土地或者农村集体建设用地。慈善服务设施用地非经法定程序不得改变用途。

第八十六条　国家为慈善事业提供金融政策支持，鼓励金融机构为慈善组织、慈善信托提供融资和结算等金融服务。

第八十七条　各级人民政府及其有关部门可以依法通过购买服务等方

式，支持符合条件的慈善组织向社会提供服务，并依照有关政府采购的法律法规向社会公开相关情况。

第八十八条　国家采取措施弘扬慈善文化，培育公民慈善意识。

学校等教育机构应当将慈善文化纳入教育教学内容。国家鼓励高等学校培养慈善专业人才，支持高等学校和科研机构开展慈善理论研究。

广播、电视、报刊、互联网等媒体应当积极开展慈善公益宣传活动，普及慈善知识，传播慈善文化。

第八十九条　国家鼓励企业事业单位和其他组织为开展慈善活动提供场所和其他便利条件。

第九十条　经受益人同意，捐赠人对其捐赠的慈善项目可以冠名纪念，法律法规规定需要批准的，从其规定。

第九十一条　国家建立慈善表彰制度，对在慈善事业发展中做出突出贡献的自然人、法人和其他组织，由县级以上人民政府或者有关部门予以表彰。

第十章　监督管理

第九十二条　县级以上人民政府民政部门应当依法履行职责，对慈善活动进行监督检查，对慈善行业组织进行指导。

第九十三条　县级以上人民政府民政部门对涉嫌违反本法规定的慈善组织，有权采取下列措施：

（一）对慈善组织的住所和慈善活动发生地进行现场检查；

（二）要求慈善组织作出说明，查阅、复制有关资料；

（三）向与慈善活动有关的单位和个人调查与监督管理有关的情况；

（四）经本级人民政府批准，可以查询慈善组织的金融账户；

（五）法律、行政法规规定的其他措施。

第九十四条　县级以上人民政府民政部门对慈善组织、有关单位和个人进行检查或者调查时，检查人员或者调查人员不得少于二人，并应当出示合法证件和检查、调查通知书。

第九十五条　县级以上人民政府民政部门应当建立慈善组织及其负责人信用记录制度，并向社会公布。

民政部门应当建立慈善组织评估制度，鼓励和支持第三方机构对慈善组织进行评估，并向社会公布评估结果。

第九十六条　慈善行业组织应当建立健全行业规范，加强行业自律。

第九十七条　任何单位和个人发现慈善组织、慈善信托有违法行为的，可以向民政部门、其他有关部门或者慈善行业组织投诉、举报。民政部门、其他有关部门或者慈善行业组织接到投诉、举报后，应当及时调查处理。

国家鼓励公众、媒体对慈善活动进行监督，对假借慈善名义或者假冒慈善组织骗取财产以及慈善组织、慈善信托的违法违规行为予以曝光，发挥舆论和社会监督作用。

第十一章　法律责任

第九十八条　慈善组织有下列情形之一的，由民政部门责令限期改正；逾期不改正的，吊销登记证书并予以公告：

（一）未按照慈善宗旨开展活动的；

（二）私分、挪用、截留或者侵占慈善财产的；

（三）接受附加违反法律法规或者违背社会公德条件的捐赠，或者对受益人附加违反法律法规或者违背社会公德的条件的。

第九十九条　慈善组织有下列情形之一的，由民政部门予以警告、责令限期改正；逾期不改正的，责令限期停止活动并进行整改：

（一）违反本法第十四条规定造成慈善财产损失的；

（二）将不得用于投资的财产用于投资的；

（三）擅自改变捐赠财产用途的；

（四）开展慈善活动的年度支出或者管理费用的标准违反本法第六十条规定的；

（五）未依法履行信息公开义务的；

（六）未依法报送年度工作报告、财务会计报告或者报备募捐方案的；

（七）泄露捐赠人、志愿者、受益人个人隐私以及捐赠人、慈善信托的委托人不同意公开的姓名、名称、住所、通讯方式等信息的。

慈善组织违反本法规定泄露国家秘密、商业秘密的，依照有关法律的规定予以处罚。

慈善组织有前两款规定的情形，经依法处理后一年内再出现前款规定的情形，或者有其他情节严重情形的，由民政部门吊销登记证书并予以公告。

第一百条　慈善组织有本法第九十八条、第九十九条规定的情形，有违法所得的，由民政部门予以没收；对直接负责的主管人员和其他直接责任人员处二万元以上二十万元以下罚款。

第一百零一条　开展募捐活动有下列情形之一的，由民政部门予以警告、责令停止募捐活动；对违法募集的财产，责令退还捐赠人；难以退还的，由民政部门予以收缴，转给其他慈善组织用于慈善目的；对有关组织或者个人处二万元以上二十万元以下罚款：

（一）不具有公开募捐资格的组织或者个人开展公开募捐的；

（二）通过虚构事实等方式欺骗、诱导募捐对象实施捐赠的；

（三）向单位或者个人摊派或者变相摊派的；

（四）妨碍公共秩序、企业生产经营或者居民生活的。

广播、电视、报刊以及网络服务提供者、电信运营商未履行本法第二十七条规定的验证义务的，由其主管部门予以警告，责令限期改正；逾期不改正的，予以通报批评。

第一百零二条　慈善组织不依法向捐赠人开具捐赠票据、不依法向志愿者出具志愿服务记录证明或者不及时主动向捐赠人反馈有关情况的，由民政部门予以警告，责令限期改正；逾期不改正的，责令限期停止活动。

第一百零三条　慈善组织弄虚作假骗取税收优惠的，由税务机关依法查处；情节严重的，由民政部门吊销登记证书并予以公告。

第一百零四条　慈善组织从事、资助危害国家安全或者社会公共利益活动的，由有关机关依法查处，由民政部门吊销登记证书并予以公告。

第一百零五条 慈善信托的受托人有下列情形之一的，由民政部门予以警告，责令限期改正；有违法所得的，由民政部门予以没收；对直接负责的主管人员和其他直接责任人员处二万元以上二十万元以下罚款：

（一）将信托财产及其收益用于非慈善目的的；

（二）未按照规定将信托事务处理情况及财务状况向民政部门报告或者向社会公开的。

第一百零六条 慈善服务过程中，因慈善组织或者志愿者过错造成受益人、第三人损害的，慈善组织依法承担赔偿责任；损害是由志愿者故意或者重大过失造成的，慈善组织可以向其追偿。

志愿者在参与慈善服务过程中，因慈善组织过错受到损害的，慈善组织依法承担赔偿责任；损害是由不可抗力造成的，慈善组织应当给予适当补偿。

第一百零七条 自然人、法人或者其他组织假借慈善名义或者假冒慈善组织骗取财产的，由公安机关依法查处。

第一百零八条 县级以上人民政府民政部门和其他有关部门及其工作人员有下列情形之一的，由上级机关或者监察机关责令改正；依法应当给予处分的，由任免机关或者监察机关对直接负责的主管人员和其他直接责任人员给予处分：

（一）未依法履行信息公开义务的；

（二）摊派或者变相摊派捐赠任务，强行指定志愿者、慈善组织提供服务的；

（三）未依法履行监督管理职责的；

（四）违法实施行政强制措施和行政处罚的；

（五）私分、挪用、截留或者侵占慈善财产的；

（六）其他滥用职权、玩忽职守、徇私舞弊的行为。

第一百零九条 违反本法规定，构成违反治安管理行为的，由公安机关依法给予治安管理处罚；构成犯罪的，依法追究刑事责任。

第十二章 附则

第一百一十条 城乡社区组织、单位可以在本社区、单位内部开展群众性互助互济活动。

第一百一十一条 慈善组织以外的其他组织可以开展力所能及的慈善活动。

第一百一十二条 本法自 2016 年 9 月 1 日起施行。

B.17
后　记

本课题是在共青团广州市委的指导下，由广州市团校、广州志愿者学院组织完成。课题组从 2017 年 6 月启动相关研究，历经课题论证、调查问卷数据收集与分析、现场实证访谈与文献资料整理等工作，并于 2018 年 3～5 月进行各章节的写作和修改，数易其稿，完成本书稿。

《广州志愿服务组织发展报告（2018）》各章节作者名单如下：

总报告：沈杰（中国社科院大学研究员）

　　　　陈晶环（西南财经大学人文学院社会学系讲师，博士）

第一章：涂敏霞（广州市团校副校长，广州志愿者学院副院长、教授）

　　　　冯英子（广州市团校研究中心研究实习员）

第二章：谢碧霞（广州市团校讲师）

第三章：刘惠苑（广州科技贸易职业学院副教授）

第四章：邵振刚（广州市团校助理研究员）

第五章：谭丽华（广州市穗港澳青少年研究所助理研究员，博士）

　　　　周理艺（广州市穗港澳青少年研究所研究助理）

第六章：吴冬华（广州市团校、广州志愿者学院研究中心主任，助理研究员）

第七章：巫长林（广州市团校助理研究员）

第八章：李超海（广东省社会科学院副研究员、社会学博士）

第九章：雷杰（中山大学社会工作专业副教授、硕士生导师，中山大学社会工作教育与研究中心副主任）

　　　　陈玉莹（中山大学 2017 级社会工作硕士研究生、中山大学社会工作教育与研究中心研究助理）

　　第十章：马凯（广东青年职业学院青年与社会工作系讲师，中级社工师）

　　　　　　李晓欣（广东省社工与志愿者合作促进会执行秘书长）

　　　　　　谭建光（广东青年职业学院志愿服务研究中心主任，教授）

　　第十一章：谢素军（广州市穗港澳青少年研究所助理研究员，博士）

　　摘要、前言：孙慧（广州志愿者学院助理研究员）

　　后记、附录：邵振刚（广州市团校助理研究员）

　　本课题在调查的过程中，得到了共青团广东省委志愿者联合会、广东省志愿者行动指导中心、广州市志愿者行动指导中心、广州市义务工作联合会、广州市直属机关工委等机构大力支持，同时得到广州市28家志愿服务组织现场访谈工作的协助，在此我们一并表示感谢！

　　本课题在实施过程中，得到社会各界以及志愿服务研究专家学者的大力支持，使课题研究得以顺利进行，在此深表谢意！

　　由于时间仓促及研究水平有限，本书难免会有遗漏或不妥之处，敬请广大读者提出意见和建议，以便我们更好地改进今后的研究工作。

广州市团校

广州志愿者学院

2018 年 6 月

Abstract

Annual Report on the Development of Volunteer Service Organizations in Guangzhou consists of one general report and eleven special reports. From the perspectives of development history, organization structure, operation model, changes of functions, service scope, institutional improvement, professional construction, support system, characteristics analysis, development tendency, typical case study and others of Guangzhou volunteer service organizations, this book objectively reflects its overall situation, summarizes the past and presentin the round and further elaborates development tendency accordingly.

It is studied that the development of Guangzhou volunteer service can be divided into five stages of starting-up, multiple promotion, rapid development, enhancement and regulated development. In the process of development, the government is also a key factor affecting expansion of volunteer service; the folk force has a big role to play in driving its expansion; and social participation is regarded as the maximum energy source facilitating its growth. In terms of talent team, the volunteer service is mainly characterized by participation of all people. The "full-time + part-time job" has become new tendency. With great support of fund and power, the Guangzhou volunteer service has established an operation model integrating government support, social contribution, all-round cooperation and interior drive after several years of hard work. With regard to changes of functions, both universality of manifestation modes and diversity of additional activities are still functional features. Also, the study discovered that urban communities are focus of Guangzhou volunteer service. Its services are mainly provided for the elder, teenagers, people with disabilities and residential community, etc. With further development of Guangzhou volunteer service, its institutional and professional construction is constantly advanced, which presents more than five features like diversified type, institutional operation and control, particular service item, multiple resource channels, professional talent training. The report brought forth at the 19th National Congress of the Communist Party of China put forward the social layout of "co-construction, co-governance and co-sharing". In the future, the Guangzhou volunteer service will move towards the directions of socialization, normalization, professionalization, informatization, branding and internationalization.

At present, the Guangzhou volunteer service has an ever-increasing role to play in social construction and administration. As its operation mechanism tends to be perfect day by day, more requirements like resources integration become stringent. The future development of the Guangzhou volunteer service is to vigorously explore diversified development and constantly find development patterns with "Guangzhou charm".

Contents

I General Report

Abstract: as one of the birthplace of voluntary service in China, Guangzhou has made great achievements in the development of voluntary service organizations. Especially after 2000, Guangzhou voluntary service organization became an important subject in social governance, playing an important role in improving social services, promoting social integration, spreading social civilization and realizing urban development. In the new era, Guangzhou volunteer service organizations form regional advantages, as a result of actively exploring the new orientation and new mode of development. Faced with diversified social demands and open social environment, it has become a future direction to maintain the long-term advantages and lasting power of development, and maximize the beneficial effects of volunteer service organization from the perspectives of top-level design, organizational construction, organizational management, organizational function and talent cultivation.

Keywords: Guangzhou; Volunteer Service Organization; Social Governance; New Mode; Development Mechanism

Ⅱ   Special Topics

Abstract: This article reviews the development course of volunteer service organizations in Guangzhou since 1987. According to the investigation and research, it is divided into five stages: initial stage of germination, multiple promotion stage, rapid development stage, promotion and development stage, standard development stage, and analysis of the characteristics of the development of voluntary service organizations in different stages of Guangzhou. This article also summarizes the experience and shortcomings of the development of volunteer service organization in Guangzhou, and thinks that the government is always the key factor affecting the development of voluntary service organization; the folk force is the main promoter of the development of voluntary service organization, and the social participation is the most important source of promoting the development of voluntary service organization. Finally, the article puts forward some countermeasures and suggestions to promote the development of voluntary service organization in Guangzhou. It is mainly to strengthen the supporting policies and funds for voluntary service organizations, create the atmosphere of voluntary service in the whole society, innovate the way of propaganda, attach importance to the example strength, attach importance to the construction of the professional ability of voluntary service organizations, and innovate the organization of voluntary service. We should advocate the voluntary self-discipline, regulate the behavior and establish ideals and beliefs.

Keywords: Voluntary Service Organization; Guangzhou; Orgariizational Building

B. 3　Research on the Team Structure of Guangzhou's Voluntary

Organizations　　　　　　　　　　　　　　　*Xie Bixia* / 048

Abstract：With the development of reform and opening up, Guangzhou's volunteer service has turned 30, Voluntary organizations increasing obviously, Nearly all the citizens have their part in volunteer service, "full-time + part-time" "social workers + volunteers" become a new trend in the development of volunteer organization, the intelligence level of personnel structure continues to improve, and the team development is increasingly breaking through the geographical restriction, and the activity level of the organization is generally increased. It shows that the healthy growth ecological chain of Guangzhou volunteer organization is basically formed. In the new era of development, the main contradiction of volunteer service in Guangzhou has appeared structural transformation. To promote upgrading of the volunteer organization's team structure, we must handle the relations between brand support and balanced development, "the government's leading" voluntary organizations and "grass-roots" volunteer organization, condensation of personal charm and sustainable development, "soft connection" and "strengthening management", incremental development and intension-type development.

Keywords：Volunteer Service；Voluntary Organizations；Team Structure；Guangzhou

B. 4　The Organization's Operating Model of Guangzhou

Voluntary Service　　　　　　　　　　　　*Liu Huiyuan* / 084

Abstract：The organization's operating model is also called the organization's management model, run model and business model. It is a relatively constant and fixed way, system, or pattern for the development of an organization. According to the survey, after years of development, Guangzhou volunteer service has formed a voluntary service operating model with Guangzhou city characteristics. This model had formed nine types in two different dimensions of capital and power, such as government support model and external donation model, and they had typical characteristics respectively. At the same time, various voluntary service organizations in Guangzhou organized and operated according to their own development goals and needs. They not only achieved the development of the organization, but also generated a number of brand projects, and highlighted the diversity of volunteer service in Guangzhou. Various operating models have their advantages, but they also have their limitations. This paper analyzes the problems and causes of the nine kinds of patterns, and gives some suggestions for development.

Keywords: Guangzhou; Volunteer Service; Operating Model; Brand Project

B. 5　The Functional Changes of Guangzhou Voluntary Service

Organizations　　　　　　　　　　　　　*Shao Zhengang* / 106

Abstract: The volunteer service is mainly to satisfy demands of volunteers and service objects, and support social organizations to provide service needs, which is also motive to participate in social governance and reflect value correspondingly. Although Guangzhou volunteer service organizations went through different times, its major functions involved in participation, care, assistance, social integration, public benefit activities, harmonious development and social education, etc. All these fully reflect popularity and diversity of its functions. Meanwhile, volunteer service organizations are also limited by existed problems in the process of function changes. We believe that the development tendency of Guangzhou volunteer service organizations will be greater social functions, prominent functional targets and stronger internationalization.

Keywords: The Volunteer Service; Functional Type; Functional Characteristics; Functional Change; Guangzhou

B. 6   Fields Analysis for Guangzhou Voluntary Organizations

Tan Lihua, Zhou Liyi / 130

Abstract: This paper analysized the fields of Guangzhou voluntary organizations from dimensions of voluntary activitis and organizational function works. It was found that the field of Guangzhou voluntary activities focused on urban communities, aolong with other activitity field at social welfare instituions, educational institutions, and rural areas. Guangzhou voluntary field were classifyied into eldly services, youth services, community services.

Keywords: Guangzhou; Voluntary Services; Working Field; Activity Field

B. 7   The Construction of Institutionalized Voluntary Organization in Guangzhou

Wu Donghua / 147

Abstract: As the national volunteer service enters into the developmental stage of systematism and normalization, Guangzhouvoluntary organization boasts of favorable institutional environment, volunteer registration system, ever-normative internal organization management system, increasingly impeccablevolunteer incentive system and so on. Also, when the State Council released and implemented the Regulations on Volunteer Service, more opportunities and challenges are ahead of the Guangzhou voluntary service systematism, such as how to establish and perfect management mechanism, complete registration system of volunteer service, enhance ability construction of volunteer service, and further make a breakthrough in institutional construction of current volunteer service.

Keywords: Guangzhou; Voluntary Service Organization; Systematism

B. 8   Research on Professional Construction of Guangzhou

Voluntary Service Organization   *Wu Changlin* / 165

Abstract: As the new age is coming, the volunteer service is brought with new requirements of professional development. Professional construction of Guangzhou volunteer service is constantly moving forward. The responsible person highly spoke of professional development of the Guangzhou volunteer service organization, and dissected its specialization level accordingly on the basis of five dimensions of special volunteer service development, talent training, professional training, supervision and guidance, evaluation. Aiming at insufficient special features, debased supply and demand matching of professionals, fast talent flow, the responsible person brings forth corresponding suggestions.

Keywords: Professional; Technical Skill; Responsible Person; Professional Expertise

B. 9   The Supporting System of Guangzhou Voluntary Service

Organization   *Li Chaohai* / 183

Abstract: The steady operation of voluntary service organizations needs a sustained organizational support system, and the organizational support system should play aimportant role. The volunteer service organizations need to be actively embedded in the policy system, market force and the needs of the people to form a cooperative system of cooperative cooperation between the government, the market, the volunteer service organizations and the citizens. From the view of the resources supply of voluntary service organizations, the system of specialized resource mobilization for the three parties, "government + market + society", is basically established by the "government + market + society". From the daily operation of voluntary service organization, social workers + volunteer, community + school + social organization, and thegovernment + social organization are basically established. From the support environment of voluntary service organizations, the embeddedness relationship between social organizations, government, enterprises and service providers is basically established.

Keywords: Volunteer Service Organization; Support System; Embeddedness; Guangzhou

B. 10 Characteristics Analysis of Voluntary Service Organizations in Guangzhou

Lei Jie, Chen Yuying / 200

Abstract: Volunteer service organizations in Guangzhou have presented five major features: diversity of organization types, institutionalized operation management, precision of service content, diversified resource channels, and specialized team training. However, the incentive mechanism and evaluation measures for volunteers need to be improved; the interaction of social work service centers and voluntary service organizations needs to be optimized; the informationization level of management and service must be enhanced. All in all, it is suggested that Guangzhou start with the top level design to improve the system of incubating, cultivating and supporting all kinds of voluntary service organizations; starting with the construction of the mechanism to strengthen the measures for the construction and guarantee of the interaction of social work service centers and voluntary service organizations; starting with talent cultivation to deepen the mechanism of professional training of talents and innovation of service informatization, thus promoting the steady development of volunteer service organizations inGuangzhou.

Keywords: Voluntary Service; Voluntary Service Organization; Social Governance

B. 11 Analysis on the Development Trend of Guangzhou Voluntary

Service Organization

Ma Kai, *Li Xiaoxin and Tan Jianguang* / 219

Abstract: Based on conducting a more comprehensive and in-depth case study of the development of voluntary service organizations in Guangzhou, this paper puts forward that the development of voluntary service organizations in Guangzhou presents six major trends, including: socialization, standardization, specialization, informatization, branding and internationalization. Accordingly, this analysis argues that the function development of Guangzhou Voluntary Service Organizations in the new era will focus on carrying out the innovation of social govern-ance in ten fields, such as promoting elderly services, improving the quality of youth growth services, and deepening voluntary services for disabled people. On this basis, relevant policy recommendations are further proposed to promote the development of voluntary service organizations.

Keywords: New Era; Voluntary Service Organization; Social Governance

B. 12 Underdraw of Typical Cases about Guangzhou Voluntary

Service Association

Xie Sujun / 237

Abstract: Guangzhou in the forefront of the national volunteer service development, volunteer service association development course has strong representative, volunteers, volunteer service around brand project, the event of volunteer, the core members will analyze the volunteer service organization case can refract guangzhou volunteer service association development path and ecological reality. Based on different types of association characteristics and promote the service content, from guangzhou youth research group consists of various types of more than 20 typical volunteer service association. and to choose a total of nine groups as a typical, and combining the news content, the official website, special interview content, voluntary organizations from different angles expounds the impact these or association at the core of the influencing factors in the development, With a view to analyzing the development of guangzhou volunteer service association from the perspective of the whole.

Keywords: Volunteer Service Association; Volunteer; Guangzhou; Typical Cases

❖ 皮书起源 ❖

"皮书"起源于十七、十八世纪的英国，主要指官方或社会组织正式发表的重要文件或报告，多以"白皮书"命名。在中国，"皮书"这一概念被社会广泛接受，并被成功运作、发展成为一种全新的出版形态，则源于中国社会科学院社会科学文献出版社。

❖ 皮书定义 ❖

皮书是对中国与世界发展状况和热点问题进行年度监测，以专业的角度、专家的视野和实证研究方法，针对某一领域或区域现状与发展态势展开分析和预测，具备原创性、实证性、专业性、连续性、前沿性、时效性等特点的公开出版物，由一系列权威研究报告组成。

❖ 皮书作者 ❖

皮书系列的作者以中国社会科学院、著名高校、地方社会科学院的研究人员为主，多为国内一流研究机构的权威专家学者，他们的看法和观点代表了学界对中国与世界的现实和未来最高水平的解读与分析。

❖ 皮书荣誉 ❖

皮书系列已成为社会科学文献出版社的著名图书品牌和中国社会科学院的知名学术品牌。2016年，皮书系列正式列入"十三五"国家重点出版规划项目；2013~2018年，重点皮书列入中国社会科学院承担的国家哲学社会科学创新工程项目；2018年，59种院外皮书使用"中国社会科学院创新工程学术出版项目"标识。

権威报告 · 一手数据 · 特色资源

皮书数据库
ANNUAL REPORT(YEARBOOK) DATABASE

当代中国经济与社会发展高端智库平台

所获荣誉

- 2016年，入选"'十三五'国家重点电子出版物出版规划骨干工程"
- 2015年，荣获"搜索中国正能量 点赞2015""创新中国科技创新奖"
- 2013年，荣获"中国出版政府奖·网络出版物奖"提名奖
- 连续多年荣获中国数字出版博览会"数字出版·优秀品牌"奖

成为会员

通过网址www.pishu.com.cn访问皮书数据库网站或下载皮书数据库APP，进行手机号码验证或邮箱验证即可成为皮书数据库会员。

会员福利

- 使用手机号码首次注册的会员，账号自动充值100元体验金，可直接购买和查看数据库内容（仅限PC端）。
- 已注册用户购书后可免费获赠100元皮书数据库充值卡。刮开充值卡涂层获取充值密码，登录并进入"会员中心"—"在线充值"—"充值卡充值"，充值成功后即可购买和查看数据库内容（仅限PC端）。
- 会员福利最终解释权归社会科学文献出版社所有。

社会科学文献出版社 皮书系列
SOCIAL SCIENCES ACADEMIC PRESS (CHINA)

卡号：574135175875
密码：

数据库服务热线：400-008-6695
数据库服务QQ：2475522410
数据库服务邮箱：database@ssap.cn
图书销售热线：010-59367070/7028
图书服务QQ：1265056568
图书服务邮箱：duzhe@ssap.cn

S 基本子库
SUB DATABASE

中国社会发展数据库（下设 12 个子库）

全面整合国内外中国社会发展研究成果，汇聚独家统计数据、深度分析报告，涉及社会、人口、政治、教育、法律等 12 个领域，为了解中国社会发展动态、跟踪社会核心热点、分析社会发展趋势提供一站式资源搜索和数据分析与挖掘服务。

中国经济发展数据库（下设 12 个子库）

基于"皮书系列"中涉及中国经济发展的研究资料构建，内容涵盖宏观经济、农业经济、工业经济、产业经济等 12 个重点经济领域，为实时掌控经济运行态势、把握经济发展规律、洞察经济形势、进行经济决策提供参考和依据。

中国行业发展数据库（下设 17 个子库）

以中国国民经济行业分类为依据，覆盖金融业、旅游、医疗卫生、交通运输、能源矿产等 100 多个行业，跟踪分析国民经济相关行业市场运行状况和政策导向，汇集行业发展前沿资讯，为投资、从业及各种经济决策提供理论基础和实践指导。

中国区域发展数据库（下设 6 个子库）

对中国特定区域内的经济、社会、文化等领域现状与发展情况进行深度分析和预测，研究层级至县及县以下行政区，涉及地区、区域经济体、城市、农村等不同维度。为地方经济社会宏观态势研究、发展经验研究、案例分析提供数据服务。

中国文化传媒数据库（下设 18 个子库）

汇聚文化传媒领域专家观点、热点资讯，梳理国内外中国文化发展相关学术研究成果、一手统计数据，涵盖文化产业、新闻传播、电影娱乐、文学艺术、群众文化等 18 个重点研究领域。为文化传媒研究提供相关数据、研究报告和综合分析服务。

世界经济与国际关系数据库（下设 6 个子库）

立足"皮书系列"世界经济、国际关系相关学术资源，整合世界经济、国际政治、世界文化与科技、全球性问题、国际组织与国际法、区域研究 6 大领域研究成果，为世界经济与国际关系研究提供全方位数据分析，为决策和形势研判提供参考。

法律声明

"皮书系列"（含蓝皮书、绿皮书、黄皮书）之品牌由社会科学文献出版社最早使用并持续至今，现已被中国图书市场所熟知。"皮书系列"的相关商标已在中华人民共和国国家工商行政管理总局商标局注册，如 LOGO（ ）、皮书、Pishu、经济蓝皮书、社会蓝皮书等。"皮书系列"图书的注册商标专用权及封面设计、版式设计的著作权均为社会科学文献出版社所有。未经社会科学文献出版社书面授权许可，任何使用与"皮书系列"图书注册商标、封面设计、版式设计相同或者近似的文字、图形或其组合的行为均系侵权行为。

经作者授权，本书的专有出版权及信息网络传播权等为社会科学文献出版社享有。未经社会科学文献出版社书面授权许可，任何就本书内容的复制、发行或以数字形式进行网络传播的行为均系侵权行为。

社会科学文献出版社将通过法律途径追究上述侵权行为的法律责任，维护自身合法权益。

欢迎社会各界人士对侵犯社会科学文献出版社上述权利的侵权行为进行举报。电话：010-59367121，电子邮箱：fawubu@ssap.cn。

社会科学文献出版社